XIN KECHENG XIN AOSAI XILIE CONGSHU
新课程新奥赛系列丛书

新编

高中天文科学题典

最新版

南京师范大学出版社

图书在版编目(CIP)数据

新编高中天文科学题典 / 萧耐园,郭洋,姜冰编著
. — 南京 : 南京师范大学出版社,2024.1
(新课程新奥赛系列丛书)
ISBN 978-7-5651-5687-8

Ⅰ.①新… Ⅱ.①萧… ②郭… ③姜… Ⅲ.①天文学—高中—教学参考资料 Ⅳ.①G634.553

中国国家版本馆 CIP 数据核字(2023)第 006442 号

书　　名	新编高中天文科学题典
丛 书 名	新课程新奥赛系列丛书
编　　著	萧耐园　郭　洋　姜　冰
策　　划	姜爱萍
责任编辑	翟姗姗
出版发行	南京师范大学出版社
地　　址	江苏省南京市玄武区后宰门西村 9 号(邮编:210016)
电　　话	(025)83598919(总编办)　83598412(营销部)　83598009(邮购部)
网　　址	http://press.njnu.edu.cn
电子信箱	nspzbb@njnu.edu.cn
印　　刷	江苏中山印务有限公司　(电话:0511-86917816)
开　　本	787 毫米×1092 毫米　1/16
印　　张	12.5
字　　数	312 千
版　　次	2024 年 1 月第 1 版
印　　次	2024 年 1 月第 1 次印刷
书　　号	ISBN 978-7-5651-5687-8
定　　价	58.00 元
出版人	张　鹏

南京师大版图书若有印装问题请与销售商调换
版权所有　侵犯必究

前 言

近年来,天文学科的新进展层出不穷,中国首颗天文卫星"悟空号"暗物质卫星升空并取得科学进展,500米口径的射电望远镜"天眼"为世界瞩目,以及"嫦娥4号"登上月球背面,"嫦娥5号"登月后返回,"天问"火星探测器成功登陆火星,中国空间站建设,都彰显了中国在天文与航天领域的科技实力和强大国力!加之近年来诺贝尔物理学奖连续颁发给从事引力波、黑洞或系外行星等研究的天文学家,天文学更是成为公众热切关注并急于了解的学科。各种新鲜又陌生的名词向我们扑面而来,诸如"新视野号"探测器、柯伊伯带天体、拉格朗日点上的鹊桥卫星、帕克太阳探测器、黑洞的首张照片等,让人既迷惑又向往。迷惑于它们的意义和蕴藏在它们背后的道理,向往于它们勾画出的神秘宇宙的精彩画卷!

身处高科技时代的我们,面对各领域的新鲜事物,不可能都了解,更难以深入理解。但是,我们适当地读一些书,尤其是基础知识方面的书,增加知识储备和学识涵养乃是时代的要求。"腹有诗书气自华",基础知识正是我们应对日益发展的科技新成果的"底气"。

传播科学、普及天文知识,为公众答疑解惑以提升其科学素养,激发青少年学生的学习兴趣并帮助他们掌握天文学的基础知识,是天文科研人员的社会职责,更是投身建设科技强国的使命与担当。

本书以"题典"为题,在写作风格上与一般天文科普书籍有别。在每一章首先概述内容,随之以一个或若干个测试题为引领,通过解答这些题目介绍知识。毕竟一题或数题涵盖的知识范围有限,因而又以"知识扩展"进一步引出相关知识。由于篇幅和知识框架所限,内容不可能全面又深入,但顾及了突出重点和适当的系统性。本书共10章,内容几乎涵盖了天文学的各个领域,每一章有一个主题,以叙述与这个主题有关的基础知识为主,并适当地介绍相关领域的最新进展和科技成果。本书力图以通俗浅显的语言把我们的目光从我们所在的地球,引向深邃无垠的太空,让我们去邂逅太空中的各类天体,窥探太空中的各种奇观,直到引领我们穿越太阳系和银河系到广漠的宇宙汪洋中遨游。

本书中的测试题大部分由作者自撰,另有一小部分取自江苏省天文学会青少年天文知识竞赛题中学组题库(由江苏省天文学会授权使用,在题号前一律加*标志),内容有测试知识储备、推理思考或推导计算等方面,难易不等。每一章包含20道上下的题目,通过解析这些题目,希望不仅给予读者适当的知识,而且能启发读者的解题思路,教授解题技巧。取自题库的题目并非作者所出,题解非出题者所写,未曾与出题者一一沟通,谨此说明。

本书是《新编高中天文科学指导》的姐妹篇,本书各章依次与该书的各章并行,便于读者对照阅读,内容互有重复或互为补充。之所以会有重复,是因为不同作者叙述相同内容时会从不同的角度或取不同的重点或循不同的系统。本书的题目来源如上所述,不同于该书所引的题目。希望读者通过阅读这两本书能汲取更多的知识,拓宽视野,开阔思路。

本书由萧耐园(已退休)、郭洋和姜冰合作完成,三位作者均系南京大学天文与空间科学学院的教师。郭洋撰写第2章和第10章,姜冰撰写第6章,其余由萧耐园撰写。本书为国内首次出版的、立足于帮助中学生提升天文科学素养的题典,作者缺乏撰写此类书籍的经验,本书的缺点错误在所难免。恳切希望专家学者、中小学天文指导老师和青少年读者批评指正。

本书撰写过程中得到江苏省天文学会和南京大学天文与空间科学学院的大力支持和帮助。江苏省天文学会秘书长兼南京大学天文与空间科学学院副院长吴伟老师全程参与本书的策划、创作组织及至成书,江苏省天文学会秘书处的解艳艳老师提供了题库资料,题库专家们的出色工作让我们受益匪浅。南京大学天文与空间科学学院张彬彬教授和李志远教授对本书的某些内容提出了修改意见,《新编高中天文科学指导》的主编和作者谢懿教授以及臧锋、沈新荣、汪尧、顾小琴和韦传钰等老师,为我们树立了典范并给予我们启迪。南京师范大学出版社姜爱萍主任和各位编辑付出辛勤的劳动,使本书得以完善并顺利出版。

作者谨向上述各位老师致以衷心的感谢!

作者谨识

2022 年 1 月

目 录

第 1 章 星空巡礼 ··· 1

第 2 章 太阳系 ·· 21

第 3 章 天球和天球坐标系 ··· 34

第 4 章 时间计量和历法 ·· 52

第 5 章 天文望远镜 ·· 70

第 6 章 恒星 ··· 91

第 7 章 从星际空间到宇宙 ··· 114

第 8 章 空间探测及其进展(上) ·· 139

第 9 章 空间探测及其进展(下) ·· 157

第 10 章 天文实测与数据处理 ·· 177

第1章 星空巡礼

第1节 星座

当夜幕沉沉降临,地面景物没入黑暗,点点繁星便交相辉映地显示于星空,天上宛如华灯初上的街市,把我们的视线引向无限的宇宙。天文学正是从人们认识星空开始,进而把目光深入到无限的太空而发展起来的。

但是,向星空骤然望去,人们感到眼花缭乱,星星的数量似乎难以数清,星星的罗列也显得杂乱无章。其实,肉眼可见到的星星是数得清的,全天大约有6 000颗。越亮的星,数目越少,引人注目的亮星只有几十颗。经过一段时间的观察,认识天上的星星并不是一件难事。

每个星座里蕴藏着无数奇珍异宝。这些宝藏就是各种类型的天体,它们丰富了我们对宇宙的认识,扩展了我们对宇宙的视野,包括双星、变星、星团、星云、星系、星系团等等。

*1. 2021年5月20日子夜,南京的观测者看到天顶附近的星座是 (　　)
   A. 天鹅座
   B. 北冕座
   C. 天蝎座
   D. 人马座

解析: 本题涉及天空中星座的划分。天上的星星,除了几颗东游西荡的"行星"之外,其他看起来似乎全是固定不动的,古人便把它们称为"恒星"。为了便于认星,无论在西方,还是在中国,古人把星空人为地分成了一个个小区域,把仰望天空时看上去相互毗邻的恒星划归到这些小区域里。这些小区域在西方称为"星座",在中国称为"星官"。人们在星空中划分星座或星官并给星星定名,从而认识了星空。

答案: B

知识扩展

星座的划分

公元前21世纪,居住在两河流域(今伊拉克地区)的苏美尔人和阿卡德人,按照一些较亮的星连成的图形把星空分成不同的星座。公元前2世纪,希腊天文学家已将北天星座的名称大体上确定下来。至于在南极附近的星座,一直到17世纪环球航行成功,经航海者观

---

* 作者注:本书各题题号前加 * 标志者系取自江苏省天文学会天文知识竞赛题中学组题库。

测了南天之后,才逐渐定出。现在国际上公定星空分为 88 个星座。

1922 年,国际天文学联合会重新清楚地划分了星座的边界,将天空划分为 88 个星座,1928 年,正式公布了 88 个星座的名称(星座名称如下表所示)。星座的名称大多数与希腊神话有关,也有一些星座根据它们的形态命名,其中有 44 个星座以动物命名。

北天星座											
小熊	天龙	仙王	仙后	鹿豹	大熊	猎犬	牧夫	北冕	武仙	天琴	天鹅	蝎虎
仙女	英仙	御夫	天猫	小狮	后发	巨蛇	蛇夫	盾牌	天鹰	天箭	狐狸	海豚
小马	飞马	三角										
南天星座											
鲸鱼	波江	猎户	麒麟	大犬	小犬	长蛇	巨爵	乌鸦	豺狼	南冕	南鱼	天鸽
天坛	玉夫	天炉	雕具	天鹤	凤凰	时钟	绘架	船帆	圆规	孔雀	剑鱼	飞鱼
水蛇	天兔	天燕	船尾	罗盘	唧筒	矩尺	杜鹃	网罟	船底	苍蝇	南极	山案
蝘蜓	印第安	半人马	望远镜	六分仪	南三角	显微镜	南十字					
黄道星座											
狮子	室女	天秤	天蝎	人马	摩羯	宝瓶	双鱼	白羊	金牛	双子	巨蟹	

黄道十二宫如下图所示(图 1.1)。

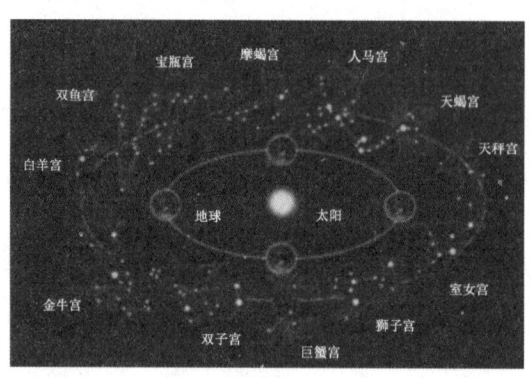

图 1.1 黄道十二宫①

这些以动物命名的星座,只有几个星座还有点儿名副其实,例如双子座、狮子座、天蝎座等(图 1.2)。大多数星座的形状很难想象能同它们的名字相配。黄道十二星座是太阳和行星运行的"跑道",太阳每月位于其中的一个星座,这些星座的地位特殊,因而单独列出为黄道星座。地球上的国家、领土有大有小,差别很大,88 个星座在空中所占的范围也是这样。

---

① 韩启德.十万个为什么·天文(第六版)[M].上海:少年儿童出版社,2014.

  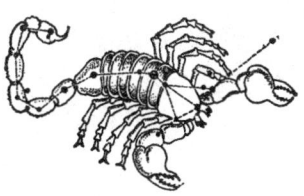

(a) 双子座　　　　　　(b) 狮子座　　　　　　(c) 天蝎座

图 1.2　3 个惟妙惟肖的星座①

---

*2. 为便于观测日、月、五星的运动,我国古代很早就将黄、赤道附近的天区划分为下列哪一种? （　　）

　　A. 二十八宿

　　B. 十二星次

　　C. 三垣

　　D. 黄道十二宫

解析:古人为比较日、月和五大行星在天空的运动,在黄道、白道和赤道上下选择了 28 个星官,又称为二十八宿(音 xiù)。把二十八宿分成四组,分别与东、南、西、北四方和青、红、白、黑四色以及春、夏、秋、冬四季加上四种动物形象(称四象)相配(图 1.3):

东方苍龙(春):角、亢、氐、房、心、尾、箕

南方朱雀(夏):井、鬼、柳、星、张、翼、轸

西方白虎(秋):奎、娄、胃、昴、毕、觜、参

北方玄武(冬):斗、牛、女、虚、危、室、壁

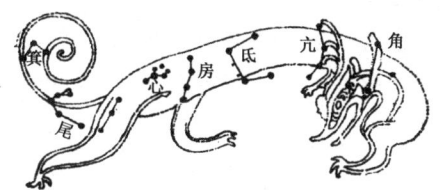 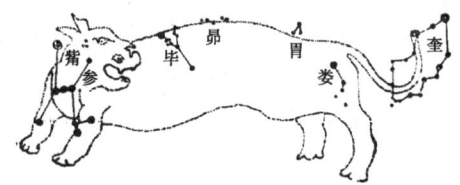

东方苍龙之象(春)　　　　　　西方白虎之象(秋)

南方朱雀之象(夏)　　　　　　北方玄武之象(冬)

图 1.3　四象与二十八宿

---

① 力强. 星座与希腊神话[M]. 北京:科学普及出版社,1980.

答案:A

知识扩展

中国的星官体系

我国古人为了认识星辰和观测天象,把天空可见的恒星人为地组合成群,这样形成的恒星的集合称为星官。各个星官都有特定的名字,这些名字多数来自中国古代的神话传说和历史故事。每个星官包含的星数多寡不等,少则1颗,如"天狼""天关"等,多则数十颗,如"羽林军"有45颗星;每个星官所占范围也各不相同。从历史记载可知,我国从周代开始已经有星官的划分,三国时代已基本定型。吴国太史令陈卓定出283个星官,包含1 464颗恒星。以后历代不断地略有增减。

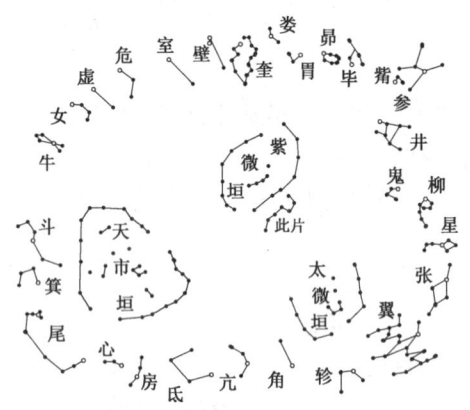

我国古人基于天地相应的观念,又把一些星官组合成三垣。天帝坐镇中央北极,以北极为中心的39个星官被划分为紫微垣,构成天帝居住的皇宫。天帝处理政事的地方称为太微垣,包含20个星官。另一个称为天市垣,由19个星官组成,象征天帝统率下与各诸侯国进行贸易的场所(图1.4)。

图1.4 三垣和二十八宿

中国传统的星官与西方的星座相比,划分方式是完全不同的,但是没有本质上的差异,即都是人为地把恒星组合成群。不过,还有3点区别:① 星官没有边界,通常只是把若干恒星用线条相连,而星座是有边界的。② 星官内的星数基本上是固定的,只是肉眼所能看见的那几颗;由于星座有边界,随着望远镜光力增强,在此星座边界内新看到的恒星,都属于这个星座,因此,星座内的恒星数事实上没有限制。③ 星官内的星名按位置次序排列,星座内的星名基本上按亮度次序排列。

---

*3. 图1.5是殷墟出土的公元前1300年前后的甲骨片,其上记有"七日己巳夕××新大星并火",这一甲骨文记述的是"火"这颗星附近出现的一次新星或超新星爆发。"火"指的是 (　　)

　　A. 毕宿五(金牛座 α)
　　B. 心宿二(天蝎座 α)
　　C. 火星
　　D. 参宿四(猎户座 α)

解析: 心宿二是我国古人在星官体系的命名法中对亮星天蝎座 α 的称呼。它的距离是550光年,目视星等为1.02等,在全天亮星中排名第16位,在夜空中呈现明显的红色。它是一颗红超巨星,是一颗演化到晚期的大质量恒星,它的质量约为太阳的12倍,如果把它放到太阳系的中心,边缘将达到火星和木星之间。由于它呈红色,古人又把它

图1.5

称为"大火""火"。《诗经·豳风》中的"七月流火,九月授衣",说的是到了传统历法中的七月(相当于公历的8月至9月)在傍晚去观察"火"这颗星,它已经偏("流")到西边去了,这个"火"指的就是心宿二。可见称心宿二为"火"的传统源远流长,最早可追溯到殷商时期,历经春秋时代。本题中的参宿四也是红色亮星,毕宿五是橙红色亮星,但火星是行星。

答案:B。

知识扩展

恒星的名称

要认识恒星,从认识星座(或星官)开始。先学会辨认一些大星座,往往在大星座里有值得记认的亮星。

许多较亮恒星的名字是它所在的星座配以一个希腊字母。希腊字母的配置是根据这颗恒星在星座中的亮度,并按照希腊字母表的顺序依次排列。一般来说,α星最亮,其次为β星,再次为γ星,以此类推。但也有例外,如猎户β就比猎户α亮些。大熊座中北斗七星的命名次序相当特殊,从斗身到斗柄依次按α、β、γ、…排列(如图1.6所示)。但是,希腊字母只有24个,而星座中的星数远不止此数,因此,英国天文学家弗拉姆斯蒂德按恒星在星座中自西向东的次序以数字编号,如大熊81、天鹅61等,数字编号没有限制,最为简便。另外,也有继希腊字母后以拉丁字母继续排列的做法,如天鹅a等。

在中国的星官体系里,每个星官都有名称,恒星则以其在星官中位置的顺序依次命名。例如,造父星官含有5颗恒星,分别称为造父一、造父二等。也有少数星官中的每颗星都另有专名。

对于那几十颗特别亮的星,我国古人已给它们起了专名,如天狼、老人、北落师门等。这种星名的来历往往与中国古代民间传说有关,如夏秋之夜高悬于银河两侧的牛郎星和织女星,就是根据中国古代牛郎和织女的故事中的人物命名的。北斗七星也有中国的专名,从斗身起依次为:天枢、天璇、天玑、天权、玉衡、开阳和摇光(图1.6)。在西方很多星星也有专名,这些名字往往源于希腊神话,也有不少来源于中世纪的阿拉伯天文学。这样,一颗星往往有几个名字,如牛郎星,按星官名是河鼓二,按星座名是天鹰α,其西方名为Altair。

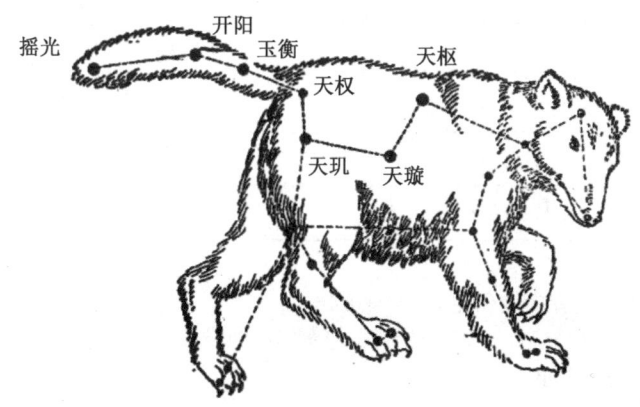

图1.6 大熊星座

下面列出全天亮于 1 等的亮恒星表,顺序按赤经排列。

亮恒星表

中国星名	国际星名	国际固有名称	坐标(2 000.0) 赤经 h m	坐标(2 000.0) 赤纬 ° ′	所在星座	目视星等(等)	距离(光年)	光谱型	附注
水委一	α Eri	Achernar	1 38.0	−57 12	波江座	0.43	139	B3	(1)
毕宿五	α Tau	Aldebaran	4 36.4	+16 32	金牛座	0.86	65.3	K5	(2)
参宿七	β Ori	Rigel	5 15.0	− 8 12	猎户座	0.13	863	B8	(3)
五车二	α Aur	Capella	5 17.3	+46 00	御夫座	0.08	42.919	G5	(4)
参宿四	α Ori	Betelgeuse	5 55.6	+ 7 24	猎户座	0.50	548	M1	(5)
老人星	α Car	Canopus	6 24.1	−52 42	船底座	−0.74	310	F0	
天狼星	α CMa	Sirius	6 45.2	−16 43	大犬座	−1.46	8.709	A1	(6)
南河三	α CMi	Procyon	7 39.3	+ 5 14	小犬座	0.34	11.46	F5	(7)
北河三	β Gem	Pollux	7 45.8	+28 00	双子座	1.14	33.78	K0	
轩辕十四	α Leo	Regulus	10 08.8	+11 55	狮子座	1.40	79.3	B7	(8)
十字架二	α Cru	Acrux	12 27.1	−63.09	南十字座	0.76	320	B0.5	
十字架三	β Cru	Mimosa	12 48.2	−59 44	南十字座	1.25	280	B0.5	
角宿一	α Vir	Spica	13 25.7	−11 12	室女座	0.97	250	B1	(9)
马腹一	β Cen	Agena	14 04.4	−60 25	半人马座	0.61	390	B1	(10)
大角	α Boo	Arcturus	14 16.1	+19 09	牧夫座	−0.05	36.7	K1	
南门二	α Cen	Rigil Kentaurus	14 39.6	−60 50	半人马座	1.33	4.344	G2	(11)
心宿二	α Sco	Antares	16 29.9	−26 27	天蝎座	1.02	550	M1.5	(12)
织女一	α Lyr	Vega	18 37.0	+38 48	天琴座	0.026	25.04	A0	
河鼓二	α Aql	Altair	19 51.0	+ 8 53	天鹰座	0.76	16.73	A7	
天津四	α Cyg	Deneb	20 41.7	+45 19	天鹅座	1.25	2 615	A2	
北落师门	α PsA	Formalhaut	22 58.1	−29 35	南鱼座	1.16	25.13	A3	

附注:
(1) 水委一是一颗变星,星等变化在 $0.40^m \sim 0.46^m$。
(2) 毕宿五有一个光谱型为 M2、星等为 $m_v = 13.5^m$ 的矮伴星,它是一颗食变星,星等变化在 $0.75^m \sim 0.95^m$。
(3) 参宿七是一颗分光双星。
(4) 五车二是一颗分光双星。
(5) 参宿四是一颗半规则变星和分光双星,星等变化在 $0.0^m \sim 1.6^m$。
(6) 天狼星有一颗星等为 $m_v = 8.5^m$ 的白矮星伴星。

(7) 南河三是一颗分光双星,它还有一颗光谱型为 F、星等为 $m_v=13.5^m$ 的白矮星伴星,构成一个三合星系统。

(8) 轩辕十四是一颗分光双星,有一颗光谱型为 K1、星等为 $m_v=7.9^m$ 的矮伴星。

(9) 角宿一是一颗分光双星,它又是一颗变星,星等变化在 $0.92^m \sim 0.98^m$。

(10) 马腹一是一颗分光双星,有一颗星等为 $m_v=8.7^m$ 的伴星。

(11) 南门二是一颗目视双星,有一颗光谱型为 K6、星等为 $m_v=1.4^m$ 的伴星,还有一颗光谱型为 M5、星等为 $m_v=10.7$ 的伴星,即半人马座比邻星,构成一个三合星系统。

(12) 心宿二是一颗目视双星,有一颗光谱型为 B4、星等为 $m_v=5^m$ 的矮伴星,它又是一颗半规则变星,星等变化在 $0.6^m \sim 1.6^m$。

---

4. 天狼星(大犬座 α)是全天除太阳外最明亮的恒星,原因是 (　　)

A. 离地球最近

B. 光度最大

C. 既离地球最近,又光度最大

D. 既非离地球最近,又非光度最大,是距离与光度的综合效应

解析: 在全天亮星中,距离地球最近的是南门二(半人马座 α),但天狼星的确是距离地球较近的恒星之一。天狼星也不是光度最大的,如心宿二(天蝎座 α)是一颗红超巨星,光度比天狼星大得多。但是,天狼星的光谱型为 A1,表面温度天狼主星 9 940 开,质量为 $2.1 M_\odot$,半径为 $1.7 R_\odot$,光度是太阳的 25.4 倍。* 天体的亮度与光度成正比,与距离平方成反比;光度大与距离近两种因素使得天狼星的亮度成为夜空恒星中的翘楚。

答案: D。

第 2 节　星空的变迁

在这一节里我们将介绍星空的景象在一天里和在一年里的变化及其原因。这两种时间尺度不同的天文现象分别反映在下列的题 5 和题 6 中。

---

*__5.__ 文天祥的《罗山长存曳兄弟来谢宴山中》诗:天开盘谷隐,春到浣溪家。一水楼台影,满山桃李花。春风寄横笛,夜月拟乘槎。政好逢佳客,江空北斗斜。从"江空北斗斜"这句可见,北斗星的斗柄呈偏斜状态,请判断偏斜的方向 (　　)

A. 自东北向西南偏斜

B. 自西方向南方偏斜

C. 自东方向北方偏斜

D. 自西北向东南偏斜

解析: 诗歌描绘的场景是在春天,傍晚北斗星升得很高,斗口朝下,斗柄基本上呈水平方

---

* 太阳质量 $M_\odot$ 约为 1.989×10^{30} 千克,太阳光度 $L_\odot$ 约为 3.828×10^{26} 瓦特,太阳半径 $R_\odot$ 约为 6.957×10^5 千米。

向,指向东方。随着地球自转,北斗星绕北极星反时针向旋转。诗歌作者宴请客人,酒酣耳热之际,不知不觉中也许经过了三四个小时,仰望北天,北斗星转过了50°~60°,斗柄的指向呈自东北向西南偏斜的姿态。

答案:A。

知识扩展

星空的周日变化

当你熟悉了星空以后,就不再对点点繁星感到扑朔迷离了。璀璨的群星组成了一个个星座,保持着似乎永恒不变的图形。在夜晚,仰望星空,观察一段时间以后,你就会发现星座在我们面前缓缓移动,一些星座渐渐地向西方天际沉落,而在东方地平线上,又有新的星座渐次升起,它们行进的步伐整齐而庄重!每天星空随夜晚的不同时刻改变着景象,从黄昏到黎明,天空中的星座位置完全改变了。地球自西向东地自转,人们看去,恒星和由它们组成的星座,像太阳一样,每天东升西落,每时每刻都在自东向西地移动,每天转一圈。

通常我们用"斗转星移"这个成语来形容时光的流逝。在天文学上分两个层次来解释"斗转星移"这个天文现象。第一个层次就是星空的周日变化。

白天我们看到太阳东升西落,这是最明显的天文现象。那么到了晚上,我们看到的就是斗转星移了。设想在3月中旬的一天,天气晴朗,晚上8点,天空已然黑沉沉的了,你面向正北观望星空,你将看到北斗七星高悬北天,"斗口"几乎倒覆朝地,"斗柄"大致指向东方。依靠北斗星的指引,很容易找到北极星,它是地球自转轴在天空所指的方向。所以当地球绕轴旋转的时候,星星东升西落,它们都在环绕着北极星旋转。在满天繁星之中,有两颗熠熠亮星非常瞩目。一颗是全天最亮恒星天狼星(大犬座α),在天空南边。另一颗叫五车二(御夫座α),与周围4颗稍暗的星星组成一个五边形,几乎在你头顶。请你两个小时以后再度观察,还是先找北斗星,但见北斗星已经绕着北极星反时针向偏转了一个小角度(约30°);同时天狼星和五车二所在的五边形都已经向西方偏移;而东方天空有的星也西移了,如亮星轩辕十四(狮子座α);有的刚从地平线上升起,如亮星角宿一(室女座α)和大角(牧夫座α)。若再过两小时(子夜)去观察,星空的景象又有改变,北斗星又转过了一个角度,天狼星和五车二已下沉到西方地平线……随着地球一天自转一周,北斗星绕北极星转过一周(360°),天狼星等所有星星也都环天移动一大圈,包括太阳东升西落又东升。我们把这叫作天体的周日视运动,"视"就是直观上的意思。这样"斗转星移"就标志着一天里时间的流逝。

---

*6. 中国传统的二十四节气体系是根据什么现象制定的? ( )

　　A. 月球在白道上的视运动
　　B. 地球自转
　　C. 星空的四季变化
　　D. 太阳在黄道上的视运动

解析:黄道是地球轨道面在天空球面上的投影。地球一年绕行太阳一周,但是感觉不到,直观上看到的是太阳在黄道上一年绕行天空一周,这被称为太阳的周年视运动。现在知道,太阳的周年视运动是地球环绕太阳公转的反映。我国自古以来把1年分为24个节气,其根据就是太阳周年视运动,太阳在黄道上每移动15°为一个节气。

答案:D。

知识扩展

星空的周年变化

"斗转星移"反映的第二个层次就是星空的周年变化。古书上说:"斗柄东指,天下皆春;斗柄南指,天下皆夏;斗柄西指,天下皆秋;斗柄北指,天下皆冬。"一年里每一天同一时刻北斗斗柄的指向也不同。古人懂得由每天傍晚观察北斗星的不同位置和斗柄指向来确定季节。由此,斗转星移也反映了一年里时间的流逝。

星空随一年中不同的月份也在变换着自己的模样。如果你在每天晚上固定的时刻,例如8点钟,去观察星空,相隔一两天,察觉不到有什么不同;但是半个月或者一个月以后,就会发觉整个星空似乎向西做了旋转。过了一季,天空已经"面目全非"了。除去那些隐没在南方地平线下面的星座外,一年四季各个星座轮番出现。春天的晚上,看不到秋天的星星;夏天的晚上,看不到冬天的星星。

如果你在每月固定某一天的晚8点,月复一月地去观看天空,4月所见恰恰是3月这一天晚10点所见的星空,5月所见恰恰是4月晚10点或3月晚子夜所见的星空。以此类推,一年以后恢复原状,也就是每个月都发生了斗转星移。古人从这一现象已经悟出了道理,原来是太阳在不动的恒星背景上相对地球一年运行一周。白天强烈的阳光淹没了点点星光,可是太阳却相对于恒星悄悄地自西向东运行着。古代的天文学家发明了仪器,白天测量太阳,晚上测量恒星,定出了太阳在星空中的运行轨道,这是天空球面上的一个大圆周,我们把它叫作黄道。

第3节 四季星空

在这一节里我们将介绍每个季节星空中的主要星座和其中的主要恒星以及一些著名的特殊天体。下列4道测试题依次涉及春夏秋冬各季节的星空。

*7. 天空中的"春季大三角形"包含下列哪一颗恒星 ( )

A. 狮子座 α

B. 长蛇座 α

C. 狮子座 β

D. 御夫座 α

解析:牧夫座 α、室女座 α、狮子座 β 构成了春季夜空一个巨大的等边三角形,被称为"春季大三角形"。前两颗都是1等亮星,狮子座 β 虽是一颗2等星,但四周的其他恒星都不如它明亮,它仍显得很突出。"春季大三角形"成为春夏之交时星空的明显标志。

答案:C。

知识扩展

春季星空

春季最显著的星座是狮子座(图 1.7)。它像一把大大的镰刀,或者说像一个反写的问号,这个"刀身"构成了狮子的头部。镰刀柄末端有一颗白色亮星,是狮子座 α,中文名轩辕十四,星等为 1.35 等,它正在黄道上。它是全天最亮的 21 颗 1 等星之一,不过恰恰是第 21 颗。狮子座 α 是航海九星之一,即古代航海者在茫茫大海上借以辨认方向的主要标志。航海九星其余 8 颗是金牛座 α、双子座 β、南鱼座 α、白羊座 α、室女座 α、天蝎座 α、天鹰座 α 和飞马座 α。狮子座的尾部在东端,尾巴上是一颗黄色的 2 等星,叫狮子座 β,中文名五帝座一。

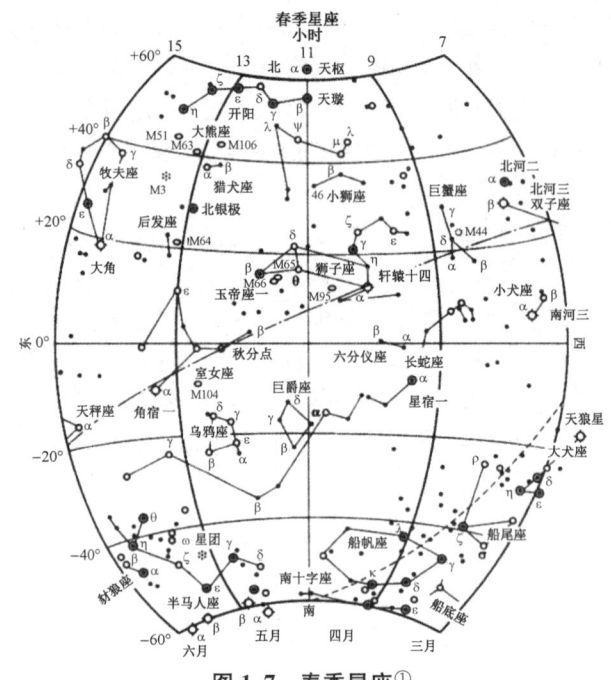

图 1.7 春季星座①

春季较为显著的还有牧夫座和室女座。狮子座和室女座都是黄道星座,秋分点正在室女座内。牧夫座 α 是全天第 4 亮的恒星,中文名大角,星等为 -0.05 等,呈橘红色。室女座 α,中文名角宿一,是全天第 15 亮的恒星,星等为 0.98 等。它的表面温度达 2 万摄氏度,由于温度高,所以闪耀着纯白色的光芒,使人联想到纯洁的少女,于是古人把它所在的星座想象成美丽的仙女。

人们把北斗星当作春季的星座,因为在春季的傍晚,它们升得很高很高,在头顶略偏北的天空中,与头顶偏南的狮子座遥遥相对,长长的斗柄直指东方,非常显眼。将北斗七星中的天璇(大熊座 β)和天枢(大熊座 α)连线,延长约 5 倍远,就能找到北极星,所以这两颗星又叫作"指极星"。自古以来,人们为了找到北极星,先找北斗星,因为北斗星比北极星要显眼得多。

---

① 胡中为,萧耐园. 天文学教程(上册)[M]. 北京:高等教育出版社,2000.

从斗柄端数过来的第二颗开阳星在北斗七星中最有趣,在它近旁有一颗4等暗星,中文名字是"辅",它们两颗构成了一对双星。虽然开阳星和辅星在肉眼看来是双星,但事实上它们是由7颗星构成的聚星。原来,从天文望远镜里看,开阳星本身就是双星,分别称为开阳A和开阳B,而开阳A和开阳B各自又是由两颗挨得很近的恒星构成的双星;至于辅星本身则是个三合星。

北极星位于小熊座内,又叫作小熊座α。当前北极星恰恰就在太空中地球自转轴所指的方向上。北极星为人们指引方向,看起来永远不动,天空中大部分的星星,包括太阳和月亮,都在环绕着它东升西落;尤其是北极星周围天空的星星,包括大熊座和小熊座,既不上升,又不下落,每天围着它旋转一周。小熊座主要也是由7颗较亮的恒星组成,被称为小北斗。

8. 成语"气冲斗牛"中的"斗牛"指的是下列哪两个星座中的一部分? （　　）
   A. 大熊座和金牛座
   B. 大熊座和天鹰座
   C. 人马座和摩羯座
   D. 大熊座和牧夫座

   解析: "斗牛"指的是斗宿和牛宿,它们出现于夏季南方的星空中。斗宿包含6颗星,从斗宿一到斗宿六依次是人马座φ、人马座λ、人马座μ、人马座σ、人马座γ和人马座ζ。牛宿也包含6颗星,从牛宿一到牛宿六依次是摩羯座β、摩羯座α、摩羯座ξ、摩羯座λ、摩羯座σ和摩羯座ρ。中国传统观念里"面南而坐"是王者的气势。为什么不说"气冲北斗",面朝北还能冲吗?只有称臣的份,气势荡然无存。"冲"大熊座是软弱无力的,"冲斗牛"才能显示冲天的浩气。

   答案: C。

知识扩展

夏季星空

晴朗的盛夏夜晚,银河是壮丽的天空景象。那一袭明亮的光带高高悬挂,仿佛流淌在天空的大河。银河从北方地平线上涌起,在头顶上激荡澎湃,向着南方奔流而下,在南方星空的天蝎座和人马座附近汇成宽广明亮的浩荡巨流(图1.8)。

银河系是我们的太阳系所在的星系。我们直观上看到的银河是银河系里无数颗恒星密密地聚集在一起的视觉效应。银河系大体上由银盘、银河核球和银晕三部分构成。银盘是银河系的主体,它是一个中间厚、边缘薄的扁盘。由于太阳系在银盘里面,观测者向银盘里看去,看到的是一个带形天区,在这个天区内恒星的投影最密集,这就是直观上的银河。而且太阳在距离银河系中心约半径3/5的位置,从太阳系看去,在夏季能看到银河系的中心方向,这正是人马座的方向。在这个方向上有厚厚的核球,这里恒星和各种物质特别密集,所以夏季天空的银河既宽广又明亮。

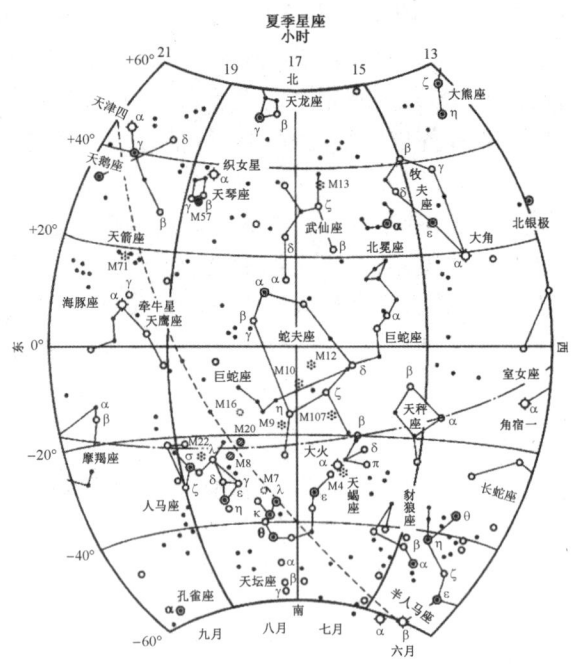

图 1.8 夏季星座①

天蝎座在天空中排成一个大 S 形,古巴比伦人把它看成蝎子,它由多颗亮星组成,形态美丽,很易辨认。最上方的 3 颗星 β、δ 和 π 就像蝎子张开的双螯;星座中最明亮的 α 星,呈火红色,被看成是蝎子的心;从这颗星笔直往下,经过 ε、μ 和 ζ 三颗星,它们构成了蝎子的身子;然后向左,经过 η、θ 和 ι 三颗星向上弯,直到 λ 星,形成蝎子的尾巴。天蝎座是黄道上的星座,初夏时分,入夜后不久它从东南方升起;仲夏之夜,它在正南方的地平线上出现;晚夏之际,它又偏向西南方。

时令到了 7 月底 8 月初,已是晚夏将入初秋。夜幕仍迟迟降临,待到夜色沉沉,抬头望天,最显著的景象就是从北方向上经头顶延伸到南方的一袭银河。在银河的两边,闪耀着两颗明亮的星星。这不禁让人想起唐朝诗人杜牧的《秋夜》诗:"银烛秋光冷画屏,轻罗小扇扑流萤。天阶夜色凉如水,卧看牵牛织女星。"这两颗亮星正是牛郎星和织女星。在中国,牛郎织女的爱情故事哀怨凄戚,家喻户晓。牛郎星和织女星都位于天空最亮的恒星之列。织女星是 0 等星,牛郎星是 1 等星。织女星不仅在天空熠熠生辉,在天文学的发展史上也曾大放异彩。它是历史上第一颗被测定距离的恒星。

天琴座的东面,有一个十字形的星座,名叫天鹅座。十字顶端的亮星是天鹅座 α,中文名天津四,也是一颗 1 等亮星。"天津"是天河渡口的意思,天鹅座是银河流经的星座,天鹅座大十字正像一只伸长脖颈、展开双翅在天河上翱翔的天鹅。织女、牛郎和天津四形成一个很大的直角三角形,叫作夏季大三角形。

沿着银河可以看到很多没有星星的黑暗区域,例如银河在天琴座南边和天鹰座西边存在一个长长的"分叉"。这并不是银河真的"流向"了两边,而是由于在银河的背景恒星与我

---

① 胡中为,萧耐园. 天文学教程(上册)[M]. 北京:高等教育出版社,2000.

们之间的视线上正好有一个长长的暗星云。

*9. 历史上阿拉伯学派的天文学家阿尔·苏菲最早记录了肉眼可见的一个河外天体，它是 （   ）

　　A. M33 风车星系

　　B. M87 巨椭圆星系

　　C. M31 仙女座大星云

　　D. M64 黑眼星系

解析：阿尔·苏菲(903—986)是中世纪波斯(今伊朗)天文学家，属于阿拉伯学派，历时多年研究恒星的亮度和颜色。他出版了《恒星星座》一书，该书是伊斯兰天文学观测的杰作之一，书中给出了作者测定的48个星座中每个恒星的位置、星等和颜色，对比列出了阿拉伯星名和托勒玫体系中的星名，还附有两幅星图和一份恒星星表，该书列出的阿拉伯星名有不少沿用至今。阿尔·苏菲的书也包含了希腊天文学家遗漏的天空景象。仙女星系是肉眼可见的最亮的河外天体，视星等为3.4等。阿尔·苏菲对它做了首次描述，称其为"一朵小云"。M33风车星系又称三角座星系，视星等为5.7等，也属肉眼可见的河外天体，但过分暗淡，且视面很小，在阿尔·苏菲的时代很容易混同为一颗6等星。M87巨椭圆星系为9.6等，M64黑眼星系为9.4等，肉眼都不可见。

答案：C。

知识扩展

秋季星空

　　初秋的夜晚，天空还保留着夏季的景象；但随着入秋渐深，仰望星空，但见盛夏称雄南天的心宿二以及牛郎织女和天津四等一等亮星已经西沉。地面显示萧疏之气，天空似乎也沾染了深沉的秋气，一片暗淡寥落，整个秋天的星空没有什么明亮的星星。

　　抬眼望向头顶，秋季星空的显著标志——秋季大四边形还算醒目(图1.9)。这个四边形中，西北角的那颗属于仙女座(仙女 α)，其余3颗属于飞马座(飞马 α、β 和 γ)。这两个星座连同旁边的仙王座、仙后座、英仙座和鲸鱼座，被称为王族星座。这些星座中最亮的不过2等星。英仙座 β，中文名大陵五，又叫作麦杜萨，是神话中的妖怪，这是一颗著名的变星。

　　从仙女 α 向西北方向看去，有两列恒星构成了仙女座的主体，北边一列上有颗仙女 ν。这颗星的旁边有一个纺锤形的亮斑，天晴气清时能用肉眼看到，这是肉眼能见的最远的天体，通常称为仙女座大星云。其实它是一个星系，正规的名称是仙女星系。它是离银河系最近的旋涡星系，距离为245万光年。它的直径约为15.2万光年，质量相当于1万5 000亿个太阳。

　　秋季星空中引人瞩目的是东南方地平线上方不高处的一颗灼灼亮星——北落师门，学名南鱼座 α。它孤傲地挺立在寂寥的秋季星空，给人异军突起之感。在它周围的广阔天空没有一颗亮星，很容易辨认。自古以来中外航海家都把它作为辨别方向的"灯塔"。北落师

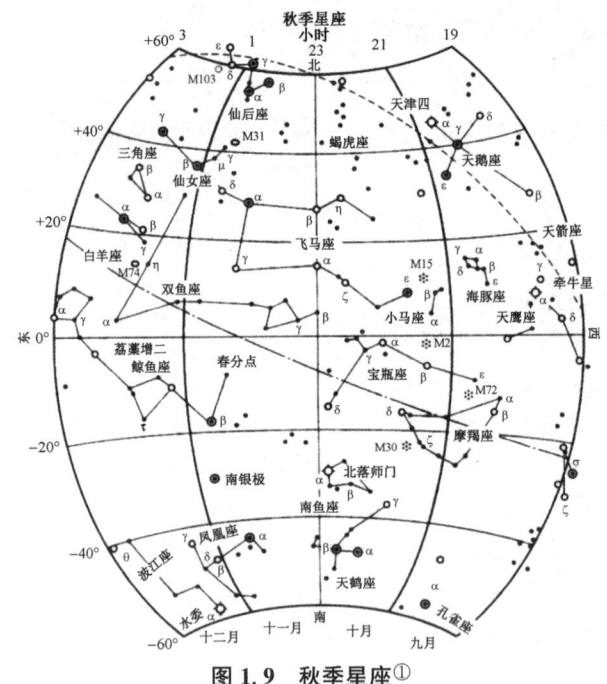

图 1.9　秋季星座[1]

门是南鱼座里最明亮的星星,它距离我们 25 光年,直径约为太阳的 1.7 倍,质量约为太阳的 2.3 倍,亮度约为太阳的 15 倍。天文学家们正在努力寻找太阳系外的行星,北落师门连同它周围的行星是被第一个证认的系外行星。

*10. 著名的梅西耶天体 M45 昴星团在下列哪个星座?　　　　　　　　　　(　)

　　A. 金牛座

　　B. 猎户座

　　C. 大犬座

　　D. 双子座

解析: 金牛座里,这头牛的肩上有一个昴星团。昴星团里的星通常肉眼可以看见 6 颗,看起来明珠般晶莹剔透,流光溢彩,由于形成密密麻麻的一团而显得突出。昴星团距离地球约 380 光年,在晴朗无月的深秋初冬之夜,抬头一望便能看见。在古代肉眼能看见 7 颗星,无论在我国还是在西方,古人都把它们称为"七姐妹"。据天文学家研究,它实际上包含了 1 000 余颗星。

答案: A。

知识扩展

冬季星空

　　冬季的星空一改秋季星空的寥落寂寞,冬夜有一年最灿烂的星空,真是群星争辉,璀璨夺目。请看!"金牛"向"猎户"迎头冲去,"猎户"的脚下跃动着一头"大犬",那一对孪生兄弟

---

[1]　胡中为,萧耐园. 天文学教程(上册)[M]. 北京:高等教育出版社,2000.

（双子座）又尾随着"猎户"……全天最亮的21颗恒星，在我国大部分地区可见到17颗，其中就有10颗在冬季亮相（图1.10）。

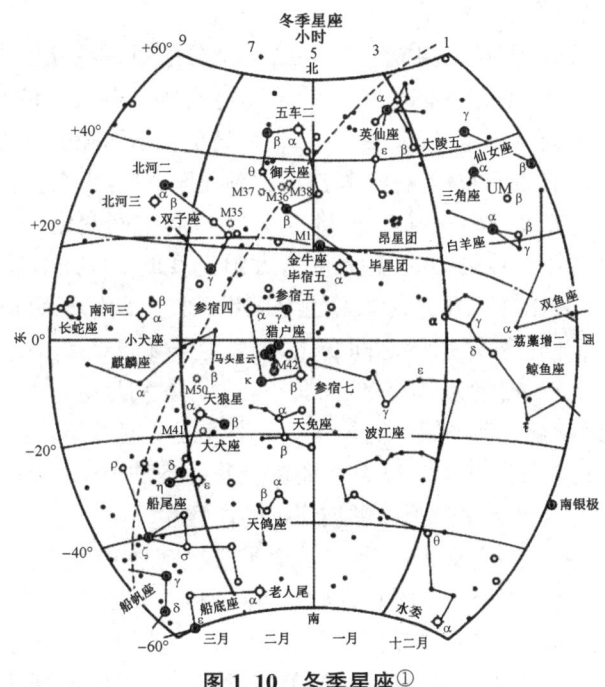

图1.10 冬季星座[①]

金牛座里最亮的星星是金牛座 α（中文名毕宿五）。这是一颗1等亮星，在全天最亮的1等星中排名第14位，是一颗橙红色巨星，距离地球68光年。它是黄道带的"四大天王"中最亮的一颗。其余3个"天王"是南鱼座 α（北落师门）、狮子座 α（轩辕十四）和天蝎座 α（心宿二），它们都是1等亮星。

金牛座里除了昴星团以外，另一个著名的天体是挂在金牛左角上的"蟹状星云"，后文我们再介绍。

在金牛座的东边，赫然可以看见猎户座。猎户座在希腊神话中是猎人奥赖翁的化身。你看他壮实有力的右臂（μ、ξ 星）舞动着粗重的棒槌，足以给敌手致命一击；左手执着一块坚不可破的狮皮盾牌（o^1、o^2、$π^1$、$π^2$、$π^3$、$π^4$、$π^5$、$π^6$ 星），足以抵挡面前金牛尖角的冲撞。猎户座里最亮的两颗主星，一是他的右肩（α 星），一是他的左足（β 星），而左肩是 γ 星，右足是 κ 星。此外，猎户还有一条珠光宝气的腰带（δ、ε、ζ 星），俗称三星，在腰带上挂着一把寒光闪闪的佩剑（σ、θ、ι 星）。在我国自古有个说法——"三星高照年来到"，就是指天刚黑，三星高挂在正南方星空中的时候正是春节来临之际。

在猎户腰带的下面（南面）是猎户座大星云，它的外形像一个绽开的棉桃，它也是肉眼可见的星云。与仙女座大星云不同，它不是河外星系，而是在银河系之内，实实在在由气体和尘埃组成的弥漫星云。天文学家发现在这里有数千颗新恒星正在形成，所以把它称为"恒星的产房"，它为天文学家提供了恒星从星云中形成的标本。

---

① 胡中为，萧耐园.天文学教程（上册）[M].北京：高等教育出版社，2000.

在猎户座 ζ 星(参宿一)的下方,用大型望远镜可以拍摄到一个出现在明亮背景上的暗星云,看上去像一个马头,惟妙惟肖,称为马头星云。在它的后面有一大片亮星云成为它的背景,于是马头星云被我们"看到"了。

就在猎户座的正北方,五颗星构成一个五边形,十分醒目,像一尾纸鸢高高飞扬,昭示着虽然时届严冬,春风却已然荡漾人间。这个纸鸢图形构成了御夫座的主体。其中北边(上面)一颗光辉夺目,是御夫座 α 星,中文名五车二,它是全天第四亮的 0 等星。

在御夫座里有两颗著名的双星:柱一和柱二。御夫座 ε 星,中文名柱一。柱一的两颗子星彼此绕转一周的时间是 27 年,星等在 3.83 等至 2.93 等之间变化,距离为 6 500 光年。其中一颗恒星的直径是太阳直径的 365 倍,光度为太阳光度的 20 万倍,这么大的星被称为亮超巨星。柱一南端(下面)的柱二(御夫座 ζ)也是双星。柱二两颗子星彼此绕转一周的时间是 2.66 年,星等在 3.70 等至 3.97 等之间变化,距离为 776 光年。

猎户座的"猎人"还有条"猎犬"跟在他的脚下,这就是大犬座。大犬 α,即天狼星,构成了大犬的嘴巴,是全天赫赫有名的第一亮恒星。它其实是一对双星,可是它的伴星却非常幽暗。1844 年,德国天文学家贝塞尔发现天狼星在沿着一条波浪形的曲线运动,从而推断它的旁边应有一颗伴星。这颗伴星是第一颗被证认的白矮星。

晚冬初春的夜晚,双子座高悬天空,它是黄道十二星座之一。双子座中的两颗亮星并排闪耀在我们的头顶偏南处,十分引人瞩目,即双子座 α 和 β,中文名称是北河二和北河三。

在行星发现史上,双子座具有显赫的地位。1781 年,英国天文学家威廉·赫歇尔在双子座里发现了天王星。大约 1 个半世纪以后,美国青年天文学家汤博也是在双子座里发现了当时认为的第九颗大行星——冥王星。不过冥王星的大行星地位只维持了 70 多年,后被降格为矮行星。

在双子座里还有许多有趣的天体,只要用小望远镜对准双子 α 星去看,就能发现它是一对双星,双星中的两颗子星以大约 511 年的周期互相环绕着旋转。后来天文学家进一步发现,这对双星里的每一颗星又都是双星。这样,双子 α 星其实是 4 颗恒星聚集在一起形成的恒星系统,称聚星或四合星。

另一个令人瞩目的是爱斯基摩星云,其形态看起来像生活在北极地区、头戴皮帽的爱斯基摩人(因纽特人的旧称)。它的中心有一颗高温的白矮星,它发射的紫外线照射到星云的气体和尘埃上,激发气体和尘埃发光,于是这个星云就被我们看见了。它们是恒星演化到晚期的产物。

让我们对上述反映星空周日和周年旋转的"斗转星移"与星空的四季景象做综合性的思考,请回答下面的问题。

11. 南北朝时期诗人沈约的"夜夜曲"云:"河汉纵且横,北斗横复直。星汉空如此,宁知心有忆? 孤灯暧不明,寒机晓犹织。零泪向谁道,鸡鸣徒叹息。"通读全诗,请回答这反映的是一年四季哪个季节夜间天空景象的变迁? ( )

    A. 春季

    B. 夏季

    C. 秋季

    D. 冬季

解析：这首诗的首句关于河汉的描述，表明这应是夏季到初秋的天象。这句和第二句显示河汉和北斗态势的变化，时间经过了六七个小时。初秋时节，天刚黑时还能见到盛夏夜晚纵贯天空的一袭银河；同时，北斗七星正位于北极的下方，斗柄呈水平状态，即古人所称的"斗柄西指，天下皆秋"。这些景象，正是诗中描述的"河汉纵，北斗横"。随着星空逆时针方向的周日旋转，银河向西偏斜，而北斗向东转过了约 90°，斗柄呈南北指向。天将拂晓，已有凉意了。

答案：C。

第4节　天体的层次

随着人类空间视野的不断扩展，按照空间尺度的规模，我们可以把天体分为行星层次、恒星层次、星系层次和宇宙层次 4 个自小到大的层次。这是一种粗略的划分，还可以细分出一些"亚层次"，例如低于行星的卫星层次；或分出一些"中间层次"，如在恒星与星系之间的星团等。

下列 4 题正与上述 4 个层次依次相应。

12. 在托勒玫的地心体系里，他把当时所认识的"行星"按从里到外的次序这样排列（　　）

A. 水星、金星、火星、木星、土星、月球、太阳
B. 月球、太阳、水星、金星、火星、木星、土星
C. 月球、水星、金星、火星、木星、土星、太阳
D. 月球、水星、金星、太阳、火星、木星、土星

解析：古希腊人把在天空相对于不动的恒星运行的 7 个天体称为"行星"。天文学家托勒玫集古希腊天文学之大成，创立了地心体系。他出于人们对天空的直观认识，认为地球居于宇宙的中心，周围月球、水星、金星、太阳、火星、木星和土星依次环绕地球运行，外围是不动的"恒星天"。这是首次建立了正确的日、月和行星的运动学模型，是人类认识宇宙历程中重要的阶段性成果。正是在这个成果的基础上，波兰天文学家哥白尼才得以创立日心体系。

答案：D。

知识扩展

行星层次

行星是受中央恒星的引力作用环绕其旋转的天体，轨道周围基本被清空，本体呈球形，表面呈气态或岩态，后者往往又有大气包围。行星本身不发光，靠反射中央恒星的光才显得明亮。往往有多颗行星环绕一颗恒星运行，构成行星系。

太阳系就是一个行星系，太阳周围有 8 颗行星，既有岩态行星，也有气态行星，还有矮行星、小行星、彗星、流星体和其他行星际物质。许多行星的周围还环绕着一颗或多颗卫星。地球是一颗岩态行星，而且在其上繁衍出种类繁多的生命体，包括具有智能生命的人类，但这未必能作为行星的典型。太阳系内的天体和物质在环绕太阳运行的过程中还形成了一些

特殊的结构,如小行星带、柯伊伯带、奥尔特云等。

现在已经发现了许多围绕别的恒星的行星和行星系,它们被称为系外行星。由于探测手段的局限,许多系外行星和行星系的状态还远未探明,尤其是质量很小的行星还无法探测到。但是,从已有的材料来看,有些行星系的状态与太阳系颇不相同,例如一些行星距离其中央恒星不远,有木星般大小,甚至是更大的气态巨行星,它们表面温度很高,被称为"热木星"。这些发现将极大地丰富人们对行星和行星系的认识,深化我们关于天体起源和演化的知识。

*13. 由于在历史上首先发现了太阳光谱,恒星光谱中的谱线以下列哪位学者名字命名?

( )

A. 夫琅和费
B. 惠更斯
C. 基尔霍夫
D. 哈金斯

解析: 太阳是一颗恒星,对太阳的观测和研究深化了人们对恒星的了解。1814年,德国光学家夫琅和费发明了分光镜,他用这架分光镜观测了太阳光谱,发现了太阳光谱中有10多条非常清晰的暗线和574条较微弱的暗线。这些或强或弱的暗线后来被称为夫琅和费线。夫琅和费虽然公布了这项发现,但无法做出解释。19世纪50年代中期,德国化学家本生和德国物理学家基尔霍夫合作研究光谱,发明了光谱分析术,能根据光谱来判明化学元素。随后基尔霍夫总结了关于光谱的定律,终于揭开了太阳光谱中产生夫琅和费线的原因。在此基础上,1859年英国天文学家哈金斯开创了研究恒星光谱的新领域。通过光谱分析的广泛运用,人们深入认识了恒星的诸如化学成分、内部结构、能量来源乃至起源演化等本质特征,人们对恒星的认识由此产生了一个飞跃。

答案: A。

知识扩展

恒星层次

正常恒星是本身发热发光的气态天体,其能量来自核心内部的氢聚变反应。恒星的质量一般在行星的十几万至上百万倍,绝大多数恒星的质量在太阳的 0.1~10 倍之间;但恒星尺度的差异相当悬殊,这是恒星的密度相差巨大的缘故。恒星之间的距离极其遥远,可达恒星本身尺度的千万倍,可见恒星际空间非常空虚。但那里并非真空,而是弥漫着被称为星际物质(或称星际介质)的气体和尘埃。恒星有较强的集群倾向,往往结合形成双星、聚星或星团。

太阳是一颗正常恒星,是离我们最近的恒星,也是我们太阳系的中心天体,但只是银河系无数恒星中的普通一员。离太阳最近的恒星,其距离为 4.3 光年,在太阳四周 10 光年范围内(相当于 1 000 立方光年的体积)内只有六七颗恒星。

宇宙空间还存在恒星形成过程中或演化到晚期产生的各种形态的天体,它们没有正常恒星的产能机制,但却表现出各种如吸积盘和喷流等活动过程。

*14. 首次认证仙女星云为河外星系的天文学家是谁？ （　　）

A. 李维特

B. 哈勃

C. 沙普利

D. 爱丁顿

解析：人们于18世纪末期认识到太空中的无数恒星与星团、星云等天体构成了一个星系——银河系。直到20世纪20年代初，人们对于银河系是否就是整个宇宙，也就是说在银河系之外是否还有别的星系，存在两种截然相反的意见。焦点在于确认当时已经发现的许多旋涡状的星云究竟是银河系之内还是之外的天体。1924年，杰出的美国天文学家哈勃通过测量仙女星云的距离，无可争辩地确证这是远在银河系之外的星系，确立了星系这一层次。哈勃本人从此开展了对星系的研究，成为研究星系的先驱。

答案：B。

知识扩展

星系层次

约在一百年前，天文学家发现在我们的银河系之外，存在许多形态各异的、与银河系尺度不相上下的星系，即河外星系。星系是由几亿到上万亿颗恒星以及星团、星云和星际物质构成的庞大的天体系统。它们的空间尺度通常在几千至几十万光年，质量在几百万到几十亿太阳质量。星系大小不一，质量和光度相差悬殊，形态和物质构成也不尽相同。绝大多数星系的核心部分相当致密，聚集着密集的恒星和高密度的气体和尘埃，中心往往蜗居着一个超大质量黑洞。有些星系的中心由于这个超大质量黑洞而有剧烈的活动。星系也有集群的倾向，它们构成了星系团、超星系团等系统。

银河系是我们太阳系所在的星系，它只是星系世界中的普通一员。它是一个中央厚、边缘薄的较扁平的棒旋星系，约有3 000亿颗恒星，其中恒星密集部分的直径约9万光年。

*15. 爱因斯坦在建立其静态宇宙模型时给引力场方程加了一个宇宙学常数项用来平衡引力，后来他承认这是错的。但是到了20世纪90年代，宇宙学常数又受到重视，这是因为 （　　）

A. 发现了宇宙膨胀

B. 发现了牛顿引力常数需要改正

C. 发现了宇宙加速膨胀

D. 发现了宇宙内存在大量暗物质，它们的引力需要平衡

解析：爱因斯坦是现代宇宙学的创始人。他在发表广义相对论以后的1917年，通过解引力场方程建立了一个静态宇宙模型，因为当时普遍认为宇宙是静止的。但是由于宇宙的内向引力，场方程的解是随时间变化的，于是爱因斯坦人为地加入了一个代表斥力的"宇宙学常数"来平衡引力。1929年哈勃发现了哈勃定律（现称哈勃—李维特定律），证明宇宙在膨胀，不久静态宇宙模型就被膨胀宇宙模型所取代，宇宙学常数被认为是错误的。20世纪90年代末，人们发现了宇宙加速膨胀，认为宇宙中存在超过引力的斥力，宇宙学常数又受到

重视,用以表征暗能量。

答案:C。

知识扩展

宇宙层次

尺度最大的一个天体层次是整个宇宙。宇宙内星系的数量达千亿量级,正是所有这些星系构成了整个宇宙。我们目前已经观测到了宇宙边缘最远的星系。这个宇宙是在138.2亿年前由一次大爆炸形成的。爆炸之初的宇宙只是极其高温的辐射,经过猛烈的暴胀后向外不断膨胀,温度逐渐降低,其间形成形态和性质各异的种种物质,并形成错综复杂的各层次结构。其中宇宙的大尺度结构是以星系为"分子"构筑和描绘的,以这种大尺度来衡量,宇宙内的物质分布大体上是均匀和各向同性的。

100年前,爱因斯坦开创了现代宇宙学。现在,当代宇宙学的标准模型——大爆炸宇宙学已经成为公认的学说。人们通过广泛的探测和理论思考,不仅在一定程度上认识了宇宙的结构和形态,也了解了宇宙的形成和发展过程。局处于宇宙一隅的小小地球上的人类,居然能够如此深入地了解宇宙,不能不说是人类智慧的骄傲。爱因斯坦曾经说过:"宇宙中最不可理解的是,宇宙居然是可以理解的!"

在短短几百年间,人类的空间视野已从离我们很近处一直扩展到130亿光年以外的远方。现在人们在思考,在我们的宇宙之外是否还有"平行宇宙",我们的宇宙是否有某种通道与这些外宇宙相连。也许人们的视野正在向着更高的层次飞跃。

16. 人类从认识星空开始到建立正确的宇宙观念,在这个历程中下列哪几位科学家树立了里程碑? ( )

A. 托勒玫、哥白尼、哈勃、爱因斯坦
B. 哥白尼、牛顿、哈勃、爱因斯坦
C. 托勒玫、哥白尼、牛顿、爱因斯坦
D. 托勒玫、哥白尼、牛顿、哈勃

解析:托勒玫地心说堪称人类认识宇宙历程中的里程碑。这是人类对天体运行表观现象的首次正确描述,是人类正确认识宇宙必经的第一个环节。"由表及里"正是人类认识客观世界的一个规律,即通过认识表观现象进而认识本质。哥白尼的日心说把太阳"移到"宇宙中心,人们从此认识了太阳是一颗恒星,地球与在天空运行的其他5个天体一起环绕太阳运行,组成了行星系,月球是地球的卫星。这是脱离表观现象认识本质的一个革命性飞跃。哈勃的工作不仅在于确立了星系这一层次,而且把人们的目光引向无垠的宇宙。爱因斯坦是现代宇宙学的开创者,虽然他的静态宇宙模型已经废弃,但是他的科学思想和研究方法成为现代宇宙学的基础。其他堪称里程碑的工作如威廉·赫歇尔通过观测认证银河系、康德和拉普拉斯关于太阳系形成的星云学说等未及一一阐明。

答案:A。

第2章 太阳系

太阳系孕育了人类的家园——地球。从这颗蔚蓝的星球望去,人类必然避不开最耀眼夺目的天体——太阳。我们和一颗恒星生活在一起,是一件多么神奇而又幸运的事!除了太阳,月亮是另外一颗夺目的星球,明亮皎洁却又变化多端。正是太阳、地球、月球的舞蹈,它们旋转、围绕,为人类造就了生存的世界。它定义了地球上所有生物生存的空间,也定义了最基本的时间,年、月、日正是对应着地球的公转周期、月球的公转周期和地球的自转周期。宇宙的深邃在我们身处的太阳系已经展露无遗。这里已经存在着无数的异世界,那里的一年可能已经是地球人的一生,太阳可能西升东落,天空也可能悬挂着大大小小几十个月亮。让我们一起来探索太阳系的多姿身影吧,你将看到关于太阳、月球、八大行星和小天体的奥秘。

1. 太阳内部结构由内到外包括 ( )
  A. 核反应区、辐射区、对流区
  B. 辐射区、核反应区、对流区
  C. 核反应区、对流区、辐射区
  D. 对流区、核反应区、辐射区
解析: 太阳内部从内到外分别包括核反应区(0~0.25个太阳半径)、辐射区(0.25~0.71个太阳半径)、对流区(0.71~1个太阳半径),核反应区的能量主要由氢的核聚变提供,辐射区和对流区分别通过辐射和对流的方式将核反应区的能量传输到外层。
答案: A。

2. 太阳黑子活动的蒙德(Maunder)极小期发生的时间是 ( )
  A. 元朝
  B. 明朝前中期
  C. 清朝初年
  D. 清朝中期
解析: 蒙德极小期的时间范围为公元1645年到1715年,是在清朝初年间。但是根据碳14测定的结果,黑子数从公元1600年左右就开始下降了。
答案: C。

3. 描述尽可能多的太阳活动周观测特征和演化规律。
解析: 太阳活动周观测特征和演化规律包括以下几点。(1)太阳黑子数有平均11年的活动周期,除了11年周期还包括更短或者更长的周期,比如80年的世纪周期。(2)黑子活动的纬度带随着太阳周逐渐向太阳赤道漂移。(3)海尔(Hale)的极性定律指出黑子极性的分布有一个22年的周期,即在一个太阳活动周内,假设北半球前导黑子极性为正,后随黑子极性为负,那么南半球的前导、后随黑子极性和北半球相反,经过11年的黑子数周期后,南北半球的前导、后随黑子极性反转,这样经过22年,黑子极性在南北半球的分布完成一个周期的转换,从而形成了黑子极性分布的 22 年周期。(4)乔伊(Joy)定律指出前导黑子比起后随黑子更靠近赤道,它们中心的连线和赤道的夹角随着纬度的增加而增加。(5)极区磁场的极性在太阳活动极大年的时候开始反转,即正极变为负极,而负极变为正极。

知识扩展

太阳活动周

太阳活动周指的是太阳黑子数目规律变化产生的周期。根据对黑子数目的长期观测,发现太阳活动周具有平均 11 年左右的周期。在一个周期内黑子从无到有,数目逐渐增多,经过 4 年左右达到极大值,这一年也被称为太阳活动峰年;之后逐渐减少,黑子数达到极小值的那一年被称为太阳活动谷年。太阳活动周期可以短到 8 年,也可以长达 15 年左右。从 1755 年太阳活动谷年开始,到 2020 年已经到了第 25 个太阳活动周。

太阳活动周最初是由德国业余天文学家施瓦贝发现的,他用一台 5 厘米望远镜连续观测太阳黑子 17 年的时间,而他最初的目的是寻找一颗比水星还要靠近太阳的行星。在 1843 年,施瓦贝宣称发现了黑子数变化具有 10 年左右的周期,已经非常接近现代的测量平均值 11 年,因此这个周期也被称为施瓦贝周期。历史上对黑子和太阳活动周进行过细致观测的著名科学家还包括意大利天文学家伽利略、瑞士苏黎世天文台台长沃尔夫、英国业余天文学家卡林顿、德国天文学家斯波勒、英国天文学家蒙德以及美国天文学家海尔。其中斯波勒通过观测发现,在一个太阳周开始的时候,黑子一般出现在太阳南北纬 30°到 45°,在太阳活动峰年前后出现在 15°附近,到了谷年则进一步漂移到 8°附近。黑子的活动纬度带随着太阳周逐渐向太阳赤道漂移的规律也被称为斯波勒定律。蒙德经过多年观测,以时间为横坐标,以黑子出现的纬度作为纵坐标,画出了黑子出现位置随着时间分布的演化图,这就是黑子的蝴蝶图。

太阳活动周不仅具有平均 11 年的周期,还有 80 年的世纪周期以及其他一些周期。特别地,太阳活动有时会在较长时间尺度上非常微弱甚至消失不见,这被称为太阳活动极小期,它可以延伸到几个至十几个太阳活动周,比如公元 1280 年到 1350 年的沃尔夫极小期、1450 年到 1550 年的斯波勒极小期、1645 年到 1715 年的蒙德极小期以及 1790 年到 1820 年的道尔顿极小期。

太阳活动周一般由发电机理论解释。美国天文学家巴布科克 1961 年提出了经验的发电机模型,这个模型可以由以下五个步骤解释。第一步,在一个新的太阳活动周开始前,太阳的磁场由一个相对于太阳自转轴旋转对称的偶极场表示,这些磁场主要沿着太阳南北极的经线方向分布,被称为极向场。第二步,由于太阳的较差自转,极向场被拉伸成沿着纬线的方向并且磁场强度也被放大,这些磁场被称作环向场。第三步,环向场的磁场强度逐渐增大,由于磁场的浮力浮出太阳对流区,形成活动区,这些活动区首先在 30°附近出现,并且随着太阳活动周的演化趋于赤道。第四步,活动区的前导黑子纬度更低,后随黑子纬度更高,随着活动区的扩散,后随黑子的磁极逐渐移动到太阳极区,并且后随黑子的极性和对应极区的极性相反,从而可以逐渐引起太阳极区磁场极性的反转。第五步,在这个太阳活动周的末期,黑子浮现区域平静,太阳极区磁场极性发生反转,形成新的宏观偶极磁场,从而为开启下一个新的太阳活动周做好准备。1969 年,美国天文学家莱顿在巴布科克经验模型基础上做了扩展,特别是考虑了磁元由于随机行走产生的扩散过程,从而形成了巴布科克—莱顿半经验运动学模型。这个经典的半经验模型对我们理解太阳发电机理论具有一定的指导意义,而在随后的研究中,太阳发电机理论更多地建立在更加严格的磁流体力学基础之上。

*4. 太阳光从核心传到太阳表面大约需要多长时间? ( )

　A. 2秒

　B. 17年

　C. 170年

　D. 17万年

解析: 太阳内部是高温高密的等离子体,太阳光在核心产生后需要和这些等离子体不断地碰撞,从而随机行走,不能以直线前进。由于太阳内部光子的自由程非常小,平均自由程约为0.1毫米~1厘米,从太阳核心走到70万千米外的表面,光子需要几万年到十几万年的时间。

答案: D。

*5. 一次最大太阳耀斑的能量大约相当于多少颗原子弹的能量? ( )

　A. 100亿颗

　B. 1亿颗

　C. 1万颗

　D. 1颗

解析: 太阳耀斑具有不同的能量级别,典型的一次耀斑在数十分钟时间内可以释放的能量为10^{17}焦耳到10^{25}焦耳。美国现役的B83核弹头爆炸的能量约为1.2百万吨TNT当量,约等于$5×10^{15}$焦耳。如果取最大太阳耀斑,约为100亿颗原子弹的能量。

答案: A。

知识扩展

太阳活动

太阳活动指的是太阳大气中发生的剧烈的爆发现象,也被称为太阳风暴,它包括耀斑、日冕物质抛射和日珥爆发等现象(图2.1)。

耀斑是在太阳表面或者边缘观测到的突然增亮的现象,它在射电、紫外、极紫外、X射线甚至可见光波段表现得最明显。在这个过程中,太阳耀斑最多可以释放出$6×10^{25}$焦耳的能量,大约是太阳每秒释放能量的1/6,或者是$1.6×10^{11}$百万吨TNT当量,或者是撞击木星的舒梅克—利维9号彗星释放能量的$2.5×10^4$倍。1966年,IAU(国际天文联合会)决定按地球附近测到的软X射线(0.1~0.8纳米)峰值流量将耀斑分为A、B、C、M和X五级,具体如下表2-1所示。强度级别后面的数字表示其软X射线流量相对于相应级别最小流量的具体大小。耀斑的核心问题包括磁重联、粒子加速、耀斑等离子体动力学等。

日冕物质抛射是太阳大气中的等离子体和磁场被抛射出日冕并且在行星际空间传播的现象,它每次爆发可以携带10^{11}~10^{13}千克的物质进入行星际空间。美国在20世纪60年代到70年代发射了一系列的太阳观测卫星——轨道太阳天文台(Orbital Solar Observatory,

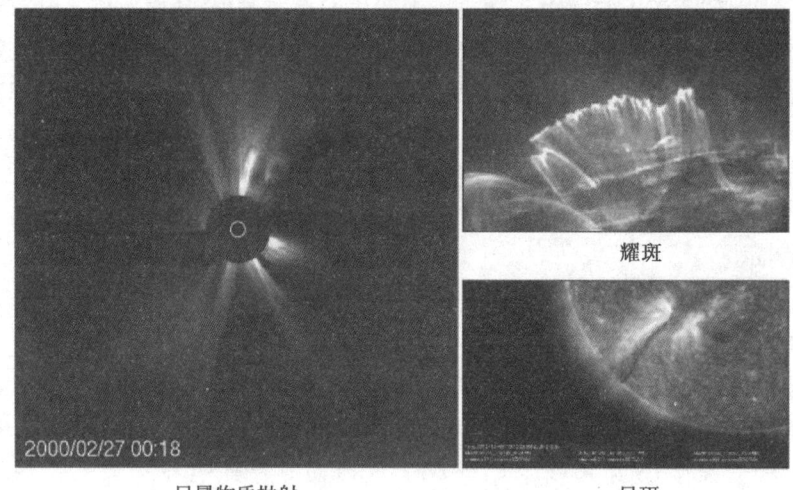

图 2.1 日冕物质抛射、耀斑和日珥等活动现象（来源：NASA）

OSO），在 1971 到 1973 年间，OSO-7 观测到了日冕物质抛射的迹象。随后，更多的太阳观测仪器看到了这种爆发现象，特别是从 1995 年运行至 2021 年的太阳和日球层天文台（Solar and Heliospheric Observatory, SOHO）为人们深入研究日冕物质抛射提供了大量观测资料。典型的日冕物质抛射具有亮核、暗腔和前端的三分量结构。它的发生率在太阳活动峰年附近是每天 3 到 6 次，在太阳活动谷年附近是每天 0.2 次左右。日冕物质抛射和耀斑以及日珥往往具有非常紧密的联系，在它发生的过程中很容易产生日冕暗区、极紫外波动、Ⅱ型射电暴以及加速高能粒子。

表 2-1 太阳软 X 射线耀斑强度级别

强度级别	流量范围/$J \cdot m^{-2} \cdot s^{-1}$
A	$1.00 \times 10^{-8} \leqslant F_x < 1.00 \times 10^{-7}$
B	$1.00 \times 10^{-7} \leqslant F_x < 1.00 \times 10^{-6}$
C	$1.00 \times 10^{-6} \leqslant F_x < 1.00 \times 10^{-5}$
M	$1.00 \times 10^{-5} \leqslant F_x < 1.00 \times 10^{-4}$
X	$1.00 \times 10^{-4} \leqslant F_x$

日珥是日冕中密度较高、温度较低的物质，这些物质的密度大约是周围日冕密度的 100 倍，温度大约是周围日冕温度的百分之一，因此，我们可以把日珥看作是太阳大气中的云朵。当这些云朵处在日面边缘时，它相对于天空背景更亮，被称作日珥；而当它们位于日面上时，在不同观测波段看起来都比日面背景更暗，因此被称作暗条。根据所处位置的不同，日珥被分为活动区日珥、宁静区日珥和中间型日珥。其中活动区日珥高度大约 2×10^4 千米，长度大约 5×10^4 千米，磁场强度在 100 到 200 高斯（等价于 0.01 到 0.02 特斯拉）；宁静区日珥的高度大约 5×10^4 千米，长度大约 2×10^5 千米，磁场强度大概几十高斯；中间型日珥的尺寸和磁场强度介于两者之间。人们往往关注日珥的形成、振荡和抛射，它们和耀斑、日冕物质抛射的产生有紧密的关系。

太阳活动和太阳大气中的磁场密切相关。太阳黑子便是这些磁场的直观表现,当磁场从对流区底部浮现到光球上,黑子便形成了。这些磁场带来了很多磁自由能,它们的磁力线往往表现出剪切或者缠绕的形式,会形成剪切磁拱或者缠绕磁绳的结构。这些结构为暗条物质的形成准备了磁场环境,也是耀斑发生或者日冕物质抛射的前身结构。当饱含磁场自由能的磁拱或磁绳由于磁重联或者不稳定性开始上升,并且逐渐爆发时,它们便在下方拉伸出电流片结构,磁场重联在电流片里发生,粒子会被加速和加热,磁绳快速向上抛射并且膨胀,因此可以驱动日冕和行星际激波。这样随着日珥的爆发,耀斑和日冕物质抛射便形成了。

太阳的能量和物质由于太阳爆发活动以及太阳风的影响,无时无刻不在向行星际空间传播。当它们带来的等离子体、高能粒子、磁场和地球的磁层、电离层以及中高层大气相互作用时,便可以产生磁暴、磁层亚暴、电离层扰动、极光等空间天气现象。空间天气对现代社会和经济会产生重要影响,灾害性的空间天气有可能击毁卫星、切断电网、阻碍通信、影响航天员和飞机乘客的身体健康。因此,对空间天气进行研究和预报具有重要的科学价值和应用意义。

---

6. 柳永在《雨霖铃》中写道:"多情自古伤离别,更那堪,冷落清秋节!今宵酒醒何处?杨柳岸,晓风残月。"这首词的写作时间最可能是农历的哪一天? ( )

  A. 初四

  B. 十一

  C. 十九

  D. 廿六

解析: 残月已经非常接近农历月末,所以农历廿六最接近。

答案: D。

7. 柳永在《雨霖铃》中写道:"多情自古伤离别,更那堪,冷落清秋节!今宵酒醒何处?杨柳岸,晓风残月。"假设柳永醒酒的时间不是早上,而是傍晚,那么有没有可能把词句改为"今晚酒醒何处?杨柳岸,晚风残月"?为什么?

解析: 不能这样改写,如果是残月的话,不可能在傍晚的时候看到,因为这个时候月亮在太阳的西侧,太阳落山的时候,月亮已经落下去了。

8. 月球环绕地球公转的轨道面被称作什么? ( )

  A. 黄道

  B. 白道

  C. 黑道

  D. 赤道

解析: 月球绕地球公转的轨道面称为白道,太阳周年视运行线路(即地球公转轨道在天球上的反映)称为黄道。黄道面与白道面之间的夹角称为黄白交角,其平均值约为$5°09'$。

答案: B。

9. 取太阳半径$6.955×10^5$千米,地球半径6371千米,月球半径1737千米。假设某次日食发生时,日地距离为$1.521×10^8$千米,地月距离为$3.633×10^5$千米。如果日食发生在太阳直射点上,试估算:月球本影在地表投影宽度是多少千米?

解析： 如图 2.2 所示，假设月球本影锥的顶点是 A，地球、月亮和太阳的中心分别是 E、M 和 S，那么：

$EM = 3.633 \times 10^5$ km

$ES = 1.521 \times 10^8$ km

直线 $AM'S'$ 在 M' 点和 S' 点分别与月球、太阳相切。根据三角形 $AM'M$ 和三角形 $AS'S$ 相似，得到：

$AM/M'M = AS/S'S$

即：

$(3.633 \times 10^5 + AE)/1.737 \times 10^3 = (1.521 \times 10^8 + AE)/6.955 \times 10^5$

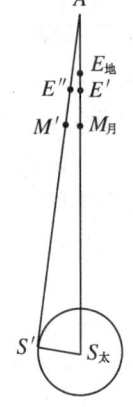

图 2.2 日食发生时太阳、月球和地球位置关系图

解得：

$AE = 1.661 \times 10^4$ km

假设太阳直射点在 E'，那么：

$AE' = (1.661 \times 10^4 + 6.371 \times 10^3)$ km $= 2.298 \times 10^4$ km

E'' 点是 AS' 和地球表面的交点，由于 $S'AS$ 是一个小角度，可以近似假设 $E'E''$ 垂直于 AS'。根据三角形 $AE'E''$ 和三角形 $AS'S$ 相似，得到：

$AE'/E'E'' = AS/S'S$

解得：

$E'E'' = 105$ km

即月球本影在地表投影宽度约为 105 km，如果太阳光不是直射，这个宽度可以更大。

10. 日全食是一个令人着迷的现象，它每次发生都吸引着全世界的天文爱好者。可是它只能持续几分钟，让广大观测者叹息不已。比如 20 世纪历时最长的日全食发生在 1955 年 6 月 20 日，长达 7 分 15 秒，可是地点在太平洋上。为了尽可能长时间地观测日全食，可以考虑使用高速飞机来追踪月球在地球上留下的阴影。实际上天文学家在 1973 年的日全食观测中已经这样做过，并且创造了 74 分钟的日全食观测记录！在这个过程中，计算月球本影的速度非常重要。已知地月平均距离为 3.8×10^5 千米，月球的朔望月周期是 29.5 天，请根据相关天体的基本参数，估计本影在地面的速度。

解析： 虽然月球围绕地球公转的轨道是一个椭圆，但是为了计算方便，这里使用圆轨道假设，并且使用 3.8×10^5 km 作为地月平均距离。

月球本影在地面的投影是月球公转、地球自转和地球公转共同作用的结果。月球的公转让月影向东移动，地球的自转会让月影向西移动，地球的公转也让月影向西移动。月球公转和地球公转的联合作用可以使用朔望月周期来近似，因为恒星月周期是 27.3 天，朔望月周期是 29.5 天，使用朔望月周期相当于减小了月影移动的速度。

月球和地球的公转引起的月影移动线速度在太阳直射点为：

$$\frac{2\pi \times 3.8 \times 10^5}{29.5 \times 24} \text{ km} \cdot \text{h}^{-1} = 3\,372 \text{ km} \cdot \text{h}^{-1}$$

方向由西向东。

地球自转速度在赤道处是：

$$\frac{2\pi \times 6\,371}{24} \text{ km} \cdot \text{h}^{-1} = 1\,668 \text{ km} \cdot \text{h}^{-1}$$

引起的月影移动方向由东向西。

那么本影在太阳直射点，并且在赤道处的速度为 $1\,704\ \mathrm{km\cdot h^{-1}}$，方向由西向东。由于日食发生地点不一定发生太阳直射，月球和地球公转引起的月影投影速度会变大，日食也不一定发生在赤道处，地球自转线速度会变小，这样总的月影移动速度会大于 $1\,704\ \mathrm{km\cdot h^{-1}}$，比如达到 $2\,000\ \mathrm{km\cdot h^{-1}}$ 以上，方向仍然由西向东。

空气中的声速在 15 ℃ 时大约是 $340\ \mathrm{m\cdot s^{-1}} = 1\,224\ \mathrm{km\cdot h^{-1}}$，飞机需要以大约 2 倍声速飞行才能赶上月影的移动速度。

11. 人类如果可以登陆太阳系内的八大行星，在哪两颗行星上看到的太阳是西升东落？ （　　）

　　A. 水星、金星

　　B. 土星、天王星

　　C. 金星、天王星

　　D. 水星、海王星

解析： 金星和天王星的自转是自东向西的，太阳系其他行星的自转都是自西向东。

答案： C。

12. 除了地球以外，人类发射了多颗探测器用来探索行星和卫星，那么按照探测器个数从多到少的顺序排列，人类探索过的星球是 （　　）

　　A. 火星、月球、水星、金星

　　B. 月球、水星、金星、火星

　　C. 火星、金星、水星、月球

　　D. 月球、火星、金星、水星

解析： 目前为止，人类发射的月球、火星、金星和水星的探测器分别有 84、47、40 和 3 颗。

答案： D。

13. 2021 年 5 月 15 日，"天问一号"着陆器携带"祝融号"火星车成功着陆火星表面，着陆地点是 （　　）

　　A. 克里斯盆地

　　B. 水手峡谷

　　C. 乌托邦平原

　　D. 埃律西昂平原

解析： "天问一号"预选了两个着陆地区，即克里斯盆地和乌托邦平原，最终选择了后者作为着陆点。

答案： C。

知识扩展

火星探测

火星，是太阳系中距离太阳第四近的行星；直径 6 780 千米，约为地球的一半；自转周期 24.6 小时，非常接近地球的自转周期；公转周期 687 天。火星的赤道面和它的公转轨道面夹角约为 25.2°，而地球的黄赤交角约为 23.4°，这是火星和地球的另一个相似点。类似的夹角意味着火星上太阳高度角随着公转具有和地球类似的变化,也就是说火星具有和地球相似的四季变化,当然我们也不要忘了火星公转周期更长,距离太阳更远。火星是一颗类地行星,它的表面布满了岩石、高山、峡谷和水流冲击留下的痕迹。火星上具有太阳系内已知最高最大的山——奥林匹斯山,高于火星基准面约21.9千米,宽约600千米;也具有太阳系最长最大的峡谷——水手号峡谷,长达4 000千米,最宽处320千米,最深处7千米,几乎是地球上美国大峡谷的10倍。火星表面被大量赤铁矿覆盖,让它在夜空中呈现红色。火星的两极和地表以下存在水冰,但是由于大气稀薄,温度极低,火星表面已经不存在液态水。不过根据推测,在较早时期,火星的气候更加温暖湿润,或许存在过生命。那么,火星的气候为什么会变成今天这样的寒冷干燥也是一个令人费解的问题。

火星的大气密度只有地球的1‰左右,主要由二氧化碳、氮气和氩气组成,其中二氧化碳占比95%以上。由于火星两极极低的温度,二氧化碳可以凝华成干冰并且覆盖在水冰之上。稀薄的大气让火星失去了对流星、小行星和彗星的防护,它们可以长驱直入撞击火星表面。火星大气有时也会形成沙尘暴,影响整个星球,这个沙尘暴有时需要几个月才能停止。最新的观测数据显示,在太阳风的吹拂之下,火星大气不断逃逸出大气层。太阳风能长驱直入的原因是火星的磁场非常弱,没有全球性的磁场,只有部分区域有局地磁场,它们是由铁磁物质被磁化才保存至今。主流观点认为,火星在大约40亿年以前有过强磁场,火星的地壳中也存在着大量的铁磁物质。磁场是由火星内核中熔岩流动的发电机作用产生的,随着火星核心发电机作用停止,全球磁场消失了,而太阳风也得以侵入火星的大气层,在剥离大气的同时,也带走了火星的海洋还有生命。

火星是除了地球以外人类探索次数最多的行星。苏联在1960年通过"火星1A号"开启了人类火星探测任务,但是没有到达火星轨道,随后发射的探测器也大多失败。第一个成功的火星探测器是美国1964年发射的"水手4号",它在1965年飞越火星,发回了第一张火星的近距离照片,给人们展示了一个充满陨石坑的荒凉世界,从而也终结了人们对火星生命甚至是火星文明的想象。随后又有数十台探测器前往这颗引人入胜的星球。现在有8颗环绕器正在围绕火星运转,包括我国的"天问一号"环绕器以及美国的3颗火星探测器,即2001火星"奥德赛"、火星侦查轨道器、火星大气与挥发演化MAVEN探测器;另外有3辆火星车正在火星表面运行,包括我国的"祝融号"和美国的"好奇号"和"毅力号",其中"毅力号"首次在火星表面放飞了一架直升机——"机智号";另外美国还有1台专门的火星无人着陆探测器——"洞察号",用来研究火星的地壳、地幔和核心。目前在轨的其他火星探测器有阿联酋的"希望号"、欧空局的外火星跟踪气体轨道器和"火星快车号",另外还有印度的第一台红色行星探测器——"曼加里安号"火星探测器。

---

14. 太阳系八大行星中拥有最多卫星的前四个从多到少排列是　　　　　(　　)

    A. 木星、土星、海王星、天王星

    B. 土星、木星、天王星、海王星

    C. 天王星、海王星、木星、土星

    D. 海王星、天王星、土星、木星

解析:土星、木星、天王星、海王星分别拥有82、79、27、14个卫星。

答案:B。

15. 伽利略卫星中哪颗星的反照率最高？　　　　　　　　　　　　　　　　（　　）

　　A．木卫一（艾奥）

　　B．木卫二（欧罗巴）

　　C．木卫三（加尼美得）

　　D．木卫四（卡里斯托）

解析：木卫二欧罗巴的表面撞击坑很少并且覆盖着冰层，是太阳系中最光滑的天体，因此具有较高的反照率。

答案：B。

16. 太阳系内已知的最大卫星是哪一个？　　　　　　　　　　　　　　　　　（　　）

　　A．木卫三（加尼美得）

　　B．月球

　　C．土卫六（泰坦）

　　D．木卫四（卡里斯托）

解析：加尼美得、月球、泰坦、卡里斯托的直径分别是 5 262 千米、3 474 千米、5 150 千米、4 821 千米，加尼美得是太阳系内已知的最大的卫星。

答案：A。

17. 四颗伽利略卫星按半径从小到大排序，以下哪项顺序正确？　　　　　　（　　）

　　A．欧罗巴、艾奥、卡里斯托、加尼美得

　　B．艾奥、欧罗巴、卡里斯托、加尼美得

　　C．艾奥、卡里斯托、加尼美得、欧罗巴

　　D．欧罗巴、艾奥、加尼美得、卡里斯托

解析：艾奥、欧罗巴、加尼美得和卡里斯托的直径分别是 3 630 千米、3 138 千米、5 262 千米和 4 821 千米。

答案：A。

知识扩展

木星及其卫星

　　1610 年，意大利天文学家伽利略使用望远镜首次发现了木星的四颗卫星，这四颗卫星后来被称为伽利略卫星。按照距离木星的距离由近及远分别是木卫一、木卫二、木卫三和木卫四，名字分别是艾奥（Io）、欧罗巴（Europa）、加尼美得（Ganymede）和卡里斯托（Callisto），如图 2.3 所示。它们的直径分别是 3 630 千米、3 138 千米、5 262 千米和 4 821 千米，注意月球和水星的直径分别是 3 474 千米和 4 880 千米，因此艾奥和欧罗巴分别比月球略大和略小，加尼美得比水星还要大，卡里斯托比水星略小。它们都是太阳系中体积较大的卫星，轨道都近似圆形（木卫二的偏心率最大且小于 0.01），轨道面几乎和木星赤道面重合，而木星的黄赤交角为 3.13°，因此可以近似认为伽利略卫星都在黄道面附近。另外由于潮汐锁定，它们的自转周期和绕木星的公转周期相同，即和月亮类似，总是以同一面朝向宿主行星。

　　这些卫星被发现有赖于伽利略研制的望远镜在天文观测中的率先应用。当伽利略意识到这些卫星是围绕着木星公转的时候，更加坚定了他对哥白尼的日心说的信心——地球不

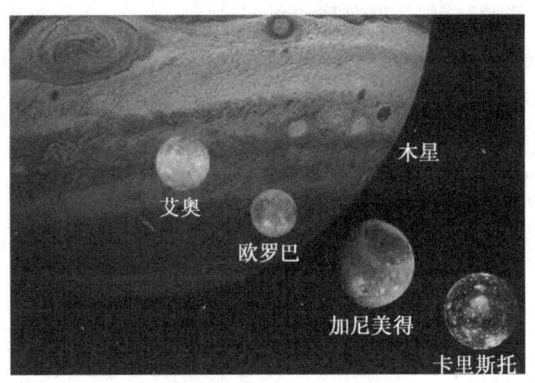

图 2.3　木星和它的 4 个伽利略卫星（来源：NASA）

是宇宙的中心，地球之外存在着不同的行星—卫星系统。在伽利略发现木星的卫星大约 60 年后，丹麦天文学家罗默通过对伽利略卫星掩食的观测计算出了光速的大小。这主要是由于地球和木星之间由于公转的运动，距离会增大或者减小。由于光速有限，木星卫星的光传播的距离就需要加上或者减去地球和木星距离的变化。以木卫一艾奥为例，它绕木星的公转周期大约是 42.5 小时，然而仔细观测艾奥的每次掩食，实际的周期会延长或者缩短最大 15 秒钟，这和地球相对于木星以及太阳的位置有关。如果地球和木星的连线与当时地球公转的方向相同，地球在 42.5 小时的时间内可以跑过大约 4.5×10^6 千米的距离，当然根据地球在公转轨道上位置的不同，地球和木星之间有可能增加这个距离，也有可能减少这个距离。用 4.5×10^6 千米除以 15 秒就可以得到光速约为 3×10^5 千米/秒。

木星和它的卫星组成了一个微缩版的太阳系，这个系统的物理性质和动力学结构可以作为太阳系整体的一个代表。木星是一颗主要由氢和氦组成的气态巨行星，但是它的质量不足以产生核聚变反应，因此还没有成为一颗矮恒星的资格。木卫一、二、三绕着木星公转形成了一个轨道共振的关系，即它们的周期之比是 1∶2∶4，或者说频率之比是 4∶2∶1。这样木卫一每公转两圈，木卫二会公转一圈，同样地，木卫二公转两圈，木卫三公转一圈。这些共振的轨道会增大卫星上的潮汐力，并且影响卫星内部的结构和表面的地貌。美国宇航局于 1972 年 3 月和 1973 年 4 月发射的"先驱者 10 号"和"先驱者 11 号"探测器，以及 1977 年 8 月和 9 月发射的"旅行者 2 号"和"旅行者 1 号"探测器都曾飞越木星，它们探测到了木星周边的大气、磁场、辐射带等结构，也发现了木卫一上的火山爆发活动。1989 年 10 月，美国宇航局继续发射了"伽利略号"木星探测器，并于 1995 年 12 月到达木星轨道。这是一台专用的观测木星的航天器，它第一次在木卫二欧罗巴上发现了冰层下的液态海洋，也通过磁场数据推测木卫三加尼美得和木卫四卡里斯托拥有液态的地下咸水层。2011 年 8 月，美国宇航局发射了迄今为止还在工作的"朱诺号"木星探测器，它在 2016 年 7 月抵达木星轨道。"朱诺号"携带了 8 台专门的探测仪器，用于研究木星的大气、引力场和磁场，它第一次近距离拍摄到木星北极上空存在着 9 个巨大的气旋，发现木星周围的磁场比原来预计的要大得多。

18. 土星的最大卫星是哪一颗？　　　　　　　　　　　　　　　　　　　　（　　）

　　A. 土卫六（泰坦）

B. 土卫一(美马斯)

C. 土卫五(雷亚)

D. 土卫八(伊阿珀托斯)

解析: 土卫六(泰坦)的直径是 5 150 千米,是太阳系中仅次于木卫三(加尼美得)的第二大卫星,它也是最早被发现有大气的卫星,大气密度比地球的还要高,主要成分为氮气和甲烷。

答案: A。

19. 太阳系八大行星的公转运动具有哪些共性?

解析: 太阳系八大行星的公转运动具有同向性、共面性和近圆性。同向性指的是太阳系八大行星绕日公转的方向都是自西向东;共面性指的是行星轨道基本处于同一个平面,即黄道面的附近;近圆性指的是行星轨道偏心率很小,都呈现近似正圆的形状。

*__20.__ 假设木星的公转周期按 12 年计算,那它与地球的会合周期是多长?　　　(　　)

A. 390 天

B. 398 天

C. 406 天

D. 412 天

解析: 其他行星和地球的会合周期与行星、地球的公转周期有关。用 S 表示会合周期、E 表示地球公转周期、T 表示行星公转周期。对于地外行星,有关系式 $\frac{1}{S}=\frac{1}{E}-\frac{1}{T}$。把木星公转周期 12×365 天和地球公转周期 365 天代入可得 $S=398$ 天。

答案: B。

21. 已知水星、火星和木星距离太阳约为 0.39、1.52 和 5.20 个天文单位*,试估计这三颗行星的公转周期。

解析: 根据开普勒第三定律,行星绕太阳运动的公转周期的平方和他们轨道半长径的立方成正比,可以把这些行星的轨道近似看作圆轨道,并且知道地球距离太阳为 1 个天文单位,公转周期为 365.24 天。

那么水星公转周期为:

$$\sqrt{\frac{365.24^2}{1^3}\times 0.39^3}\ \text{天} =88.96\ \text{天}$$

火星的公转周期为:

$$\sqrt{\frac{365.24^2}{1^3}\times 1.52^3}\ \text{天} =684.45\ \text{天}$$

木星的公转周期为:

$$\sqrt{\frac{365.24^2}{1^3}\times 5.20^3}\ \text{天} =4\,332.14\ \text{天} =11.86\ \text{年}$$

---

* 天文单位是天文学中计量天体之间距离的一种单位,其数值取地球和太阳之间的平均距离,为 1.496 亿千米,以 Au 表示。

22. 彗星的离子彗尾和尘埃彗尾分别是怎么形成的？

解析： 彗星的离子彗尾由电离气体组成，比如一氧化碳、二氧化碳和氢等的电离物，也被称为气体彗尾。这类彗尾比起尘埃彗尾更长更直，它是受到太阳风的高能带电粒子的碰撞而形成的。尘埃彗尾主要由尘埃组成，颜色偏黄，比起离子彗尾更短更粗，往往呈现弯曲的形状，它是由于太阳光子的辐射压力排斥而形成的。

23. 冥王星属于什么天体？   （　）

  A. 行星
  B. 小行星
  C. 矮行星
  D. 大行星

解析： 国际天文联合会2006年通过了一项决议，将冥王星排除出九大行星的行列，从而让太阳系只拥有八大行星。根据这个决议，太阳系中的物体被称为行星，就必须要围绕太阳公转，行星足够大以至于能通过自身引力形成球体，清空其轨道附近的区域。冥王星并没有清空它轨道附近的区域，而是和很多柯伊伯带天体共享一个轨道区域。

答案： C。

知识扩展

太阳系边缘

  人类对于太阳系边缘的认识是不断深化的。由于耀眼的亮度，水星、金星、火星、木星和土星在远古时代已被人们熟知。在望远镜发明后，英国天文学家威廉·赫歇尔于1781年3月13日通过系统的观测搜寻发现了天王星，他还计算出这颗行星比土星距离太阳还要远，从而扩展了人们认识的太阳系边界。在对天王星进行长时间的观测后，人们发现它的位置和通过牛顿万有引力定律计算出的结果有显著的偏差，在19世纪30年代这个偏差达到了20″。1845到1846年，英国天文学家亚当斯和法国天文学家勒维耶通过计算，认为这是由未知行星的引力摄动引起的，并且给出了这颗行星的轨道。柏林天文台的伽勒使用轨道信息在1846年9月23日发现了海王星。1930年2月18日，美国的汤博发现了冥王星，并且把它当作太阳系第九大行星，这一称呼也持续了数十年。而在1992年后，更多柯伊伯带天体被发现，特别是2005年1月5日美国科学家团队发现了阋神星，它的质量甚至比冥王星还大了27%，这进一步挑战了冥王星大行星的地位。国际天文联合会在2006年通过了一项决议，重新定义了行星的概念，将冥王星降为了一颗矮行星。

  柯伊伯带是一个大部分位于海王星轨道之外的、布满冰物质小天体的环状区域，距离太阳大约30到55个天文单位，冥王星是柯伊伯带的一员。同时这里还孕育着其他难以计数的矮行星、小行星和彗星，科学家估计大约有数十万个尺寸大于100千米的天体，特别是周期小于200年的彗星基本都起源于这里。美国的"新视野号"第一次近距离观测了冥王星和其他一些柯伊伯带天体，发现了一个遥远而冰冻的世界，除了水冰，也有冻结的氨和甲烷。从距离太阳大约50个天文单位开始，黄道离散盘继续沿着柯伊伯带外围延伸到距离太阳大约1 000个天文单位的区域，构成了太阳系更加宽广的范围。阋神星是黄道离散盘天体或者说离散柯伊伯带天体的一个典型代表，它的轨道半长轴约为67.9个天文单位，轨道倾角和离心率都比冥王星更大。

再往太阳系的边缘进发，我们会进入奥尔特云，不同于行星和柯伊伯带都位于黄道面附近，它分布在整个球壳层的空间区域，内边缘从距离太阳2 000到5 000个天文单位开始，外边缘可以延伸到距离太阳10^4到10^5个天文单位。奥尔特云遍布不计其数的冰状小天体，它们是太阳系50亿年前形成时的遗留物，这里也是长周期彗星的起源地。人类目前为止还没有直接观测到奥尔特云的天体，它们的存在还仅仅是一个假设；也没有任何探测器能够飞到那里，但是有5台探测器正朝着那里进发，它们是美国航天局的"旅行者1号"和"旅行者2号"，"先驱者10号"和"先驱者11号"以及"新视野号"。它们需要大约几百年的时间才能到达奥尔特云，而那时所有的能源早就消耗殆尽，因此无法给人类返回任何信息。

第3章　天球和天球坐标系

我国南北朝时期的北方少数民族有一首民歌流传至今："敕勒川,阴山下,天似穹庐,笼盖四野……"它形象地反映了人们的"天圆"观念。在我们的直观感觉上,我们头顶上的天空看起来像半个倒覆的圆球,月亮、太阳和无数遥远的恒星看上去似乎都分布在这个圆球上。人们把由这种直觉所得的半个圆球叫作天球,进而建立了有几何意义的天球概念,开始了最早的天文学研究,探讨天体在天球上的位置、分布状况和运动。天球,作为研究天文学的辅助工具被人们承袭下来。

1. 所有的天体散布在太空里,与我们的距离十分遥远,不同天体与我们之间的距离,又相差悬殊,可是我们直观上感觉它们都在同一个圆球面上。其原因是　　　　(　　)
　A. 天空反映了宇宙各向同性的圆球性质
　B. 人的双眼在观看遥远物体时视神经产生了错觉
　C. 人的双眼在观看遥远物体时无法分清物体的远近
　D. 地球大气散射日光、月光或星光产生了视觉效应

解析: 人的两只眼睛左右相距六七厘米,看眼前的同一事物,会产生角度的差异,这一效应称为"视差"。由于视差,我们观察三维空间的事物有了立体感,包括区分不同物体的远近。被观察的事物越远,视差效应越小,远到一定程度,视差小到辨别不清物体的远近。日月星辰如此遥远,人们实在不能用肉眼分辨它们的远近。即使我们走了一段距离,这段位移比起我们到天体的距离来,还是小得微不足道,因而位移前后的视差就无可察觉。各个天体与观测者之间的关系,就像球面上各个点与球心的关系一样。于是,我们直观看来,一切天体连同它们所在的天空,都在同一个球面上。天空呈球面的现象是人眼无法辨别远近的情况下的直觉。

答案: C。

知识扩展

天　球

自古以来,人们把地面以上的天空看作半个圆球。实际上,在肉眼无法看到的地平线之下还有另外半个圆球,两者合起来,构成了整个天球。

在现代天文学中,天球是一个有确切定义和明确科学内涵的假想圆球。人们借助天球概念发展了一整套数学运算体系,以研究天体的位置和运动。它具有如下性质:
(1) 天球的中心通常取为观测者,也可以根据需要取地心或日心。
(2) 天球半径可以任意选取,通常取数学上的无限大。
(3) 天球上的所有天体,都被看作视线把宇宙空间的天体投影在天球表面的结果。不论多么遥远的天体都可以投影在这个假想的天球面上。

(4) 在地面上不同点看同一天体的视线方向可以认为是互相平行的,它们在天球上相交于一点。实际上,对于很遥远的天体这是足够好的近似,但对于较近天体的精确定位而言,需要考虑不同观测点的定位差别。

(5) 天球上任意两点间的距离是这两点间的大圆弧的弧长,可用这两点对天球球心的张角来表示。

在大量的天文观测中,观测者所能直接辨别的只是天体的方向。引入天球之后,在球面上处理点和弧段的关系,比在空间处理实线方向间的角度要简便得多。为了定量地表示和研究天体投影在天球上的位置和运动,需要在天球上建立球面坐标系,然后进行相应的计算。

*2. 两颗恒星通过视线投影在天球上,它们在天球上的角距离与它们在宇宙空间的实际距离之间的关系是怎样的? ( )

A. 成正比

B. 成反比

C. 没有关系

D. 实际距离等于天球半径乘以圆周率

解析: 两颗恒星投影在天球面上得两个点,两点间的大圆弧的弧长用它们之间的角距离表示,也就是这段大圆弧所对的球心角,在投影过程中不必计及它们在宇宙空间的实际距离。

答案: C。

3. 东点和西点是天球上的两个基本点。它们的定义是 ( )

A. 太阳升起的方向为东点,下落的方向为西点

B. 黄道与天赤道的两个交点,以地球自转的方向确定东和西

C. 地平圈与天赤道的两个交点,以地球自转的方向确定东和西

D. 地平圈与黄道的两个交点,以地球自转的方向确定东和西

解析: 太阳的升落虽然在地平圈上给出了东西方向,但并非固定的东点和西点,只是在春分和秋分才在正东和正西方向升落。夏至日太阳的上升点和下落点分别在地平圈的东支和西支的最北点,以后两点逐日南移,经过秋分,继续南移,直到冬至移到最南点。之后,两点逐日北移,经过春分,继续北移,直到夏至。如此年复一年,循环往复。天赤道可以看成地球赤道面无限延展后与天球相交截出的大圆,不随地球自转而变动,它与地平圈相交所得的两点是天球上的固定点。

答案: C。

*4. 北宋苏颂为介绍水运仪象台而撰写的《新仪象法要》一书中收录了两套附图,图3.1是其中的一幅,图中顶端一栏右至左标出二十八宿中从奎宿到轸宿各宿的宽度,中间的水平线是赤道,上凸的曲线是黄道,由此可判断当时 ( )

A. 秋分点在壁宿

B. 春分点在轸宿

C. 春分点在壁宿

D. 夏至点在参宿

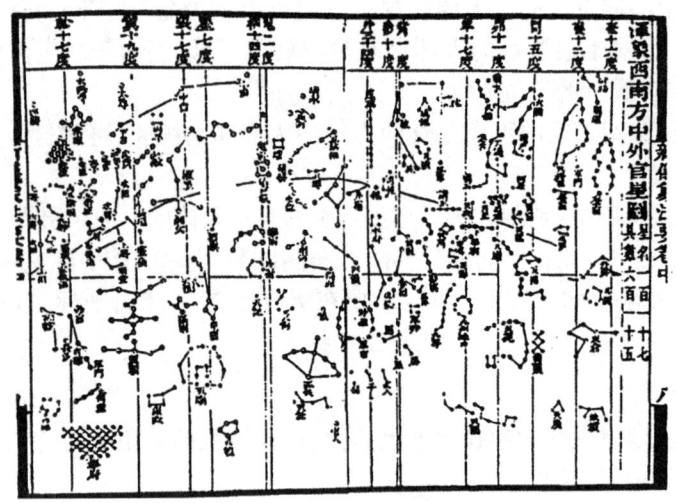

图 3.1 《新仪象法要》附图①

解析: 从图 3.1 可见,黄道与赤道的右边交点是春分点,左边交点是秋分点。春分点落在奎宿线的右边,即壁宿内。相应地,秋分点在轸宿。夏至点位于黄道的顶端,在井宿内。

答案: C。

知识扩展

天球上的基本点和基本圈

为了建立天球坐标系,根据实际需要,选取下列基本点和基本圈。

(1) **天顶与天底** 取观测者所在地为天球中心 O,过 O 点沿观测者的铅垂线方向(即重力方向)分别向上和向下延伸,与天球相交于两点,其中头顶方向上的那个点称为天顶(图 3.2 中 Z 点),下方的一点称为天底(图 3.2 中 Z' 点)。

(2) **地平圈** 过天球中心 O 作与天顶、天底连线相垂直的平面,该平面与天球相交的大圆称为真地平圈或数学地平(图 3.2 中的大圆 $NWSE$),简称地平圈。

天顶与地平圈是等价的,其中一个确定后,另一个也便唯一地确定了。

必须注意区分真地平圈与视地平线。这是两个不同的概念。由于观测者的眼睛对于地面有一定高度,视地平线是人的视线与其四周球形的地面在地球表面截得的一个小圆。这个小圆的范围相对于庞大的地球极小,可以把这一范围内的地球球面看作平面,往往能以足够良好的近似用真地平圈代替视地平线。因此,当涉及天体的周日视运动时,把在地平圈东支的天体看作上升,在西支的看作下落。直观上,天体的上升和下落是通过视地平线的,而在天文学上计算时,把它们看作通过真地平圈。

(3) **北天极与南天极** 通过天球中心 O,作与地球自转轴相平行的直线 POP',称为天轴,与天球相交于两点 P 和 P' 点;天轴在地球北极方向上与天球相交的点 P 称为北天极,另一点 P' 称为南天极(图 3.2)。

---

① 冯时. 中国天文考古学[M]. 北京:中国社会科学出版社,2007.

(4) 天赤道 通过天球中心 O，作与天轴相垂直的平面，向外延伸与天球相交的大圆称为天赤道(图 3.2 中的大圆 $QWQ'E$)。天赤道上任何一点与北天极或南天极在天球上的角距离都等于 90°。天赤道通常简称赤道。

天极与天赤道是等价的，其中一个确定后，另一个也便唯一地确定了。

(5) 天子午圈 天球中心 O 与北天极 P、天顶 Z 构成的平面与天球相交的大圆(该大圆必然也经过南天极 P' 和天底 Z')称为天子午圈，有时简称子午圈(图 3.2 中的大圆 $PZP'Z'$)。

(6) 天卯酉圈 过天顶 Z、东点 E 和天底 Z' 的半个大圆称为卯圈，过天顶 Z、西点 W 和天底 Z' 的半个大圆称为酉圈，合在一起称为卯酉圈。

(7) 四方点 天子午圈与地平圈相交于两点，其中靠近北天极那一点称为北点 N，靠近南天极那一点称为南点 S(图 3.2)。若 O 点代表观测者，则 ON 和 OS 恰好是观测者所在地的正北方向和正南方向。

天赤道与地平圈相交于两点，由天顶 Z 看去，从北点 N 出发，顺时针方向相距 90° 的点称为东点 E，另一点称为西点 W(图 3.2)。若 O 点代表观测者，则 OE 和 OW 恰好是观测者所在地的正东方向和正西方向。

东南西北四个点合称四方点。

必须指出，由于地面上不同地方的重力方向各不相同，各地不同观测者所作天球是不一样的，这就是说天顶、天底、真地平圈、天子午圈和四方点都具有"地方性"。

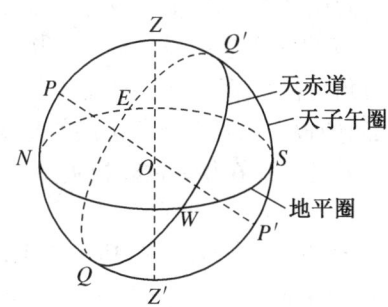

图 3.2 天球上的基本点与基本圈(1)

注：北天极 P、南天极 P'、天赤道 $QWQ'E$、天顶 Z、天底 Z'、地平圈 $NWSE$、天子午圈 $PZP'Z'$、北点 N、南点 S、东点 E 和西点 W

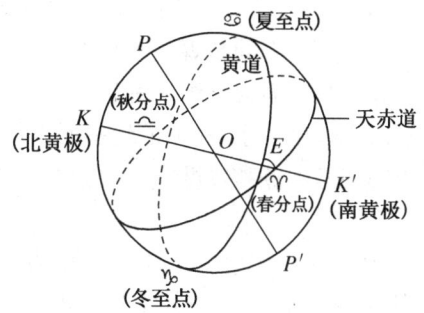

图 3.3 天球上的基本点与基本圈(2)

注：黄道、春分点 ♈、秋分点 ♎、夏至点 ♋ 和冬至点 ♑。

(8) 黄道 过天球中心 O 作一个与地球绕太阳公转的轨道面相平行的平面，该平面与天球相交的大圆称为黄道(图 3.3)。黄道与天赤道，即黄道面与赤道面之间有一约等于 $23°26'21''$ 的倾角，它被称为黄赤交角，通常用希腊字母 ε 表示。

(9) 二分点和二至点 黄道与天赤道在天球上有两个交点，即春分点(图 3.3 中的 ♈ 点)和秋分点(图 3.3 中的 ♎ 点)。从北天极看，太阳在黄道上逆时针方向做周年视运动时，从天赤道南到天赤道北所经过的那个交点称为春分点，而从天赤道北到天赤道南所经过的那个交点称为秋分点。

黄道上与春分点相距 90° 的点有两个，其中位于天赤道以北的点称为夏至点(图 3.3 中的 ♋ 点)，在天赤道以南的另一点称为冬至点(图 3.3 中的 ♑ 点)。

(10) **黄极** 通过天球中心 O 作一垂直于黄道面的直线向两边延伸，与天球交于 K、K' 两点；与北天极 P 相近的 K 点称为北黄极，另一点 K' 称为南黄极。

球面的基本性质

(1) 球面上两点间的距离以连接这两点的大圆弧角距表示，即球面上两点 A、B 间的距离用这两点对球心 O 的张角 $\angle AOB$ 表示（图 3.4）。

(2) 经过球面上一已知圆（不论大圆或小圆），作垂直于这已知圆所在平面的球直径（图 3.5 的 PP'），直径的 2 个端点（P 和 P' 点）称为这个圆的极。如图 3.5 中球直径 POP' 的两个端点 P 和 P' 就是小圆 ABC 的极。显然，极到对应圆周上各点的距离都相等，这一距离称为极距。

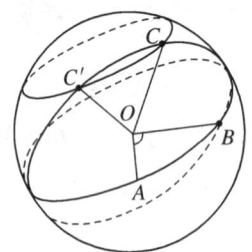
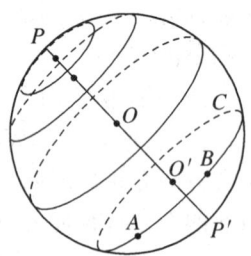

图 3.4 球面上 A、B 两点的距离　　**图 3.5 球面上圆的极**

地面上的观测者位于不同地点，且随地球在宇宙空间运动。所以，在天文学中建立了不同的天球坐标系，有的与观测者相关，有的与天体相关，有的联系这两类坐标系。按照它们的性质和用途，下面会介绍 4 种坐标系：地平坐标系、时角坐标系（第一赤道坐标系）、赤道坐标系（第二赤道坐标系）和黄道坐标系。不同坐标系之间的根本区别在于所选用的基本圈不同，所采用的基本点和量度方法也会有所差异。各坐标系之间存在相应的转换关系。

---

5. 地面上有一个 Rt$\triangle ACB$，$\angle C$ 为直角，边长 $AB=5$ 米，$AC=2.5$ 米，边 BC 沿南北方向，点 B 在南。在点 B 上垂直地竖立着一根旗杆，令杆顶为点 D，$BD=8.660(5\sqrt{3})$ 米。从点 A 把点 D 投影到天球上得点 M，点 M 的方位角 α 和天顶距 z 表示为 (α,z)，它们的数值是（　　）

A. (30°, 30°)
B. (210°, 30°)
C. (30°, 60°)
D. (210°, 60°)

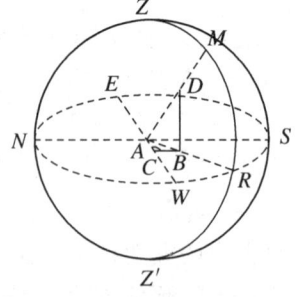

图 3.6

解析：解 $\triangle ACB$，得 $\angle BAC=60°$；解 $\triangle ABD$，得 $\angle BAD=60°$。取点 A 为球心作天球，$NESW$ 为地平圈，Z 和 Z' 分别为天顶和天底，ZSZ' 为子午圈。$\triangle ACB$ 的底边 AC 与东西线 EW 重合。射线 AD 无限延长投影到天球面上交于点 M，作点 M 的地平经圈 ZMZ'，令其与地平圈的交点为 R，弧 $NESR$ 的角距表示点 M 的方位角为 210°，弧 ZM 的角距表示点 M 的天顶距为 30°。

答案：B。

知识扩展

地平坐标系

地平坐标系以地平圈为基本圈,天顶是这个坐标系的基本方向。它有两个坐标——方位角 A 和地平高度 h。地平坐标系的基本点(零点)为北点,它是地平坐标系中方位角 A 的计量起点。从天顶看去,方位角 A 从北点沿地平圈顺时针向计量,从 $0°\sim360°$。在图 3.7 中,Z、Z' 依次为天顶和天底,大圆 NMS 为地平圈,N 为北点,σ 为任一天体。过 σ 引半个大圆 $Z\sigma MZ'$ 交地平圈于 M,这半个大圆称为过天体 σ 的地平经圈,而天体 σ 的方位角 A 便用大圆弧 NSM 的角距表示。这是目前普遍采用的方位角的计量方法。过去一度采用的从南点 S 起顺时针向计量($0°\sim360°$)的方法,现已告废弃。图 3.7 中,通过天体 σ 作平行于地平圈的小圆 $R\sigma R'$,它称为地平纬圈,天体 σ 的地平高度 h 从地平圈起计量,向天顶方向从 $0°\sim90°$,向天底方向从 $0°\sim-90°$,天球中心 O 对此大圆弧 $M\sigma$ 的张角 $\angle MO\sigma$ 便是天体的地平高度 h。

天体的地平高度 h 通常用天顶距 z 代替,两者之间存在着关系式:

$$z = 90° - h \tag{3.1}$$

图 3.7 中,天球中心 O 对该大圆弧 $Z\sigma$ 的张角 $\angle ZO\sigma$ 便是天体 σ 的天顶距 z。

建立地平坐标系的基准是观测者所在地的铅垂线,不同地方的铅垂线方向不同,所以天体的地平坐标依赖于观测者的地面位置,具有强烈的"地方性"。另一方面,即使同一观测地点,其铅垂线的空间方向也随着地球自转而随时改变着,天体的地平坐标又随时间而变化。所以测定天体的地平坐标必须同时记录下观测的时间,测量值才有意义。不过,正由于地平坐标系与地面观测者有直接的联系,在地面上最适合于直接测量天

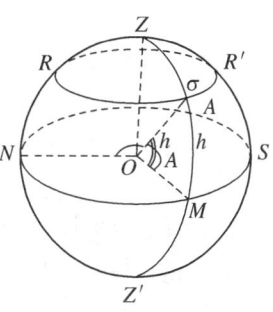

图 3.7 地平坐标系

体的地平坐标。通常这作为天体位置测量的第一步,然后通过各种天球坐标系之间的关系,进一步换算为其他的坐标值。所以地平坐标系是经常采用的基本天球坐标系。

赤道坐标系

赤道坐标系以赤道为基本圈,北天极 P 是这个坐标系的基本方向。根据实际工作的要求,又分为以下两种相关的坐标系。

(1) 时角坐标系(第一赤道坐标系)

时角坐标系的基本圈为天赤道 QQ',基本方向为北天极 P,取其零点为天赤道与子午圈南端的一个交点 Q'(图 3.8)。过天体 σ 和北、南天极 P 和 P' 作半个大圆 $P\sigma P'$,称为天体的时圈,又称赤经圈,交天赤道于 T。时角坐标系的第一坐标称为时角,以符号 t 表示,图 3.8 中,从零点 Q' 起沿赤道计量到 T,即圆弧 $Q'T$ 的角距。当 t 顺时针向(向西)计量时取正值,由 0h 到 12h;逆时针向(向东)计量时取负值,由 0h 到 -12h。这里符号 h 表示小时,是以时间单位时(h)、分(m)、秒(s)代替通常的角度单位度(°)、角分(或弧分,')、角秒(或弧秒,")来计量角度。其根据是天球在 24 小时中自转一周,于是取 24 小时等于 360°(即 24 h =

360°),由此得两者之间的换算关系是:$1^h=15°,1^m=15′,1^s=15″$;或者 $1°=4^m,1′=4^s$。

时角坐标系的第二坐标称为赤纬,用符号 δ 表示。在图 3.8 中,通过天体 σ 作平行于赤道的纬圈 $R\sigma R'$,称赤纬圈,则天球中心 O 对大圆弧 $T\sigma$ 的张角 $\angle \sigma OT$ 便是天体的赤纬 δ。赤纬 δ 从赤道起向北天极方向计量为正,0°~90°;向南天极方向计量为负,0°~-90°。也可以采用大圆弧 $P\sigma$ 的角距代替 δ,称为极距,并记为 p,自北天极起由 0°量到 180°。赤纬与极距显然满足关系:

$$p=90°-\delta \qquad (3.2)$$

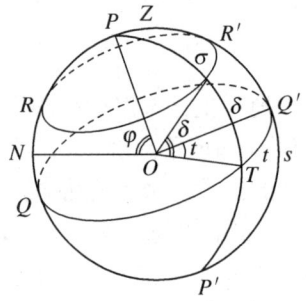

图 3.8 时角坐标系

在时角坐标系中,任何天体的赤纬不因观测的时间和地点而变。但是,时角计量的零点是在子午圈上,各地地理经度不同,子午圈也各不相同,所以天体的时角 t 仍随地点的不同而不同。另一方面,对于同一地点的观测者来说,一个天体的时角因地球自转而随时间均匀增大,在地球自转的一周之内,时角变化 24^h,所以时角具有 24^h 的变化周期。从图 3.8 还可以看出,任何地方北天极 P 的地平高度 h_P,正好就是那里的地理纬度 φ,即

$$h_P=\varphi \qquad (3.3)$$

(2) 赤道坐标系(第二赤道坐标系)

第二赤道坐标系通常称为赤道坐标系,与时角坐标系不同的是其零点选为春分点 ♈。由于春分点本身也在做周日运动,它相对于天体而言,基本上是静止不动的。与时角坐标系相比,第一坐标的量度方法也有改变。

天体的第一坐标是大圆弧 ♈T,它可用此大圆弧对天球中心 O 的张角 $\angle$♈OT 来表示,称为赤经,记为 α,它沿着赤道逆时针方向计量,从 0^h~24^h(相应于从 0°~360°),赤经不取负值(图3.9)。

天体的第二坐标是大圆弧 $T\sigma$。它与时角坐标系的第二坐标一样,就是赤纬 δ。

由于受岁差章动的影响,春分点 ♈ 在天球上的位置每年都有微小的移动。不过春分点的这种运动,首先与观测者所在地点无关,是纯"客观的",所以以春分点为基准量度的天体位置也

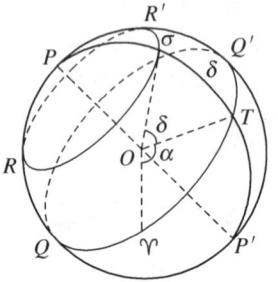

图 3.9 赤道坐标系

是一种与观测者无关的客观量,这就与地平坐标和时角坐标有根本差别。其次,春分点的运动规律是人们基本掌握了的,虽然这导致天体的赤道坐标有微小变化,但这种变化量可以通过计算岁差改正来加以修正。

春分点的时角 t♈ 随时间而增加,定义为地方恒星时 s,从图 3.9 可见,它等于任何天体的赤经 α 与其时角 t 之和:

$$s=\alpha+t \qquad (3.4)$$

6. 地球上有一点,从地心连接该点投影在天球上,能求出投影点赤经 α 的充要条件是

( )

A. 地球半径与天球半径相比为无限小

B. 只能是瞬时效应

C. 只能是地心天球

D. 已知地方恒星时

解析: 由于地球自西向东不停地自转,这个投影点随之在天球上沿一个与赤道平行的小圆自西向东移动,因而投影点的赤经随时增加。因此这个点的赤经必须是某个确定时刻的才有意义,选项 D 满足这一条件。根据(3.4)式,令 $t=0$,则 $s=\alpha$,即投影点赤经 α 等于这一瞬间的地方恒星时。选项 A 是天球的性质,选项 C 不符合这个性质,选项 B 只是必要条件,实际上蕴含于选项 D 之中。

答案: D。

*7. 中国古代二十八宿中每宿设有一颗距星,它们是

( )

A. 测量其他恒星坐标的定标星

B. 与地面分野有关的特征星

C. 白道的标志星

D. 阴历月份内日期的指示星

解析: 我国古代的传统是应用赤道坐标系,而且创造了一种独特的天体位置计量体系,即通过二十八宿的距星计量恒星位置的体系。每一宿中确定一颗星,这颗星是用于测量天体坐标的标志星,称为距星。距星本身的坐标经过精密测定,作为计量其他天体坐标的基准。下宿距星与本宿距星的赤经差称为本宿的赤道距度(简称距度),各宿的距度并不均匀。某一天体(日、月、行星或恒星)在某一距星之东,并且与该宿距星的赤经差小于该宿的距度,就称为入该宿,这个赤经差称为该天体的入宿度,亦称赤道宿度,记为"入(某)宿(多少)度",作为天体的一个坐标,这相当于现代采用的赤道坐标系中的赤经。另一个坐标为去极度,即天体与北天极的角距离,完全等同于现在的极距(即赤纬的余角)。测定了天体的赤道宿度和去极度,就确定了这个天体的赤道坐标。

答案: A。

8. 在纬度为 φ 的地方,当黄道与地平南半的交角最大时,交角等于下列哪个值?这时春分点是东升还是西落?

( )

A. $90°-\varphi+\varepsilon$,春分点西落

B. $90°-\varphi+\varepsilon$,春分点东升

C. $90°+\varphi+\varepsilon$,春分点西落

D. $90°+\varphi+\varepsilon$,春分点东升

解析: 图 3.10 中 NESW 为地平圈,Z 为天顶,QQ' 为赤道,P 为北天极,E'E" 为黄道,γ 为春分点。当黄道与地平南半 ESW 的交角最大时,黄道对于赤道的升交点和降交点分别与赤道对于地平圈的升交点和降交点两两重合,即春分点重合于西点,秋分点重合于东点。这时,黄道与地平南半的交角就是圆弧 E'S 对于天球中心 O 的张角,等于 $90°-\varphi+\varepsilon$,春分

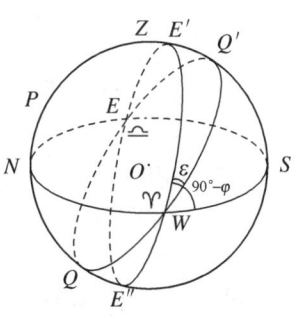

图 3.10

点西落。

答案:A。

知识扩展

黄道坐标系

取黄道作为基本圈的天球坐标系称为黄道坐标系。北黄极 K 是基本圈的极(图 3.11)。黄道坐标系的零点取为春分点 ♈。

过天体 σ 和北、南黄极 K 和 K' 作半个大圆 $K\sigma LK'$,这称为天体的黄经圈,交黄道于 L。过天体 σ 作平行于黄道的小圆 $R\sigma R'$,它称为 σ 的黄纬圈。

黄道坐标系的第一坐标是大圆弧 ♈L,称为黄经,以符号 λ 表示,从零点 ♈ 起沿黄道逆时针向计量,从 0°到 360°(图 3.11)。

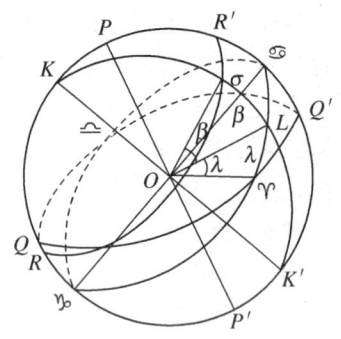

图 3.11 黄道坐标系

黄道坐标系的第二坐标是大圆弧 $L\sigma$,称为黄纬,以符号 β 表示,自黄道起向北黄极方向计量为正,从 0°到 90°;向南黄极方向计量为负,从 0°到 −90°。

请记住下列几个特殊点的黄经:北天极的黄经 $\lambda_P=90°$,南天极的黄经 $\lambda_{P'}=270°$;分至点的黄经 $\lambda_♈=0°$,$\lambda_♋=90°$,$\lambda_♎=180°$,$\lambda_♑=270°$。

天体的黄道坐标(λ,β)与赤道坐标(α,δ)的性质一样,均不依赖于观测地点,但会因春分点的运动而有微小变化。

---

9. 当秋分点上中天时,北黄极在天球上的位置是 ( )

 A. 过西点的半个时圈上
 B. 过东点的半个时圈上
 C. 上中天
 D. 下中天

解析:设想北黄极下中天的情况,秋分点是黄道对于赤道的降交点,正在东点上,如图 3.11 所示。当秋分点上中天时,天球转过了 90°,那么北黄极就向东转到了过东点的半个时圈上。

答案:B。

10. 白道对黄道的倾角为 i,升交点黄经为 Ω;白道北极(北白极)的黄道坐标(λ_B,β_B)是 ( )

 A. $(90°+\Omega, 90°-i)$
 B. $(270°-\Omega, i)$
 C. $(90°-\Omega, i)$
 D. $(270°+\Omega, 90°-i)$

解析：图 3.12 中 EE' 为黄道，K 为北黄极，MM' 为白道，B 为北白极，N 为白道对于黄道的升交点，γ 为春分点。按定义黄经 λ_B 是从 γ 起沿黄道逆时针向计量至 B 点黄经圈的弧长，从图 3.12 可见，$\lambda_B = 270° + \Omega$；按定义黄纬 β_B 是在 B 点黄经圈上从黄道起向北黄极方向计量至 B 点的弧长，$\beta_B = 90° - i$。

答案：D。

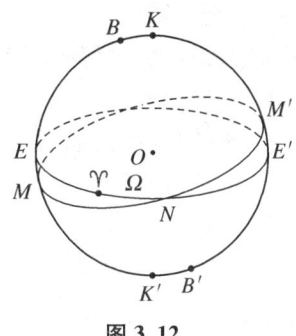

图 3.12

知识扩展

4 种天球坐标系小结

对上述 4 种天球坐标系做简单总结，如表 3-1 所示。

表 3-1 4 种天球坐标系

坐标系	地平坐标系	时角坐标系	赤道坐标系	黄道坐标系
基本圈	真地平圈	天赤道	天赤道	黄道
零点	北点	天赤道与天子午圈近南点的交点	春分点	春分点
第一坐标在基本圈上计量	方位角 A，自北点顺时针向计量 $0°\sim 360°$	时角 t，自子午圈起向西、东计量 $0^h \sim \pm 12^h$	赤经 α，自春分点起逆时针向计量 $0^h \sim 24^h$	黄经 λ，自春分点起逆时针向计量 $0°\sim 360°$
第二坐标	高度 h，自真地平圈向天顶和天底方向计量 $0°\sim \pm 90°$，或用天顶距 z 代替，$z=90°-h$	赤纬 δ，自赤道向北天极和南天极方向计量 $0°\sim \pm 90°$	赤纬 δ，自赤道向北天极和南天极方向计量 $0°\sim \pm 90°$	黄纬 β，自黄道向北黄极和南黄极方向计量 $0°\sim \pm 90°$
坐标与周日视运动的关系	方位角和高度都随周日视运动而变化	时角随周日视运动而变化，赤纬不变	坐标不随周日视运动而变化	坐标不随周日视运动而变化
坐标与观测地点的关系	方位角和高度都因观测地点不同而不同	时角因观测地点的地理经度不同而不同，赤纬不变	坐标不随观测地点的变化而变化	坐标不随观测地点的变化而变化

*11. 右图为陈列于北京古观象台内的制造于清代(1715年)的天文观测仪器,它能够用于直接测量天体的（　　）

A. 赤经和赤纬

B. 方位角和地平高度

C. 黄经和黄纬

D. 方位角和赤纬

图 3.13

解析:这架仪器称为象限仪。它主要包含 4 部分:(1) 水平度盘。这是一个装置在水平面上的圆盘,四周刻有均匀的刻度;沿圆周刻着一个槽,可注水以检验水平状态。(2) 垂直度盘。通过水平度盘的中心竖立一个与其垂直的轴,与轴固连一个四分之一圆周(一个象限)的圆弧,圆弧上刻有均匀的刻度,构成垂直度盘,它可以绕轴沿水平度盘旋转。(3) 窥管。这是一个中空的细长圆管,安装在垂直轴与水平度盘的交点上,可以绕与垂直度盘垂直的轴沿其圆弧旋转。(4) 支架。当观测者旋转窥管和垂直度盘令视线通过窥管对准目标后,便能从水平度盘读出目标的方位角,从垂直度盘读出地平高度。

答案:B。

知识扩展

天球的周日旋转

地球不停地自西向东自转,我们看到整个天球携带日、月、星辰不停地自东向西旋转,这些天体每天东升西落一次,这便是天体的周日视运动现象。

只有位于天赤道上的天体,周日视运动的轨迹是大圆,即天赤道;天赤道之外的所有天体,周日视运动的轨迹都是小圆,称为周日平行圈。晴朗无月之夜,北半球的观测者对准北天极长时间曝光,或者南半球的观测者对准南天极长时间曝光,都可以拍摄到如图 3.14 那样的照片,图中亮暗不同的恒星在照片上构成了许多围绕天极的弧线,进而组合成许多围绕天极的同心圆,它们展示的是拱极星区的周日平行圈。

图 3.14　北天极周围恒星的周日视运动[1]

---

[1] 宣焕灿,萧耐园.图解天文学[M].南京:南京大学出版社,2010.

不同纬度处天体的周日视运动

在地球上不同纬度处，天体的周日视运动将呈现出如下三种不同情况。

(1) 在北极（地理纬度 $\varphi=90°$）

在北极点的观测者，由于地理纬度 $\varphi=90°$，北天极 P 与观测者的天顶相重合，天赤道与地平圈相重合，所有固定的天体循逆时针方向沿与地平圈相平行的周日平行圈做周日视运动，它们的地平高度始终不变（图 3.15）。由于太阳在黄道上，它不像恒星那样赤纬不变，而是存在周年变化。春分到秋分这半年中，太阳的赤纬 $\delta\geqslant 0$，于是这段时间中太阳永不下落，但其地平高度在缓慢变化。在春分日，地平高度为零；以后逐日增加，到夏至日达到黄赤交角，地平高度最大；以后逐日减小，到秋分日又为零。秋分到春分这半年中，太阳的赤纬 $\delta\leqslant 0$，于是这半年中太阳永不上升，但其离地平圈的角距离在不断变化。

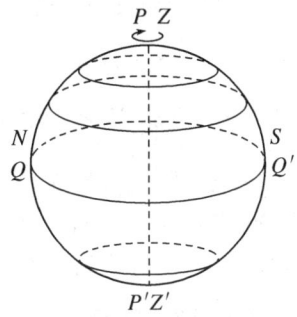

图 3.15 北极点上天体的周日视运动

在南极，地理纬度 $\varphi=-90°$，所出现的情况与上文类似，请读者自行类推。

(2) 在赤道上（地理纬度 $\varphi=0°$）

在这种情况下北天极 P 点与北点 N 相重合，南天极 P' 点与南点 S 相重合，天顶 Z 则在天赤道上。这时所有天体的周日平行圈都垂直于地平圈，它们 12 小时在地平线之上，12 小时在地平线之下。太阳也是这样，所以在赤道上一年内没有昼夜长短的变化。赤纬 $\delta>0$ 的天体，包括春分到秋分的太阳，在东北方升起，西北方落下；赤纬 $\delta<0$ 的天体，包括秋分到春分的太阳，在东南方升起，西南方落下。（图 3.16）

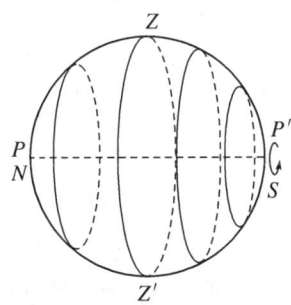

图 3.16 地球赤道上天体的周日视运动

(3) 一般地区（其地理纬度满足 $90°>\varphi>0°$ 或 $0°>\varphi>-90°$）

对于 $0°<\varphi<90°$ 的北半球的观测者而言，北天极的地平高度 $h=\varphi$，天赤道上的天体 12

小时在地平线之上,12 小时在地平线之下。而赤纬 δ>0°的天体有大半个周日平行圈在地平之上,可观测时间长于 12 小时,赤纬 δ 越大的恒星,可观测时间越长。δ=90°−φ 这个圈称恒显圈,该圈内天体的赤纬 δ 满足 δ>90°−φ,这个圈内的天体永不落到地平线以下。赤纬 δ<0°的天体只有小半个周日平行圈在地平之上,可观测时间短于 12 小时,赤纬值越小的天体,可观测时间越短。满足条件 δ=φ−90°的赤纬圈称恒隐圈,该圈内天体的赤纬 δ<φ−90°,这些天体永远不会升到地平线之上(图 3.17)。

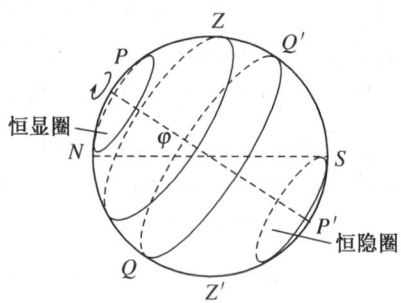

图 3.17　对于 90°>φ>0°的观测者,天体的周日视运动

太阳在天球上做周年视运动时,它依然跟随天球做周日视运动。对于北半球中纬度地区的观测者而言,从图 3.18 可以看出:夏至时太阳沿赤纬等于 23°26′的周日平行圈绕天极旋转,它从东北方向升起,西北方向落下,大部分运行路径在地平圈之上,此时昼长夜短;冬至时,太阳沿赤纬等于−23°26′的周日平行圈绕天极旋转,它从东南方向升起,西南方向落下,小部分运行路径在地平圈之上,此时昼短夜长。只有春分和秋分这两天,太阳从东点 E 升起,西点 W 落下,在地平圈上的运行路径和在地平圈下一样长,此时昼夜等长。

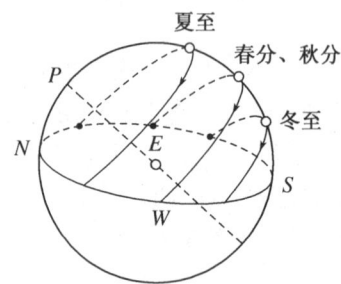

图 3.18　太阳在夏至、冬至、春分和秋分随天球周日视运动的运行路径

北半球与南半球中纬度地区的夏季和冬季主要是由阳光对于地面入射角的大小不同形成的,这从图 3.19 的左图和右图可以看得很清楚。左图表示冬至前后,阳光直射南回归线(纬度 φ=−23°26′),南半球中纬度地区阳光对于地面的入射角小,为夏天;而此时北半球中纬度地区,阳光相当倾斜地射向地面,因而是冬天。右图表示夏至前后,阳光直射北回归线(纬度 φ=23°26′),北半球中纬度地区为夏天,而南半球中纬度地区则因阳光斜射地面而成为冬天。然而,北半球一年中最冷和最热的时候并不在冬至和夏至,而是要延后一个月左右,这是由于地面和低层大气需要有一个逐渐散热降温或积蓄热量的滞后过程。由于类似的原因,南半球最热和最冷的时候也不在冬至和夏至,也会延后一个月左右。

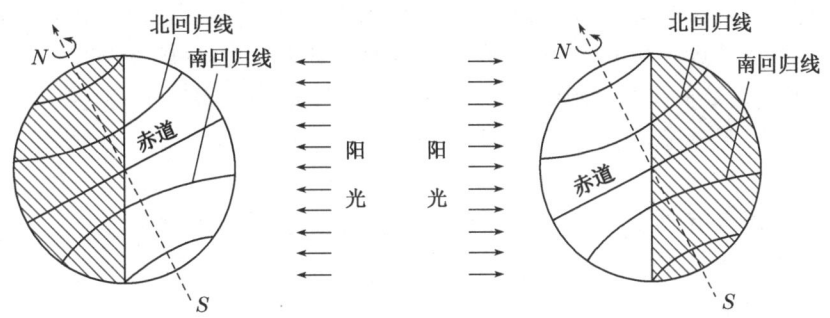

图 3.19 冬季日照和夏季日照

注：左图北半球为冬季日照，南半球为夏季日照；
　　右图北半球为夏季日照，南半球为冬季日照。

12. 可以证明在纬度 $\varphi=45°$ 的地方，每颗恒星从上升到经过卯酉圈西支的时间间隔相同，这个值等于（　　）

　　A. 12^h

　　B. $12^h\cos 45°$

　　C. $12^h\cos^2 45°$

　　D. $12^h\sec 45°$

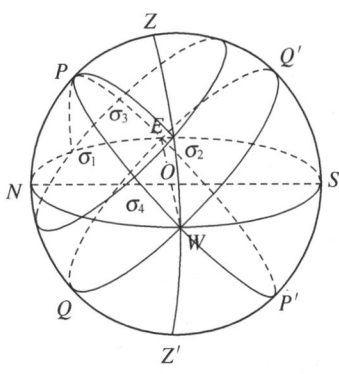

图 3.20

解析： 作天球图，天球中心 O、天极 P、天顶 Z、赤道 QQ'、四方点 $NESW$ 等按惯例标注。根据条件弧 $NP=$ 弧 $PZ=45°$。取赤纬为 δ 的任意恒星 σ，作它的周日平行圈 $\sigma_1\sigma_2$，其中 σ_1 在地平圈东支 NES 上，σ_2 在卯酉圈西支 ZWZ' 上。连接天极 P 与 σ_1 和 σ_2，得到两个直角球面三角形 $\triangle PZ\sigma_2$ 和 $\triangle PN\sigma_1$，其中 $\angle PZ\sigma_2$ 和 $\angle PN\sigma_1$ 均为直角。两直角三角形之间有关系：弧 $NP=$ 弧 $PZ=45°$，弧 $P\sigma_1=$ 弧 $P\sigma_2=90°-\delta$，于是 $\triangle PZ\sigma_2\cong\triangle PN\sigma_1$，由此得 $\angle ZP\sigma_2=\angle NP\sigma_1$。连接天极 P 与东点 E 和西点 W，PE 和 PW 与 σ 的周日平行圈分别交于 σ_3 和 σ_4，于是得 $\angle\sigma_2P\sigma_4=90°-\angle ZP\sigma_2=90°-\angle NP\sigma_1=\angle\sigma_3P\sigma_1$。由于 σ_1、σ_3、σ_2、σ_4 4 点均在同一个以 P 为极的小圆上，由此得弧 $\sigma_1\sigma_2=$ 弧 $\sigma_3\sigma_4=180°$，故时间间隔为 12^h。

答案： A。

*13. 图 3.21 是一张拍摄于 2015 年的著名日行迹图，图的下部是地平线。拍摄的地点应该是在（　　）

　　A. 北冰洋的新地岛

　　B. 中国的西藏高原

　　C. 南美洲的厄瓜多尔

　　D. 南极地区

解析： 由图 3.21 可见，太阳从 9 月 17 日到下一年 3 月 23 日出露在地平以上，这是在南极

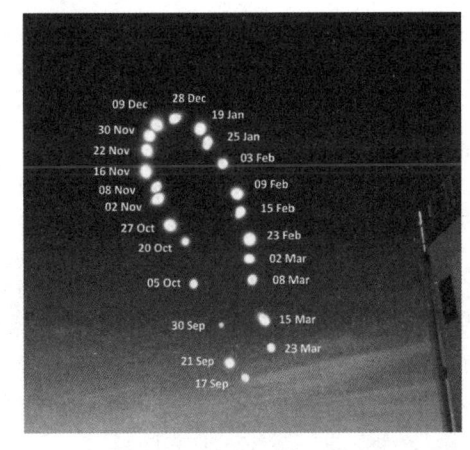

图 3.21

地区。在那里,秋分日前几天,太阳的赤纬 δ<0,太阳的地平高度最低;至秋分日 δ=0,以后逐日增加,到冬至日达到最大;以后逐日减小,至春分日又一次 δ=0,春分日后几天 δ<0,太阳的地平高度又为最低。春分到秋分这半年中,太阳的赤纬 δ≤0,于是这半年中的大部分日子太阳不升起。

答案:D。

*14. 我国海口市(北纬 20°)一年中可以观测到的天体的赤纬范围是　　　　(　　)

    A. +20°到+90°

    B. -20°到+90°

    C. -70°到+90°

    D. +20°到-70°

解析:在北半球纬度为 φ 的某地,凡是恒隐圈以北的天体都能观测到。恒隐圈的赤纬满足条件 $\delta=\varphi-90°$。海口市的纬度 $\varphi=20°$,那么恒隐圈的 $\delta=-70°$。

答案:C。

知识扩展

天体的中天和升落

天体在做周日视运动的过程中会经过各地的子午圈,通过子午圈时称为天体的中天。天体在子午圈的 $PZSP'$ 段上过中天称为上中天,在 $PNZ'P'$ 段上过中天称为下中天(如图 3.21 所示)。在地平圈以上的上中天和下中天是可以观测到的。天体凡是过上中天,运行方向是自东向西。只有在恒显圈内的拱极星才能观测到过下中天,这时看到天体的运行方向是自西向东。天体过中天,方位角或为 0°,或为 180°;天顶距与天体的赤纬和观测地的纬度之间有很简单的关系式,读者不妨自行推导。天体过上中天,时角 $t=0$,根据(3.4)式,地方恒星时 s 等于天体的的赤经 α。

天体在做周日视运动的过程中,经过地平圈的东支 NES 段为天体上升,经过地平圈的西支 NWS 段为天体下落。天体上升,方位角在第一或第二象限,天顶距等于 90°;天体下落,方位角在第三或第四象限,天顶距等于 90°。

15. 在纬度为 30°的某地,先后观测两颗恒星过中天,恒星 S1 的赤纬为 31°,恒星 S2 的赤纬为 29°。它们的方位角 a 和天顶距 z 表示为 S1(a,z)和 S2(a,z),它们的数值是(　　)

    A. S1(0°,-1°),S2(180°,1°)

    B. S1(180°,1°),S2(0°,1°)

    C. S1(0°,1°),S2(180°,1°)

    D. S1(180°,-1°),S2(0°,1°)

解析:参看图 3.17。弧 ZQ' 的长度,即观测地的子午圈上天顶至赤道的弧长,等于当地纬度 φ。S1 和 S2 分别在天顶以北和以南过上中天,S1 的方位角 $a=0°$,天顶距 $z=\delta-\varphi=1°$,S2 的方位角 $a=180°$,天顶距 $z=\varphi-\delta=1°$。

答案:C。

知识扩展

星空的周年变化

星空的景象在不同日期各不相同,其变化周期为一年。反映在天球上,就是太阳除与恒星一起做自东向西的周日视运动以外,还同时有其本身相对于恒星背景的运动:沿着黄道自西向东的周年视运动。这是地球绕太阳公转运动的反映。

如图 3.22(a)所示,地球绕太阳沿椭圆轨道 E_1、E_2、E_3、E_4 公转。在 E_1 时,太阳投影到天球上是 S_1,这样,S_1 方向的所有星星将与太阳一起升落,即只出现在白天的地球上空,因而人们看不到它们。但是,相反方向(图中 S_3 处)的恒星却在夜晚的天空闪耀。约半年之后,地球旋转到 E_3 处,太阳在天球上的投影是 S_3,这时 S_3 方向的恒星无法看到,而 S_1 方向的恒星倒在夜晚显现。因此在一年四季中,人们就会看到完全不同的星空景象。

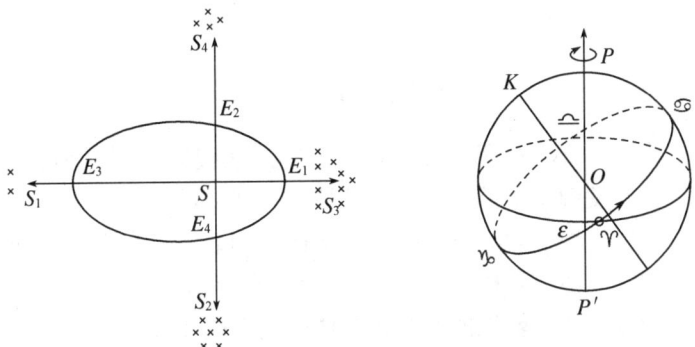

(a) 地球绕太阳公转　　(b) 太阳在天球上的周年和周日视运动

图 3.22　地球公转与星空的周年变化

图 3.22(b)表示,在天球上看来,太阳每年沿黄道从春分点♈经♋、♎、♑再回到♈,在黄道上完成一次周年视运动,其方向与周日视运动正相反。由此可以推知,太阳连续两次中天的时间应比天球自转周期略长一些。

表 3-2 列出太阳在二分点和二至点的赤道坐标,记住这些值是很有用的。

表 3-2　太阳在二分点和二至点的赤道坐标

太阳所在日期	赤经	赤纬
♈春分(3月21日)	0^h	$0°$
♋夏至(6月22日)	6^h	$23°26'(\varepsilon)$
♎秋分(9月23日)	12^h	$0°$
♑冬至(12月22日)	18^h	$-23°26'(-\varepsilon)$

16. 夏天的夜晚,从天刚黑一直观天,在我国大部分地区人们将看到下列星座依次升起
(　　)

A. 白羊座、金牛座、双子座、巨蟹座、狮子座

B. 双鱼座、白羊座、金牛座、双子座、巨蟹座

C. 双子座、巨蟹座、狮子座、室女座、天秤座

D. 天秤座、天蝎座、人马座、摩羯座、宝瓶座

解析： 当前四季太阳所在星座如下表（星座中的第二行是分至点所在星座）所示。

春	夏	秋	冬
宝瓶座	金牛座	狮子座	天蝎座
双鱼座	双子座	室女座	人马座
白羊座	巨蟹座	天秤座	摩羯座

当前夏至点正在双子座里，夏季太阳在周年视运动中依次经过巨蟹座、双子座和金牛座，这样在夏季的夜晚人们能看到天秤座、天蝎座、人马座（冬至点所在星座）、摩羯座和宝瓶座。

答案： D。

知识扩展

天球坐标系的移动

公元前二世纪，古希腊天文学家伊巴谷发现了岁差。在我国东晋咸和五年（330年）前后，天文学家虞喜也独立地发现了岁差。岁差是天极在天球上沿以黄赤交角为半径、以黄极为中心的小圆向西运动，绕转周期为25 800年，相当于角速度50.39″/年。17世纪牛顿阐明了引起岁差现象的力学原因：由于地球不是完美的球形，在赤道部分隆起，月球和太阳对隆起部分产生附加引力，导致地球自转轴的空间指向做周期性改变。

地球自转轴指向的改变也就是天极在天球上的位置改变，如图3.23所示。图中的圆周表示（从天球内部观看）北天极逆时针向移动，在25 800年内绕行北黄极一周。从图可见，约4 500年前，北极星是右枢星（天龙座α），当前是勾陈一（小熊座α），13 000年以后将是织女星（天琴座α）。

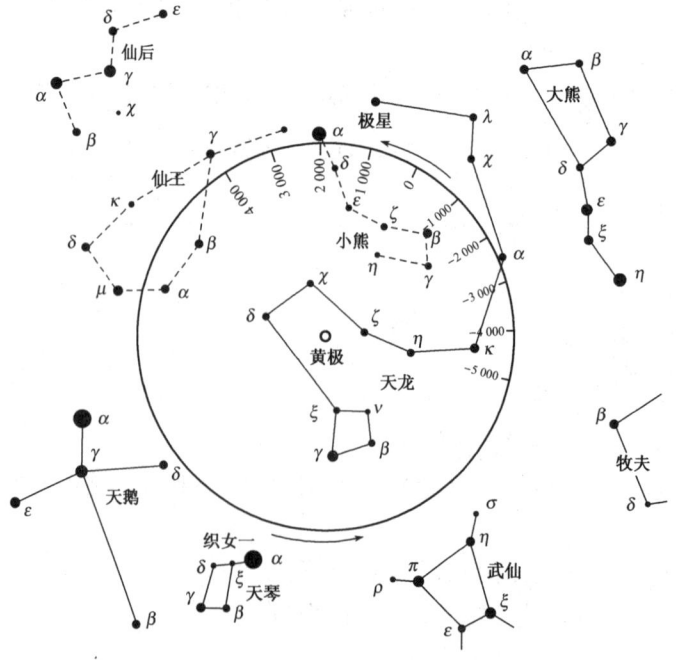

图3.23 岁差引起的北天极的移动

岁差也导致春分点(和秋分点)在天球上沿黄道自东向西缓慢移动,移动的速率正是 50.39″/年,也称为春分点的西退。让我们回溯到 2 200 年前的古希腊时代,白羊座、巨蟹座、天秤座、摩羯座依次是当时春分点、夏至点、秋分点、冬至点所在的星座。随着时间的推移,春分点由于岁差逐渐西移,2 000 多年后的今天,上列分至点已相应地移到了双鱼座、双子座、室女座、人马座。

上述岁差现象是由太阳和月球引起的,又称日月岁差。日月岁差导致春分点移动、赤道面旋转,但不影响黄道面,因此天体的赤经、赤纬和黄经都随时间有缓慢的变化。在现代星表中,列出恒星的赤道坐标的同时都标注其值相应的时刻,这个时刻称为星表历元。当代星表都取 2 000.0 为星表历元,即相应于 2 000 年年首。第一章列出的亮星位置,正是如此。

---

17. 孔子在《论语·为政》篇中说:"为政以德,譬如北辰,居其所而众星共(通今"拱"字)之。"这里所称的"北辰"是指 ( )

    A. 勾陈一(小熊座 α)

    B. 帝星(小熊座 β)

    C. 天枢星(大熊座 α)

    D. 右枢星(天龙座 α)

解析: 孔子的时代距今约 2 500 年。由于岁差的原因,2 500 年前的北天极靠近帝星,当时人们把帝星作为北极星。

答案: B。

*18. 宋朝苏轼的《中秋月》中有句云:"暮云收尽溢清寒,银汉无声转玉盘。"这是中秋之夜看到的天空景象:银河如水默默流淌,圆月似盘静静回转。这时月亮与银河的位置关系是下列哪一项? ( )

    A. 在银河上

    B. 在银河以东

    C. 在银河以西

    D. 无法确定

解析: 我们先来确定宋朝时中秋之夜的太阳在哪个星座。中秋节在秋分前后,因此中秋节那天太阳应在秋分点前后。宋朝距今 1 000 年左右,由于岁差,相对于 2 000 年前秋分点在天秤座,这时秋分点将移出天秤座或刚进入室女座,我们说这是"在天秤座与室女座之间"。这就是说,宋朝时太阳位于天秤座与室女座之间。满月与太阳黄经相差 180°,故应在白羊座与双鱼座之间(即其时的春分点附近)。银河流过黄道星座中的人马座。由黄道十二星座的排列来看,从人马座起自西向东是摩羯座、宝瓶座、双鱼座、白羊座,可知这时的月亮应在银河所在的人马座以东,黄经差约 70°~80°。

答案: B。

第4章 时间计量和历法

第一部分 时间计量

时间的计量,最初是从观察天象开始的。远古的人们看到太阳从东方升起,西方落下,一再继续这种周而复始的循环,于是他们逐渐形成了"日"的概念,并以此安排生活和工作,日出而作,日落而息。现在我们知道这是地球自转的体现。随着历史的发展,人们产生了更精细地计量时间的需求。人们发明了土圭和日晷,用来计量一日之内的时刻;之后又发明了漏壶,它具有守时功能,而且在夜晚和阴雨天也能使用;后来人们又对漏壶进行不断改进,提高计量时间的精确度。

1. 根据日出或日落确定一天,并据以计量时间,由此所得的时间表现为 （　　）

　　A. 由于地球自转相当均匀,所得时间均匀,且与地方纬度无关,可作为全球的时间标准

　　B. 由于地球自转相当均匀,所得时间均匀,但与地方纬度有关,可作为地方的时间标准

　　C. 虽然地球自转相当均匀,但所得时间不均匀,即使与地方纬度无关,也不能作为时间标准

　　D. 虽然地球自转相当均匀,但所得时间不均匀,且与地方纬度有关,不能作为时间标准

解析: 一个地方日出和日落的时刻因太阳赤纬的逐日变化而改变,因此从一次日出(或日落)到下一次日出(或日落)的时间长度每天不同,具有明显的季节性,显然由此计量所得的时间不均匀。日出和日落的时间也随纬度的不同而改变,例如在夏季,纬度越高,日出的时间越早,日落的时间越晚。

答案: D。

知识扩展

时间计量的内容和时间计量标准以及计量系统

时间的计量包括时刻和时间间隔的计量,它们既有区别又有联系。时间单向均匀流逝,流逝过程中的每个瞬间,是一个客观的点。人们建立一定的时间计量系统,去记录这个瞬间,赋予它定量的标志,即得到时刻。同一瞬间可因所用计量系统的不同而得到不同的时刻值。

先后两个瞬间之间的距离,称为时间间隔。设在某一时间计量系统中,前一瞬间的时刻为 t_1,后一瞬间为 t_2,则 $\Delta t = t_2 - t_1$ 就是这一时间间隔的数值度量。很明显,某一时刻的数

值(例如这里的 t_1 或 t_2)等于被选为时刻为零($t=0$)的瞬间到该时刻相应瞬间的时间间隔。实际上度量时刻就是用这一方法实现的。

建立时间计量系统必须以观测物体的运动为基础。这种物体运动,人们按实用和精确的要求来选择,称为时间计量标准。对作为时间计量标准的物体运动要求具有周期性、均匀性和可测性。地球自转便是最初被选定的理想的时间计量标准。在人类的计时历史上,由于对时间计量精度的要求不断提高,发展了不同的时间计量标准。此外,观测物体的运动必须要有相应的参照物,例如要测量一辆汽车的速度,要参照于地面的一个不动点才有效。在一定的时间计量标准选定后,由于所选取的参照物以及单位和零点的不同而产生不同的时间计量系统。

确定一日中的时刻和对一日以内时间间隔进行量度,是天文学中时间计量工作的主要课题。后来,人们才弄清楚,一"日"是地球自转一周造成的。但地球自转一周因为参照物选择太阳或是恒星而产生了"太阳时"和"恒星时"两种不同的时间计量系统。

真太阳时和平太阳时

太阳时是以太阳为参照物而形成的时间,其中又分真太阳时与平太阳时两种。

真太阳是指人们日常生活中所见的真实的太阳。定义真太阳的视圆面中心从一次下中天到下一次下中天所经历的时间间隔为 1 真太阳日。采用真太阳下中天作为真太阳日的开始,更符合人们的日常生活习惯。1 真太阳日分为 24 等分,1/24 真太阳日为 1 真太阳小时,1/60 真太阳小时为 1 真太阳分,1/60 真太阳分为 1 真太阳秒。这种以真太阳视圆面中心的位置为参照的时间计量系统,称为真太阳时。

这样建立的真太阳时,是从真太阳在观测地点下中天的时刻开始计量的,实际上应称为地方真太阳时。通常以符号 $m_\odot$ 表示真太阳时时刻,令真太阳的时角为 $t_\odot$,则得:

$$m_\odot = t_\odot \pm 12^h \tag{4.1}$$

古代使用真太阳时进行时间计量,日晷是测量真太阳时的重要仪器。最常用的一种日晷是赤道式日晷(图 4.1),它有一根细杆垂直穿过一个圆盘盘面的中心,细杆的顶端指向北天极,圆盘面与天赤道平面平行,盘面正反两面均匀地刻着时间标记的刻度,显示时角。白天,在阳光的照射下(春分至秋分阳光照射圆盘的上表面,秋分至春分阳光照射圆盘的下表面),根据细杆的影子在圆盘表面的投影,可以方便地读出时间。这种时间便是真太阳时。真太阳时的特点是:(1) 不均匀;(2) 与日常生活节律一致。

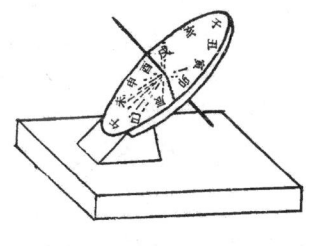 

(a) 示意图 　　　　　　　　(b) 实物图

图 4.1　赤道式日晷[①]

---

① 萧耐园,宣焕灿.图解天文学史[M].南京:南京大学出版社,2012.

真太阳时不均匀的原因在于：地球在椭圆轨道上绕太阳运动，太阳位于椭圆的一个焦点上。地球过近日点(约在公历 1 月 4 日左右)时运行最快，之后速度逐日减慢；半年后过远日点时运行最慢，之后速度逐日加快。这导致太阳在黄道上进行周年视运动的速度不断变化。再者，太阳是在黄道上做周年视运动，虽然这种视运动是均匀的，但太阳的时角是在天赤道上计量的，太阳的运动投影到天赤道上仍会产生不均匀性。一年之中的最大偏差达到十多分钟。到了 19 世纪，这种时间计量系统已经不能满足生产和科研的要求了。

19 世纪末，美国著名天文学家纽康引入了平太阳的概念。他假设有一个平太阳 M 在天赤道上逆时针向做匀速周年运动，其运行速度与真太阳在黄道上的周年视运动的平均速度一致，沿赤道运行 1 周的时间正好等于 1 回归年，而且与真太阳同时过春分点。他还给出了一个很长时期内平太阳赤经值的准确表达式。以这样一个平太阳为参照物定义的时间便是平太阳时，简称平时。平太阳时消除了真太阳时的不均匀因素，地球自转是相当均匀的，平太阳时是一种基本均匀的时间计量系统。与真太阳时一样，平太阳时也从平太阳的下中天起算。平太阳时计量系统与真太阳时计量系统一样分平太阳日、平太阳小时、平太阳分和平太阳秒。平太阳时的特点是：(1) 时间计量的进程与地球自转速率成正比，基本均匀；(2) 与日常生活节律一致。

这样建立的平太阳时，是从平太阳在观测地点下中天的时刻开始计量的，实际上应称为地方平太阳时。通常以符号 m 表示平太阳时时刻，令平太阳的时角为 t_m，则得：

$$m = t_m \pm 12^h \tag{4.2}$$

在地球上不同经度的两地，即使彼此相距不远，由于它们的天子午圈不同，平太阳过两地的天子午圈的时刻也不同，因此这两地的平太阳时是不同的。

图 4.2 中，中间的小圆球代表地球，设其上两地 A 和 B 的地理经度分别为 λ_A 和 λ_B。把地球球心 O 取为天球球心，由 O 作直线 OA 和 OB 把 A、B 两地投影在天球上得 Z_A 和 Z_B，这两点可以看作为 A、B 的天顶。过天极 P 和 Z_A、Z_B 的大圆分别是 A、B 两地的子午圈。显然，两地子午圈的夹角等于两地的经度差；因而，同一天体在某一瞬间对于两地的时角之差也等于两地的经度差。令同一瞬间两地的地方平时为 m_A 和 m_B，则两地的地方平时之差为：

$$m_A - m_B = \lambda_A - \lambda_B \tag{4.3}$$

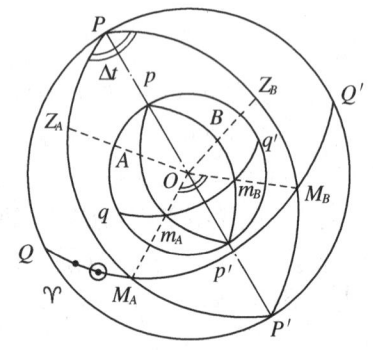

图 4.2 不同两地时角差与经度差

平太阳是一个假想天体，在天空中并非真实存在，因此无法对它进行实际的观测和测量。只有通过对恒星进行观测，获得下文中所介绍的恒星时，再经过一定步骤的理论换算，才能求得平时。

---

2. 假设地球公转轨道是圆周，太阳位于圆心，轨道半径(即日地平均距离)为 1.496×10^8 千米，地球环绕太阳做匀速圆周运动，1 年环绕 1 周。由此可得，相应的视太阳周日视运动的速率是 $0.9856°/日$。但实际地球的轨道是椭圆，日地近日点距离 1.471×10^8 千米，远日点距离 1.521×10^8 千米。可以算得地球在远日点上和在近日点上视太阳周日视运动的

速率分别是 ( )

A. 0.938 7°/日和 1.019 5°/日
B. 0.953 5°/日和 1.019 5°/日
C. 0.938 7°/日和 1.031 7°/日
D. 0.953 5°/日和 1.031 7°/日

解析: 上述假设的地球绕日匀速圆周运动实际上是地球的平均运动。令地球平均运动的向径和相应的角速度分别为 r_0、ω_0,在远日点为 r_1、ω_1,在近日点为 r_2、ω_2,那么 $r_0 = 1.496 \times 10^8$ 千米,$\omega_0 = 0.985\ 6°$/日。依据开普勒行星运动第二定律,即地球向径在相等的时间里扫过的面积相等,在近日点和远日点向径与轨道运动速度垂直,又由于地球轨道很接近于圆周,可近似地认为在向径等于 r_0 的点上向径与速度垂直,则有 $r_0^2 \omega_0 = r_1^2 \omega_1 = r_2^2 \omega_2$,由此计算:

$$\omega_1 = (r_1^2/r_0^2)\omega_0 = 1.521^2/1.496^2 \times 0.985\ 6° = 1.019\ 5°/日$$
$$\omega_2 = (r_2^2/r_0^2)\omega_0 = 1.471^2/1.496^2 \times 0.985\ 6° = 0.953\ 5°/日$$

答案: B。

知识扩展

真太阳时与平太阳时的换算

定义时差:

$$\eta = t_\odot - t_m = m_\odot - m \tag{4.4}$$

已知 η,则可做真太阳时 $m_\odot$ 与平太阳时 m 的互相换算。《中国天文年历》给出了每一天的 η 值。

图 4.3 显示时差曲线(曲线 3)由两部分叠加而成:

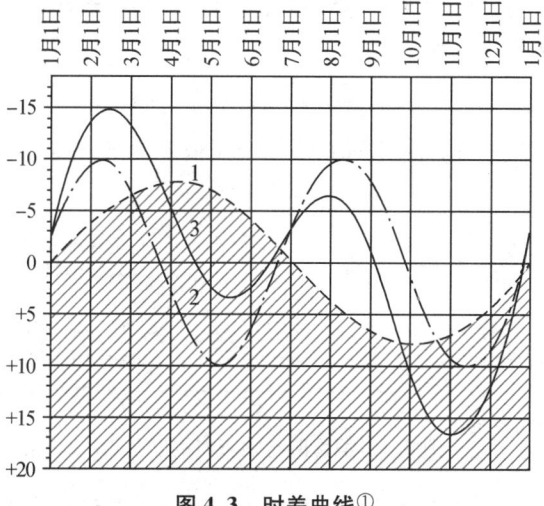

图 4.3 时差曲线[①]

[①] 宣焕灿,萧耐园. 图解天文学[M]. 南京:南京大学出版社,2010.

(1) 地球轨道运动速度不均匀(曲线 1);(2) 黄道面与赤道面不重合(曲线 2)。时差曲线显示:η 一年内 4 次达 0,4 次达极值。

表 4-1　η 的零点和极值

2月12日	4月16日	5月15日	6月15日	7月26日	9月1日	11月3日	12月24日
-14^m24^s	0	$+3^m48^s$	0	-6^m18^s	0	$+16^m24^s$	0

3. 从时差曲线显示的数值可以推断,在 11 月 24 日真太阳的赤经 $\alpha_\odot$ 和赤纬 $\delta_\odot$ 与同一天平太阳的赤经 α_m 和赤纬 δ_m 的关系是 　　　　　　　　　　　　　(　　)

A. $\alpha_\odot < \alpha_m, \delta_\odot < \delta_m$

B. $\alpha_\odot < \alpha_m, \delta_\odot > \delta_m$

C. $\alpha_\odot > \alpha_m, \delta_\odot > \delta_m$

D. $\alpha_\odot > \alpha_m, \delta_\odot < \delta_m$

解析: 从时差曲线可见在 11 月 24 日 $\eta > 0$,那么真太阳时角 $t_\odot >$ 平太阳时角 t_m,这就是说,真太阳在平太阳的西边,因此它的赤经较小。平太阳定义在赤道上,它的赤纬 $\delta_m = 0°$,这一天在秋分之后,真太阳的赤纬 $\delta_\odot < 0°$。

答案: A。

知识扩展

恒星时

恒星时是以太空中的恒星为参照物定义的时间计量系统。在第三章我们已经引进了地方恒星时的计量方式,即地方恒星时等于春分点的时角,由(3.4)式表示。如果在任一观测地点的某一时刻,某颗上中天的恒星的赤经为 $\alpha_上$,由于上中天天体的时角 $t=0$,则从(3.4)式易得该观测地点的恒星时 s 为

$$s = \alpha_上 \qquad (4.5)$$

(4.5)式表明,恒星时可以通过观测任何一颗上中天恒星的赤经求得。天文学上传统的时间测量正是利用了这个原理。

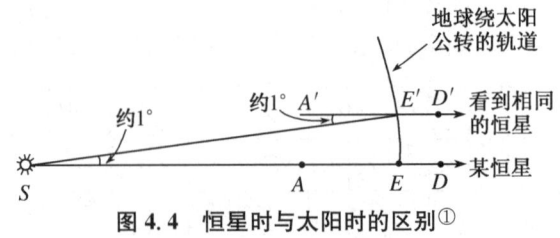

图 4.4　恒星时与太阳时的区别①

恒星时与太阳时的区别在于,恒星可以被看作无限远处不动的目标,而无论真太阳还是平太阳都相对于恒星运动。参见图 4.4,图中 S 为太阳,地球在绕太阳运行的轨道上公转,E

---

① 宣焕灿,萧耐园.图解天文学[M].南京:南京大学出版社,2010.

为地球的初始位置,由 E 向 A 方向看去,正好可以看到太阳 S。而由 E 向 ED 方向看去,则看到某颗确定的恒星。图中 E' 为 1 天后地球的位置,由它向平行于 ED 的 $E'D'$ 方向望去,可以看到相同的恒星,但向与 EA 平行的 $E'A'$ 方向望去,并不能看到太阳,而必须等地球再自转 $\angle A'E'S$(约 1°左右),才能在 $E'S$ 方向上看到太阳,也就是说,太阳时要比恒星时稍长。

由于地球既在不停地自转,又在绕太阳公转。一回归年 365.242 2 个平太阳日中,地球相对于太阳自转了 365.242 2 周,同时又绕太阳公转了 1 周,但相对于某个固定方向的恒星而言,地球却自转了 366.242 2 周。因此,

$$365.242\,2 \text{ 平太阳日} = 366.242\,2 \text{ 恒星日}$$

由此得:

$$1 \text{ 平太阳日} = (1 + 1/365.242\,2) \text{ 恒星日} \tag{4.6}$$

或者

$$1 \text{ 恒星日} = (1 - 1/366.242\,2) \text{ 平太阳日} \tag{4.7}$$

令 $\mu = 1/365.242\,2$,1 平时单位 $= (1+\mu)$ 恒星时单位。

$24^{h}\mu = 86\,400^{s}\mu = 236^{s}.555\,4$
$\qquad = 3^{m}56^{s}.555\,4$

1 平太阳日 $= 24^{h}3^{m}56^{s}.555\,4$ 恒星时。

令 $\nu = 1/366.242\,2$,1 恒星时单位 $= (1-\nu)$ 平时单位。

$24^{h}\nu = 86\,400^{s}\nu = 235^{s}.909\,5$
$\qquad = 3^{m}55^{s}.909\,5$

1 恒星日 $= 23^{h}56^{m}4^{s}.090\,5$ 平太阳时。

由以上换算可见,同一恒星要比太阳早升起 3 分 56 秒,每经过 1 个月,同一恒星要早升起约 2 小时。因而不同季节的夜晚的同一时间,人们看到的星空完全不同。恒星时的特点是:(1) 完全反映了地球自转速率,基本均匀;(2) 与日常生活的节律不合拍。

在秋分那天恒星时的时刻与平太阳时时刻一致,随后恒星时时刻每天超前约 4 分钟,一年后的秋分恒星时时刻与平太阳时时刻再次重合。地面天文观测必须根据恒星时来安排,因为地面观测者随地球自转相对于空间天体的位置变化正由恒星时反映。

类似于(4.3)式的推导,令同一瞬间两地的地方恒星时为 s_A 和 s_B,则两地的地方恒星时之差为:

$$s_A - s_B = \lambda_A - \lambda_B \tag{4.8}$$

真太阳时、平太阳时和恒星时都是以地球自转为基准的时间计量系统,也被统称为世界时系统。

---

4. 夏至那天中午的地方恒星时是 ( )

A. 0^h

B. 6^h

C. 12^h

D. 18^h

解析: 由秋分那天恒星时时刻与平太阳时时刻一致可知,秋分那天中午地方恒星时是12^h。恒星时每天都超前约 4 分钟,每过 1 个季节(90 天)超前约 6 小时,夏季在秋分后 3 个季节,恒星时共超前约 18 小时,$12^h+18^h(-24^h)=6^h$。

答案: B。

5. 令格林尼治恒星时 $S=0^h$ 的世界时时刻为 M_0,世界时 $M=0^h$ 的格林尼治恒星时时刻为 S_0。在一特定瞬间 T_0,有 $S_0=M_0=0^h$,则格林尼治以东经度 λ 处,地方恒星时 s 和地方平时 m 满足 $s=m=\lambda^h$ 的瞬间是 ( )

A. 从 T_0 起经过恒星时 λ^h 以后

B. 从 T_0 起回溯恒星时 λ^h 以前

C. 同一瞬间 T_0

D. 从 T_0 起经过平时 λ^h 以后

解析: 在 T_0 瞬间,根据(4.3)式,令 $m=m_A$,$M_0=m_B$,得 $m=\lambda^h$;同理,根据(4.8)式,得 $s=\lambda^h$。

答案: C。

6. 某地 a 的地理经纬度为 (λ,φ),某日格林尼治恒星时 S 时,从地心 O 连接 Oa 投影于天球上,得天球上一点 A,A 点的赤经和赤纬 (α_A,δ_A) 的值是 ( )

A. $(S-\lambda,\varphi)$

B. $(S-\lambda,90°-\varphi)$

C. $(S+\lambda,\varphi)$

D. $(S+\lambda,90°-\varphi)$

解析: 取地心 O 为天球球心,作地球和地心天球。图中 pp' 为地轴,qq' 为地球赤道;PP' 为天轴,QQ' 为天赤道;pp' 与 PP' 重合,qq' 与 QQ' 重合; 为春分点。作 a 点的地理子午线 pap',与地球赤道交于点 t。把 pap' 投影到天球上得 a 地的天子午圈 PAP',与天赤道交于点 T,点 T 是点 t 在天球上的投影。此外,设地球的本初子午线为 pgp',点 g 在地球赤道上;pgp' 投影到天球上,得赤经圈 PGP'(又称格林尼治子午圈);点 G 在天赤道上,是点 g 在天球上的投影。定义天赤道上的弧长 G 为格林尼治恒星时 S,弧长 $GT=gt=\lambda$。按定义点 A 的赤经 α_A 为弧长 $T=S+\lambda$,点 A 的赤纬 δ_A 为弧长 $TA=ta=\varphi$。

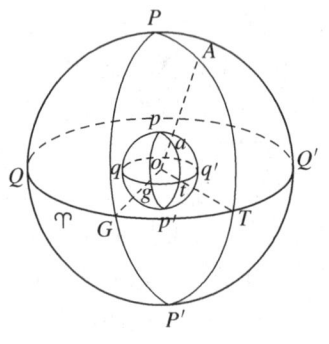

图 4.5

答案: C。

知识扩展

恒星时与平时时刻的换算

设某一瞬间的地方平时时刻为 m，同一瞬间的地方恒星时时刻为 s，要做 m 与 s 之间的相互换算，公式如下（推导从略）。

（1）由地方平时求地方恒星时：

$$s = m + S_0 + (m-\lambda)\mu \tag{4.9}$$

式中 S_0 为世界时 0^h 的格林尼治恒星时。

（2）由地方恒星时求地方平时：

$$m = s + M_0 - (s-\lambda)\nu \tag{4.10}$$

式中 M_0 为格林尼治恒星时 0^h 的世界时。

S_0 和 M_0 的值由《中国天文年历》查取。

已知某地某一日期的地方平时 m，要求相应的地方恒星时 s，在无法得到精确 S_0 的情况下，记住表 4-2 所列的 4 个近似值，可以用简易方法求得。从表中取定一个与所求日期最近节气的 S_0，求出两天间的日期差，以每日 4^m 求得改正值，从而得到所求日期的 S_0；将 m 加上这个 S_0 即得地方恒星时。得到的结果可能有 $1^m \sim 6^m$ 的误差。

表 4-2 春秋分和冬夏至日的 S_0

春分 （3月21日）	夏至 （6月22日）	秋分 （9月23日）	冬至 （12月22日）
$11^h 53^m$	$1^h 08^m$	$0^h 7^m$	$6^h 0^m$

世界时、区时和国际日期变更线

（1）**世界时** 为了协调时间的计量和确定地理经度，1884 年在美国华盛顿举行的国际子午线会议决定，以通过英国格林尼治天文台的子午线作为时间和经度计量的标准子午线，将那里的地理经度取为 0°。这条子午线称为零子午线或本初子午线。1928 年国际天文学联合会决定，将本初子午线上的平太阳时，即格林尼治平太阳时，称为世界时。1984 年，国际天文学联合会决定，以分布于全球各地的几十个天文台的平均经度定义一个平均天文台，它位于地球赤道上，很接近于格林尼治子午线。以平均天文台作为经度零点。

（2）**时区和区时** 鉴于世界各国以及一个国家内各地分别使用地方平太阳时进行计时十分不便，1884 年的国际子午线会议还决定，全世界按统一的标准划分时区，实行分区计时。区时制的划分方法是：将本初子午线即 0°经线以东与以西各 7.5°的区域划为 0 时区；从 0 时区东边界向东，每隔经度 15°划一个时区，共划 12 个时区，分别称为东 1 时区、东 2 时区……直至东 12 时区；从 0 时区西边界向西，同样每隔经度 15°划一个时区，也划 12 个时区，分别称为西 1 时区、西 2 时区……直至西 12 时区；东 12 时区和西 12 时区相重合，因而全世界共划有 24 个时区。

每个时区统一使用这个时区内中央经线上的地方时作为该时区的区时。区时与世界时相差整数小时,例如东 1 时区比世界时大 1 小时,东 2 时区比世界时大 2 小时,以此类推……西 1 时区比世界时小 1 小时,西 2 时区比世界时小 2 小时,以此类推。

设 N 为时区号,T_N 为区时,则 A 地的地方平时 m_A 与区时的换算关系为

$$m_A = T_N + (\lambda_A - N^h) \tag{4.11}$$

其中 λ_A 为 A 地的地理经度。

我国从西到东横跨东 5 至东 9 共 5 个时区,但全国统一采用的是东 8 时区的区时,它被称为北京时间。必须指出,北京时间并不是北京(位于东经 116°19′ 的经线上)的地方平太阳时,而是东 8 时区的中线即东经 120° 处的地方平太阳时。北京时间比格林尼治平太阳时(即世界时)要早 8 小时,即

$$北京时间 = 世界时 + 8 \text{ 小时} \tag{4.12}$$

(3) **国际日期变更线** 在互相重叠的东 12 时区和西 12 时区处,存在着一条被称为"国际日期变更线"(又称"日界线")的折线。

国际日期变更线选在既是东经 180° 经线又是西经 180° 经线的重叠处,那里既是东 12 时区的中心线又是西 12 时区的中心线。国际上规定,这条线的西侧是新一天的开始。国际日期变更线基本都在海上,穿过的陆地很少。为了尽量不让同一国家的人处于不同的日期,这条线不是完全沿东西经 180° 的直线,而是一条折线。

7. 设都用当地的地方平时计量时间,火车从 A 城的 9^h 整出发,到达 B 城时为当地的 $12^h 40^m$。然后又从 B 城的 $14^h 30^m$ 出发,到达 A 城时为当地的 $17^h 50^m$;且知返程的车行时间比往程多 10 分钟,A 城的经度为 $7^h 40^m$。那么上列出发和返回的 4 个时刻的北京时间依次为 ( )

A. $9^h 25^m, 12^h 50^m, 14^h 40^m, 18^h 15^m$
B. $9^h 20^m, 12^h 50^m, 14^h 40^m, 18^h 10^m$
C. $9^h 25^m, 12^h 45^m, 14^h 35^m, 18^h 15^m$
D. $9^h 20^m, 12^h 45^m, 14^h 35^m, 18^h 10^m$

解析: A 城的经度比第 8 时区中央经线的经度小 20^m,由此即得从 A 城出发和到达 A 城的两个时刻的北京时间分别为 $9^h 20^m$ 和 $18^h 10^m$。要进一步确定答案,关键在于求出 A 城与 B 城的经度差。设 B 城在 A 城东边,两地经度差为 x,并设火车从 A 城出发全程开行时间为 t。可以列出如下方程式:

$$9^h + t + x = 12^h 40^m$$
$$14^h 30^m + t + 10^m - x = 17^h 50^m$$

由上式解得:$x = 15^m$。$x > 0$,表明 B 城在 A 城东边的假设成立,且得 B 城经度为 $7^h 55^m$。由此可见,同一时刻 B 城的北京时间比地方平时多 5^m。

答案: D。

8. 求 2000 年 10 月 1 日北京时间 $19^h 35^m 0^s$ 南京的地方恒星时,已知南京的经度 $\lambda = 7^h 55^m 4^s$,并查得当天的 $S_0 = 0^h 40^m 7^s$。先后用简易方法和 (4.9) 式的精确方法计算,得到一组结果和对简易方法的误差估计。下列 4 组结果中正确的一组是 ( )

A. $20^h11^m, 20^h12^m5^s$,误差约 1^m

B. $20^h11^m, 20^h13^m51^s$,误差约 3^m

C. $20^h9^m, 20^h13^m51^s$,误差约 5^m

D. $20^h9^m, 20^h12^m5^s$,误差约 3^m

解析:(1)简易方法步骤:取秋分日的 S_0,9 月 23 日至 10 月 1 日相差 8 日,得 S_0 的改正值 $4^m \times 8 = 32^m$,则当天的 $S_0 = 0^h7^m + 32^m = 39^m$;把南京的北京时间化为地方平时 $m = T_N + (\lambda - N^h) = 19^h35^m - 4^m56^s = 19^h30^m$;计算地方恒星时 $s = m + S_0 = 19^h30^m4^s + 39^m = 20^h9^m$。

(2)精确方法步骤:求南京地方平时 $m = 19^h35^m0^s - 4^m56^s = 19^h30^m4^s$,查取 $S_0 = 0^h40^m7^s$,计算 $m - \lambda = 19^h30^m4^s - 7^h55^m4^s = 11^h35^m$,计算 $(m-\lambda)\mu = 1^m54^s$,计算地方恒星时 $s = m + S_0 + (m-\lambda)\mu = 19^h30^m4^s + 0^h40^m7^s + 1^m54^s = 20^h12^m5^s$。

答案:D。

知识扩展

原子时与协调世界时

由于地球自转长期减慢(平均每过 100 年,日的长度约增加 0.001 6 秒),以及存在季节变化和不规则变化,这种不均匀性造成了世界时系统的秒长是不固定的,它不符合精确时间计量工作的要求。

1955 年英国制成了第一台基于铯的基态超精细能级跃迁原理的铯原子钟,之后原子钟的精确度、稳定度不断提高。1967 年召开的第 13 届国际计量大会重新规定了秒的定义:在地球海平面上铯原子基态的两个超精细能级在零磁场中跃迁辐射振荡 9 192 631 770 周所持续的时间,称为原子秒,这成为国际单位制的时间单位。原子时的起算点是世界时 1958 年 1 月 1 日 0 时,由此确定的时间计量系统称为原子时。原子时问世后,时间计量标准由天文学的宏观领域过渡到物理学的微观领域。

原子时的出现使计时工作达到了前所未有的高精度。由于地球自转长期变慢,均匀的原子时与长期变慢的世界时逐渐分离。另一方面,大地测量、天文导航和宇宙飞行器的跟踪、定位等,都需要知道以地球自转角度为依据的世界时时刻。在 1960 年国际无线电咨询委员会和 1961 年国际天文学联合会的会议上,决定建立一种协调原子时与世界时的时间尺度,称为协调世界时,从 1972 年起实施。

协调世界时系统中的秒长严格等于原子时的秒长,但可以增加 1 秒(正跳秒又称正闰秒)或去掉 1 秒(负跳秒又称负闰秒),以便使协调世界时时刻与世界时时刻之差保持在 ±0.9 秒之内。跳秒调整一般在 6 月 30 日或 12 月 31 日的最后 1 分钟实施。由于地球自转的长期变慢,自协调世界时实行以来,正跳秒几乎每年都有 1 次,但负跳秒从未出现过。

协调世界时虽然不是严格均匀的时间计量系统,但它与原子时有确定的换算关系,所发生的跳秒又被记录在案,所以它的时刻仍然能被纳入均匀的时间计量的范畴。协调世界时与人们日常生活的节律一致,当今已在人们生活中得到广泛应用,现在钟表所指示的时刻正是协调世界时。

9. 50年来几乎每年都有 1^s 的正闰秒,这个事实说明由于地球自转速率减慢,地球每年转过的角度都要比上一年小相当于 $1^s=15''$ 的角度。由此可以求得地球自转速率的变化 $\dot\omega$ 等于下列值中的(这里给出的是相对值,即每年地球自转速率 ω 变化几分之几) ( )

A. -7.496×10^{-6}/年

B. -3.169×10^{-8}/年

C. -6.337×10^{-8}/年

D. -2.738×10^{-3}/年

解析: 地球自转转过的角度相当于直线运动中移动的距离,地球自转速率[$\omega=(1.318\times10^5)°$/年]相当于速度,地球自转速率的变化相当于加速度。因此若令每年变化的角度为 α,则 $\alpha=-\frac{1}{2}\dot\omega\times(1\text{年})^2$(一号表示减小)。令 $\alpha=1^s$,取 1 年 $=3.156\times10^7$ 秒,代入上式,即可解得: $\dot\omega=-2\times1^s/(3.156^s\times10^7)$/年 $=-6.337\times10^{-8}$/年。

答案: C。

第二部分 历法

历法是适当地安排年、月、日的关系,用以计量日期、确定季节和节令的法则。大约在五六千年前,各早期文明已开始编制历法,要求既能反映基本自然规律,又能满足人类生产和生活的需要。编制历法标志着真正意义上的天文学的诞生。根据所采用的基本单位的不同,历史上出现的历法大致上分为 3 种,即阳历、阴历和阴阳历。地球和月球的运动规律构成了时间单位的自然基础。历法中的两个基本单位年和月分别以回归年和朔望月为根据。现在测定 1 回归年约等于 365.242 19 日,1 朔望月约为 29.530 59 日。但由于回归年和朔望月都不是日的整倍数,因此不能用于人类的日常生活。历法中的年叫作历年,月叫作历月,它们都是日期的整倍数,但不同年份中的月数可以不同,不同月份中的日数也可以不同。

*10. 公历某年是闰年,若已知 1 月 15 日是星期三,那么 4 月 25 日是星期几? ( )

A. 星期四

B. 星期五

C. 星期六

D. 星期日

解析: 1 月有 31 日,31 除以 7 得余数 3;闰年 2 月有 29 日,29 除以 7 得余数 1;3 月有 31 日,31 除以 7 得余数 3。3 个余数相加得和数 7,由此可知 4 月 15 日是星期三;4 月 25 日与 15 日相差 10 日,10 除以 7 得余数 3,由此可知 4 月 25 日是星期六。

答案: C。

11. 现行公历的精度很高,表现为历年平均长度 y 与回归年长度相差极小,经过 n 年以后历法上的日期与地球运行的实际日期才会相差 1 日,y 和 n 是 ( )

A. 365.25 日,2 500 年

B. 365.2425 日,3 333 年

C. 365.242197 日,2 497 年

D. 365.24225 日,2 497 年

解析:公历历年的平均长度为(365×400+97)日/400=365.242 5 日。地球运行的实际日期以回归年计量,年长是 365.242 2 日。公历历年与回归年相差 0.000 3 日/年(相当于 25.92 秒/年),由此可得约每 3 333 年差 1 日。

答案:B。

知识扩展

阳历

阳历是太阳历的简称,它以回归年为基本单位。制订阳历的基本原则是:历年的长度接近回归年,历年平均长度几乎等于回归年;参照朔望月的长度把历年分为若干历月;设置闰年,平年 365 日,闰年 366 日。

现行公历是一种阳历。以 365 日为 1 年,把 1 年划分为 12 个月份,每 4 年增加 1 日,称为闰年。规定年份能被 4 整除的是闰年,但世纪年不能被 400 整除的(如 1700 年等)仍为平年。这样,每 400 年设置 97 个闰年。由于历史的原因,历月的安排比较杂乱,从 1 月到 12 月依次为 31、28、31、30、31、30、31、31、30、31、30、31 日,逢闰年 2 月为 29 日。由于公历历年的长度与寒暑交替的规律一致,因而被世界各国广泛采用。

阴历

阴历又称太阴历,以朔望月为基本单位。制订阴历的基本原则是:历月的长度接近朔望月,平均长度几乎等于朔望月;阴历历年含有 12 个历月,大月 30 日,小月 29 日,尽可能交替安置;设置闰年,平年 354 日,含 6 个大月、6 个小月;闰年 355 日,含 7 个大月和 5 个小月;在 30 年里设置 11 个闰年。伊斯兰历是典型的阴历。

阴历历月中的日期大体上与月相保持一致,如:每个月的初一为朔(新月),月球被太阳光照到的一面背向地球,我们看不到月亮;每个月的十五前后为望(满月),月球被太阳照到的一面朝向地球,我们可以看到一轮明月。由于阴历历年长度只有 354 或 355 日,与 1 回归年相差达 11 日之多,因而与四季变化的规律不符。纯粹的阴历现在已经很少采用。

阴阳历

中国传统的农历(或称夏历)是一种阴阳历。编制农历的基本规则是:以朔望月为历月长度的基础,历月的平均长度尽可能等于朔望月,历月中的每一日期都有月相上的意义;同时设置闰年和二十四节气,使历年的平均长度接近于回归年。

古人想出了置闰的办法来克服纯阴历不反映季节变化的缺陷,这就是通过在若干年内加入 1 个闰月,使这一年(闰年)的长度成为 383~385 日,于是在若干年内历年的平均长度接近于 1 回归年。现在农历的正月初一是在公历的 1 月下旬和 2 月的上、中旬之间来回移动,正由于此。

在阴阳历中设置闰月,古今中外普遍使用的方法是在 19 年中加 7 个闰月。我国在战国

时期就已确定了这样的置闰法则。

19 个回归年的长度是：365.242 19×19＝6 939.601 61 日。

19 个农历年中有 19×12＝228 个朔望月，加入 7 个闰月，共 228＋7＝235 个朔望月，计：29.530 59×235＝6 939.688 65 日。

即 19 年间相差 0.087 04 日，亦即 2 小时 5 分 20 秒。由此可见，这一置闰法则精度很高。

起初，在我国传统历法中，大小月交替安排，这种方式称为平朔。从隋唐时代起，历月的大小根据实测安排，这称为定朔。由于月球公转速度变化很大且很复杂，往往会出现连续两个大月或连续两个小月的情况。

二十四节气

设置闰月就使阴历与阳历结合起来了，也就是说，阴阳历中加入闰月是"阳"的成分。可是即便这样，由于具体的历年长度与回归年不符，历法上的月和日与农业生产的节令无法形成确切的对应关系。为了克服这个问题，中国古代独创了二十四节气，这是我国传统历法中又一种"阳"的成分。

我国农历规定太阳黄经每增加 15°为一个节气，据此设置了二十四节气。节气依据地球公转周期而定，本质上属于阳历。由于地球公转速度不均匀，节气间的时间间隔不等长。1 月初，地球处于近日点附近，公转速度最快，两节气间隔较短。节气在公历中的日期是大致固定的，每月通常有两个节气，上半年大概在 5 日、21 日，下半年大概在 8 日、23 日，前后可能相差一两日。节气的名称，除了几个如立春、春分等直接取自天文学定义外，其余都反映了所在时段的天气现象或物候，如雨水、惊蛰等。

24 个节气表示地球运动在公转轨道上 24 个不同的位置。一个节气，首先是指地球在绕太阳的轨道上到达这一位置的瞬间；其次，它又指包含这个瞬间的一日。所以，二十四节气与公历的日期有基本固定的对应性。在我国的普通天文学教科书上，通常会列出二十四节气表，如下表列出了各个节气的太阳黄经和对应的公历日期：

表 4-3 二十四节气

节气	太阳黄经	公历日期	节气	太阳黄经	公历日期
立春(正月节)	315°	2 月 3～5 日	立秋(七月节)	135°	8 月 6～8 日
雨水(正月中)	330°	2 月 18～20 日	处暑(七月中)	150°	8 月 22～24 日
惊蛰(二月节)	345°	3 月 4～6 日	白露(八月节)	165°	9 月 6～8 日
春分(二月中)	0°	3 月 20～22 日	秋分(八月中)	180°	9 月 22～24 日
清明(三月节)	15°	4 月 4～6 日	寒露(九月节)	195°	10 月 7～9 日
谷雨(三月中)	30°	4 月 19～21 日	霜降(九月中)	210°	10 月 22～24 日
立夏(四月节)	45°	5 月 4～6 日	立冬(十月节)	225°	11 月 6～8 日
小满(四月中)	60°	5 月 20～22 日	小雪(十月中)	240°	11 月 21～23 日
芒种(五月节)	75°	6 月 4～6 日	大雪(十一月节)	255°	12 月 6～8 日
夏至(五月中)	90°	6 月 20～22 日	冬至(十一月中)	270°	12 月 21～23 日
小暑(六月节)	105°	7 月 6～8 日	小寒(十二月节)	285°	1 月 4～6 日
大暑(六月中)	120°	7 月 22～24 日	大寒(十二月中)	300°	1 月 19～21 日

同一节气在农历中的日期变化很大,在不同年份前后可以相差近一个月。为了合理地安插闰月,节气又分为节气和中气两大类,并交替安置。属于节气的是立春、惊蛰等,直到小寒;属于中气的有雨水、春分等,直至大寒(上表中分别以"某月节""某月中"为标识)。农历中闰年及闰月的设置与节气的设置有关,规定没有中气的月份为闰月。

12. 农历某年闰七月,三年后(中间相隔两年)又逢闰年,那么这个闰年中的闰月最可能是 ( )

    A. 闰五月

    B. 闰七月

    C. 闰九月

    D. 闰十月

解析: 农历置闰,在 235 个月份里设置 7 个闰月,大致上每 33.6 个月,即约 2 年 10 个月里设置 1 个闰月。答案 A 正符合这个法则。由于月球运动的复杂性,实际情况并非这么简单,这只是最可能的情况。但答案 B、C、D 的情况是不可能出现的,因为设置闰月的范围达到或超过了 3 年。

答案: A。

*13. 请仔细阅读下图各个月份的节气和大小月的安排,这些节气和月份的分布表明 ( )

    A. 嘉靖五年是闰年

    B. 嘉靖七年不可能是闰年

    C. 嘉靖六年内大小月的安排错乱

    D. 嘉靖六年内节气的安排错乱

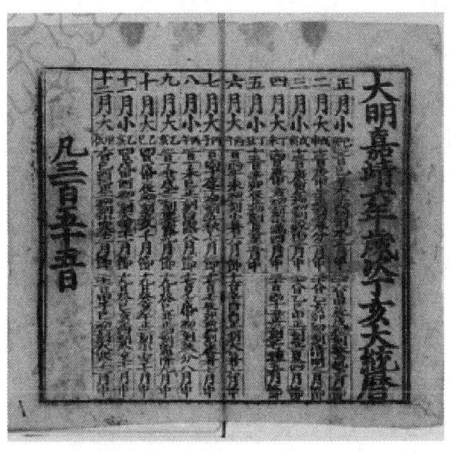

图 4.6①

解析: 从嘉靖六年正月没有立春可知嘉靖五年是闰年,包含 13 个月,25 个节气,正月上旬有 1 个立春,十二月下旬又有 1 个立春,即所谓的"两头春"。这就使得嘉靖六年的正月到

---

① 李勇. 观天授时　中国古代的天文学[M]. 昆明:云南大学出版社,2020.

立春以后才开始,这一年的第一个节气是雨水。这一整年只有23个节气,必然会有1个月份只有中气而无节气,这个月是五月。根据定朔,会有连续两个大月或两个小月的情况,不能说历月安排错乱。由于19个阴历年要加入7个闰月,闰年一般相隔2年才会发生,但也有相隔1年的,否则闰月就不足7个了。因此嘉靖七年也可能是闰年,具体是不是要根据当时太阳和月亮的运动来推算。

答案:A。

14. 在已知嘉靖五年是闰年的条件下,计算嘉靖七年是闰年的概率是　　　　　(　　)

　　A. 14.47%
　　B. 15.57%
　　C. 16.67%
　　D. 17.77%

解析:嘉靖五年是闰年,如果嘉靖七年也是闰年,那么中间只相隔1年。这个问题相当于问相隔1年出现闰年的概率是多少。让我们做如下的考虑:取19年作为1个时段,1个闰年加相隔2年为1小时段,排下5个小时段,占据15年;余下4年以1个闰年加相隔1年这种2个更小时段排列,排满正是19年。自然,实际的排列方式不至于如此呆板。笔者统计了1841年至2040年共200年里农历闰年的排列,发现相隔年数呈现2 212 221或2 221 221的方式,即在非闰年的12年里总是有2年属于前后闰年相隔1年的情况。因此在已知嘉靖五年是闰年的条件下,嘉靖七年是闰年的概率应是2/12=16.67%。具体是否为闰年要根据当时太阳和月亮的运动来推算。

答案:C。

15. 仔细阅读图4.6古历上的月份、日期与节气的关系,可以推断嘉靖五年的闰月可能是　　　　　(　　)

　　A. 闰二月或闰三月
　　B. 闰四月或闰五月
　　C. 闰六月或闰七月
　　D. 闰七月或闰八月

解析:要推算嘉靖五年的闰月是哪一月,依据的是农历平年的日数是354日或355日,而节气的周期是365.24日,两者差10日或11日。从历书页面上五月十五日夏至往后推1个阴历历年,可以推算得嘉靖五年五月初四或初五"夏至五月中",四月初二、初三或初四"小满四月中",闰三月十五或十六"立夏闰三月节"和位于三月底的"谷雨三月中";也有可能不是闰三月而是闰二月,推得闰二月十五或十六"春分二月中"和位于二月底的"清明闰二月节"。究竟是哪一月,取决于嘉靖五年的实际历年长度和各大小月的编排,归根结底取决于当时太阳和月亮的运行。以实例为证:根据以上200年的统计,共有20个"1年间隔年"。其前一年的闰年中,仅见闰二月和闰三月(共15个,占比75%)以及闰四月。

答案:A。

16. 如果嘉靖七年也是闰年,以同样过程推断闰月可能是　　　　　(　　)

　　A. 闰三月或闰四月
　　B. 闰五月或闰六月
　　C. 闰七月或闰八月

D. 闰九月或闰十月

解析:从历书页面上五月十五日夏至往前进 1 个阴历历年,按上题的推算过程进行推算,但要注意这一段落里的推算进程较快,因为相应时段正当地球过远日点前后,两个节气之间的日期间隔较长。可得嘉靖七年五月廿五或廿六"夏至五月中",六月廿七或廿八"大暑六月中",七月廿九或卅"处暑七月中",闰七月十五或十六"白露闰七月节"和位于八月初的"秋分八月中";也有可能不是闰七月而是闰八月,推得八月廿九或卅"秋分闰八月中",闰八月十五或十六"寒露闰八月节"和位于九月初的"立冬九月节"。同样,具体是哪一个月也要按实际情况而定。可见,根据嘉靖六年历日与节气之间的实际关系推算的嘉靖七年是闰年的概率远大于按一般规律所计算的概率。以上 200 年的统计中,共有 20 个"1 年间隔年",后一年的闰年中,有闰六月(4 个,占比 20%)、闰七月和闰八月(共 13 个,占比 65%)、闰九月(1 个,占比 5%)以及闰十月。根据以上推断并比照这个实例,基本上可以断定嘉靖七年是闰年。

答案:C。

17. 节气依据地球公转周期而定,本质上属于阳历。但是,节气的公历日期有前后各 1 日的移动,原因是   (   )

    A. 地球运动的不均匀性

    B. 对应于太阳黄经某个确定值的瞬间,不同地方的地方时不同,相应的日期也可能不同

    C. 历年与回归年的长度不同

    D. 由于公历置闰,日期的设置不规则

解析:节气变迁的周期是回归年,公历历年的长度与节气的周期不一致,两者差了约 5 时 49 分。这个差值的累积,使得节气的日期移动。但正是公历每隔 4 年设置 1 个闰年阻断了这个累积效应,使得节气只是对于一个确定的公历日期有前后仅 1 日的移动。

答案:C。

18. 阴历的月份根据朔望月定义,实际的朔望月长度有长有短,这是由于地球绕日和月球绕地的轨道都是椭圆,太阳和地球分别位于椭圆轨道的一个焦点上。那么当下列哪种情况出现时朔望月最长   (   )

    A. 地球过远日点同时月球过远地点

    B. 地球过近日点同时月球过近地点

    C. 地球过远日点同时月球过近地点

    D. 地球过近日点同时月球过远地点

解析:当地球过远日点和月球过远地点时,轨道运动速度最慢;地球过近日点和月球过近地点时,轨道运动速度最快。朔望月是太阳在黄道上运行与月亮在白道上运行的会合周期。月亮运行快,速度约是太阳的 13 倍;每次会合,似乎月亮在"追赶"太阳。因此当太阳运行快,月亮运行慢的时候,便延长了会合的时间,这正是地球过近日点的同时月球过远地点的情况。

答案:D。

***19.** 中国第一部颁行全国的采用定朔、废除平朔的历法是   (   )

    A. 唐代天文学家一行编制的《大衍历》

B. 唐代历算家傅仁均等制定的《戊寅元历》

C. 唐代天文学家李淳风制定的《麟德历》

D. 隋代历算家刘焯制定的《皇极历》

解析：隋代仁寿四年(604年)，刘焯制定了《皇极历》，首次用定朔代替平朔，但未能颁行。唐代初武德二年(619年)，颁行了傅仁均等制定的《戊寅元历》，这是中国第一部颁行全国的采用定朔、废除平朔的历法，但受到非议，导致定朔法被迫取消，恢复用平朔。麟德二年(665年)，由李淳风制定并得以颁行的《麟德历》再次恢复定朔法，从此定朔法便一直延续了下来。

答案：B。

知识扩展

干支纪年和干支纪日

我国历史上长期以来的纪年采用年号纪年法。从汉武帝直到清末的两千年间统治者都用这种方法纪年。同时，还广泛地应用干支来纪年。

干支是天干和地支的合称，这是一种记录顺序并循环往复的方法。天干有10个，地支有12个，地支还与12种动物相对应，即我们通常所说的十二生肖。

10个天干是：甲、乙、丙、丁、戊、己、庚、辛、壬、癸。

12个地支是：子、丑、寅、卯、辰、巳、午、未、申、酉、戌、亥。

相应的动物：鼠、牛、虎、兔、龙、蛇、马、羊、猴、鸡、狗、猪。

天干和地支依次各取一个相配，构成60个组合。天干的首字与地支的首字相配得"甲子"，以后天干第二字与地支第二字相配……天干第十字与地支第十字相配。地支还剩下的两字与天干从头开始相配，接着从天干第三字起再与地支从头相配……以此类推。待排到"癸亥"时，就有了60个组合。此后又从"甲子"开始，周而复始，循环无穷。如表4-4所示，60个组合正是计数的顺序，且可循环往复。

表4-4 六十干支表

1甲子	2乙丑	3丙寅	4丁卯	5戊辰	6己巳	7庚午	8辛未	9壬申	10癸酉
11甲戌	12乙亥	13丙子	14丁丑	15戊寅	16己卯	17庚辰	18辛巳	19壬午	20癸未
21甲申	22乙酉	23丙戌	24丁亥	25戊子	26己丑	27庚寅	28辛卯	29壬辰	30癸巳
31甲午	32乙未	33丙申	34丁酉	35戊戌	36己亥	37庚子	38辛丑	39壬寅	40癸卯
41甲辰	42乙巳	43丙午	44丁未	45戊申	46己酉	47庚戌	48辛亥	49壬子	50癸丑
51甲寅	52乙卯	53丙辰	54丁巳	55戊午	56己未	57庚申	58辛酉	59壬戌	60癸亥

我国自古至今都用干支纪日。据考证从春秋时鲁隐公元年(公元前722年)二月己巳日起，干支纪日法再也没有间断，持续达2 700余年。而在公元前722年以前，干支纪日法早已存在，但其间是否间断过还有待考证。由于中国古代长期采用干支纪日和干支纪年，日期和年份始终没有错乱。现代的人们很容易从古人关于事件或天象的记载中推断发生的日期。

正由于此,古人在实际工作中往往将自己当时测定的冬至日期与上千年前的冬至日期相比较,然后以其间相隔的日数除以其间相隔的年数,这样可以获得十分精确的回归年长度值。

---

*20. 有一名 17 岁的少年,生肖属马,比他小 10 岁的孩子生肖是　　　　　　（　）

  A. 虎

  B. 龙

  C. 蛇

  D. 羊

解析: 生肖属于地支,地支共 12 个。小 10 岁,相应地,地支超前 2 个,马前面 2 个是龙。

答案: B。

第5章 天文望远镜

自古以来,人们观天,无论是白天的太阳,还是晚间的星星,主要是用肉眼、光学望远镜或照相机,通过可见光接收来自天体的信息。到了20世纪30年代,人们发明了射电望远镜,能够在无线电波段观测天体;50年代,人们发射人造卫星和宇宙火箭,能够在更广阔的波段上观测天体。所有这些波段都属于电磁波。在不同波段接收到的信息,反映不同类型的天体或同一类型天体在不同能量状态下的活动。电磁波仍然是当前人们用以接收宇宙信息的最重要的传播媒介。

1. 下列表述中哪一句不成立? ( )
   A. 可见光是一种电磁波
   B. 电磁波的波长越长,能量越大
   C. X光既是粒子也是波动
   D. γ射线表现出很强的粒子性状

解析:除了B项不成立以外,其他3句都是成立的。电磁波的能量以相应的光子能量表达,光子的能量E与相应电磁波的频率ν成正比,满足关系式$E=h\nu$。其中h是一个有量纲常量,称为普朗克常量;此式表明频率越大,能量越大。波长λ与频率ν成反比,满足关系式$\lambda=c/\nu$,其中c是真空中的光速,是一个常量。电磁波的波长越长,波动性越强,而粒子性越弱;反之,粒子性越强。γ射线显示很强的粒子性。

答案:B。

知识扩展

电磁波谱

天体辐射的电磁波按波长λ由短到长分为如下6个波段:

γ射线　　　$\lambda<0.002$ nm (纳米,1 nm$=10^{-9}$ m)

X射线　　　0.002 nm$<\lambda<10$ nm

紫外线　　　10 nm$<\lambda<0.4$ μm (微米,1 μm$=10^{-6}$ m)

可见光　　　0.4 μm$<\lambda<0.7$ μm

红外线　　　0.7 μm$<\lambda<1$ mm

射电波　　　1 mm$<\lambda$

以上6个波段的划分只是一个大致的分法,实际上有些波段的分界处,如γ射线与X射线的分界处(这一部分又称硬X射线)、X射线与紫外线的分界处(这一部分又称软X射线)、红外线与射电波的分界处,存在着彼此重叠的情况。所有的电磁波在太空中都以光速传播。

除电磁辐射外,还存在宇宙射线、中微子辐射和引力波等,但它们远没有达到如电磁波那样能广泛而明确地提供天体信息的地步。

2. 在地面上人们可以接收到天体辐射的下列波段 （ ）

A. 电磁波的所有波段

B. 射电、红外线、可见光、紫外线的整个波段

C. 射电、可见光的整个波段，红外线、紫外线的部分波段

D. 可见光的整个波段，射电、红外线、紫外线的部分波段

解析： 来自天体的辐射必须穿过地球大气层才能到达地面。大气层高空的电离层和臭氧层以及低层大气里的水汽和诸如二氧化碳等气体的分子会反射或吸收一些波段的电磁波，所以并不是电磁波的所有波段都能透过地球大气层到达地面。

答案： D。

> **知识扩展**

大气窗口

不少波段的天体辐射无法穿过地球大气，能穿过大气的那些波段，称为大气窗口。最主要的大气窗口是光学窗口和射电窗口，此外还有一个不完整的红外窗口，即红外波段某些特定的波长小区间可以透过天体辐射，而其余大部分波长的红外波段无法透过天体辐射（图5.1）。

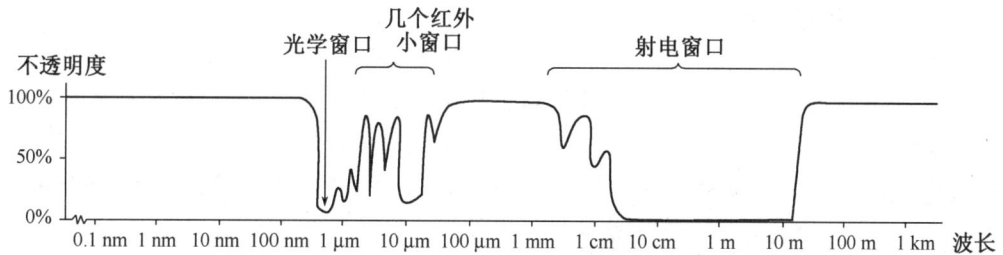

图 5.1　大气窗口示意图[①]

（1）光学窗口　指可见光及其两侧的近红外光、近紫外光所构成的窗口。在天气晴朗的条件下，波长 0.4～0.7 微米的可见光受地球大气的选择吸收甚少，它能透过大气，但会因大气的散射而减弱。对波长为 0.3～0.4 微米的近紫外光，大气散射的减光作用更明显，但依然可以部分透过。波长稍长于 0.7 微米的近红外光，会受到大气中水汽分子的严重吸收，但在有些观测地点上空，大气较干燥，天体的近红外光可以部分通过。

（2）射电窗口　对频率为 10 兆赫兹（1 兆赫兹 $=10^6$ 赫兹）至 300 吉赫兹（1 吉赫兹 $=10^9$ 赫兹）的天体射电波，即波长从 30 米到 1 毫米的射电波，地球大气是透明或部分透明的，它称为射电窗口。但频率低于 10 兆赫兹，即波长长于 30 米的天体射电波，由于被地球高空的电离层所反射，无法穿入地球大气层。

（3）红外窗口　它是指在红外波段存在着的若干个小窗口。地球大气中的水汽在红外波段造成约 10 个吸收带，二氧化碳和臭氧层在红外波段各产生 1 个吸收带。由于这些吸收

[①] 宣焕灿，萧耐园. 图解天文学[M]. 南京：南京大学出版社，2010.

带的存在,地面上对天体的红外探测往往只能在这些吸收带的间隙处进行。现已获得可进行地面红外探测的7个带,这7个带的专名和对应的中心波长如下表所示。

表5-1　可进行地面红外探测的7个带及其对应的中心波长

吸收带	J带	H带	K带	L带	M带	N带	Q带
中心波长/微米	1.2	1.6	2.2	3.5	5.0	10.2	21

这7个带构成了地球大气在红外波段的小窗口。

地面红外探测的最大障碍是水汽造成的吸收带,而水汽主要集中在低层大气中,使用高空飞机和高空气球可以摆脱水汽吸收带的影响,大大扩展红外探测的波段范围。而要消除二氧化碳分子和臭氧分子造成的红外吸收带的影响,则必须到大气外进行探测。

---

3. 意大利科学家伽利略在人类历史上首次用他自己磨制的折射望远镜观察天体,开创了望远镜天文学的新纪元。他所观察的天体和发现的天象也首次为哥白尼日心学说提供了观测证据,这个天体和天象分别是　　　　　　　　　　　　　　　( )

　　A. 月球和它环绕地球的运行
　　B. 金星和它的位相
　　C. 木星和环绕它运行的4颗伽利略卫星
　　D. 土星和它的光环。

解析:金星是一颗内行星,理论上只有当它处于上合的位置时才能把整个圆面的反射光照向地球,就像月亮的望日,但这时明亮的阳光把金星完全遮掩;而金星在其余位置只能把部分反射光照向地球,从而呈现不同大小的位相,就像月亮的蛾眉月、上下弦月、盈凸月等。由于人眼的分辨率低,观望金星只能看到一个明亮的光点,望远镜把星像放大,把金星的位相呈现出来。这一现象只能是在金星和地球都环绕太阳运行时才出现。

答案:B。

4. 有4架天文望远镜,给出它们的性能指标:口径 D、物镜焦距 F 和最大放大倍率 G_{max},它们的价格一样。那么性价比最高的是　　　　　　　　　　　　　　　( )

　　A. $D=200$ 毫米,$F=800$ 毫米,$G_{max}=500$
　　B. $D=250$ 毫米,$F=750$ 毫米,$G_{max}=100$
　　C. $D=250$ 毫米,$F=1250$ 毫米,$G_{max}=500$
　　D. $D=200$ 毫米,$F=1200$ 毫米,$G_{max}=200$

解析:目视望远镜最重要的参数是物镜口径的大小,因此应选择B或C。有人认为放大率最重要,这实际上是一种误解。目视望远镜的放大率等于物镜的焦距与目镜的焦距之比,一架目视望远镜往往配备多个焦距不同的目镜,因而会具有多种不同的放大率。口径越大,望远镜收集天体的光越多,从而能看到更暗弱的恒星;同时分辨本领越大,越能看清延展天体如月球、行星、星团、星云等的细节。但过大的放大率会把视场里有限的光能量分散,使得目标像很暗淡;又会把大气里的湍流效应放大,反而使得星像模糊不清;此外,视场与放大率成反比,放大率过大,视场就太小。比较B和C,C的最大放大率是500倍,其实没有实际意义;再则,B的相对口径 $A=D/F=0.33$,而C的只有0.20,对于观测延展天体,B比C更为有利。

答案:B。

> **知识扩展**

表征天文望远镜光学性能的物理量

这里所指的天文望远镜是地面上通过光学窗口观测天体的望远镜。1609 年，意大利科学家伽利略率先用自己研制的望远镜观测天体，开创了望远镜天文学的新时代。在终端加上目镜用于人眼进行目视观测的望远镜，称为目视望远镜；目镜也可替换为照相机，用照相底片记录。表征望远镜光学性能的物理量有以下数个。

(1) 口径(D)　指物镜的有效口径，即未被镜框挡住的那部分物镜的直径；这是望远镜聚光本领的主要标志。物镜收集天体辐射的能力正比于 D^2，因此物镜的口径越大，就越容易观测到暗的天体。

(2) 焦距(F 或 f)　指镜面中心与焦点间的距离。物镜焦距为 F，目镜焦距为 f。望远镜中物镜的（像方）焦点与目镜的（物方）焦点相重合。对于延展天体（或称视面天体，如行星、星云等），焦距越大，天体在焦平面上的影像尺寸越大。

(3) 相对口径(A)　又称光力，是物镜的口径和焦距的比值，$A=\dfrac{D}{F}$。$1/A$ 称焦比。一个延展天体的成像照度 $E \propto A^2$，因此观测暗的延展天体应当用相对口径大的望远镜。

(4) 放大率(G) 或底片比例尺(ψ)　目视望远镜的放大率 G 是指角放大率，它等于物镜焦距 F 和目镜焦距 f 的比值，即：

$$G=\frac{F}{f} \tag{5.1}$$

当观察延展天体时，为了能看到它们的放大像，要求望远镜有一定的放大率。但是，若直接在望远镜焦面进行天体摄影，则用底片比例尺作为性能指标。底片比例尺定义为底片中央每 1 毫米所对应的星空角距，即：

$$\psi=\frac{206\,265''}{F}(毫米) \tag{5.2}$$

(5) 视场(2ω)　指能被望远镜良好成像的天空区域的角直径，即望远镜所见天空区域在观测者眼中所张的角度。见图 5.2，图中 O 和 O' 分别为物镜和目镜的中心；OO' 为望远镜的光轴；$F'F''$ 为焦平面；AA' 和 BB' 分别为视场中央和边缘的一束光线，A' 和 B' 位于焦平面上；OA' 为物镜的焦距 F，$O'A'$ 为目镜的焦距 f；ω 和 ω' 为图所示的两个角，通常取 $\omega'=20°$。

$$\tan\omega=\frac{1}{G}\tan\omega'\approx\frac{1}{G}\tan 20°\approx\frac{0.364}{G} \tag{5.3}$$

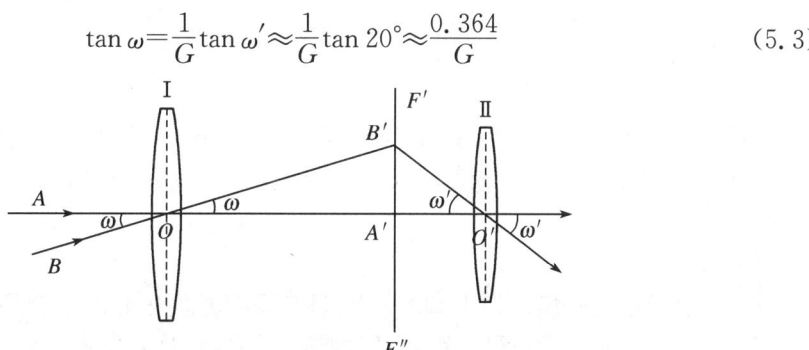

图 5.2　折射望远镜的光路与视场[①]

[①] 宣焕灿，萧耐园. 图解天文学[M]. 南京：南京大学出版社，2010.

式中,G 为望远镜的放大率,$G=F/f$,视场为 2ω。视场的大小与放大率成反比,也就是说放大率越大,则视场越小。

(6) 极限星等(m_1) 又称贯穿本领,是在理想的观测条件下,用望远镜看到的天顶附近最暗的白色恒星的视星等。它与大气透明度等许多因素有关,其中最主要的因素是物镜的口径,口径越大,贯穿本领越好。望远镜口径与极限星等的关系如下表所示:

表 5-2 望远镜口径与极限星等的关系

口径/毫米	40	50	60	70	80	90	100	150	600	5 000
极限星等	9.9	10.3	10.7	11.0	11.3	11.5	11.8	12.7	15.3	20.4

由此得经验公式 $m_1=2.1^m+5^m\lg D$,其中 D 以毫米为单位。   (5.4)

(7) 分辨角 能被望远镜分辨开的天球上两发光点的最小角距。分辨角的倒数被定义为分辨本领,分辨角越小,分辨本领越大,越能看清被观测天体的细节。分辨角的大小与物镜的口径成反比,也就是说物镜的口径越大,望远镜分辨细节的能力越高。此外,分辨角与被探测对象发射的电磁波波长成正比。

根据光的衍射原理,从理论上得:

$$\theta=1.22\frac{\lambda}{D}(弧度) \quad (5.5)$$

式中 λ 为光线波长。

对人眼,$\theta_v''=140''/D$(对于 $\lambda=550$ 纳米),D 以毫米为单位。   (5.6)

对照相底片,$\theta_p''=110''/D$(对于 $\lambda=440$ 纳米),D 以毫米为单位。   (5.7)

以上这些物理量中最重要的是物镜的口径。口径越大,收集天体的光越多,极限星等越暗,从而能看到更暗弱的天体;口径越大,光力越强,分辨角越小,分辨近距双星的本领越大,也更能看清延展天体如月球、行星、星团、星云等的细节。

---

5. 一架光学望远镜的口径为 120 毫米,焦距为 1 500 毫米,目镜的焦距为 50 毫米,它的相对口径、放大倍数和视场大小依次为   (   )

　　A. 0.125,30,1°56′
　　B. 0.08,30,1°23′
　　C. 0.125,30,1°23′
　　D. 0.08,30,1°56′

解析: 据相对口径的定义,$A=D/F=120/1\,500=0.08$,根据放大倍率的定义,$G=F/f=1\,500/50=30$,根据(5.3)式,$\tan\omega\approx 0.364/G=0.364/30=0.012\,133$,$\omega=0°.695$,则视场 $2\omega=1°23′$。

答案: B。

6. 一架望远镜的焦距为 1 200 毫米,目视观测月面中心的一个环形山,已知其直径为 4.5 千米,望远镜配备着一组目镜,它们的焦距分别为① 2 毫米、② 12 毫米、③ 20 毫米和 ④ 30 毫米。从《中国天文年历》查得这时地月距离为 391 534 千米,取地球半径为 6 371 千米,月球半径为 1 738 千米,设人眼的分辨率为 2′,要看清这个环形山,下列哪组目镜可用?

(   )

A. ①②③
B. ②③④
C. ①②③④
D. ②③

解析: 假设月心、月面中心、观测者、地心在一直线上。计算这个环形山对于地面观测者的张角。地面观测者与月面环形山之间的距离为(391 534－6 371－1 738)千米＝383 425千米,求得环形山的张角:(4.5/383 425)×206 265″≈2.42″。要使得人眼能看到这个环形山,应放大的倍数为120″/2.42″＝49.6,即约 50 倍。①②③3 个目镜对于这架望远镜的放大倍率依次为600、100 和 60 倍,用这些目镜能看到这个环形山;④的放大倍率只有40倍,不敷应用。①的放大倍率太大,对于观测这个相当于点状的形象实际上并不适用。

答案: D。

7. 一架望远镜的焦距为 2.5 米,由照相观测拍得月球照片,在底片上量得月面中心的一个环形山的直径为 83 微米。观测时适逢月球过近地点,取地月平均距离为 $a=384\,401$ 千米,月球轨道平均偏心率 $e=0.054\,9$,地球半径为 6 371 千米,月球半径为 1 738 千米,这个环形山的实际直径是 ( )
   A. 9.62 千米
   B. 10.48 千米
   C. 11.80 千米
   D. 12.35 千米

解析: (1)求这架望远镜的底片比例尺:$\psi=206\,265″/2\,500≈82.5″$。(2)求环形山对地面观测者的张角:根据定义,底片上 1 毫米对应于月面 82.5″,那么底片上 83 微米对应于月面 82.5″×0.083≈6.85″。(3)求观测时的地月距离:$d=a(1-e)=384\,401×(1-0.054\,9)≈363\,297$(千米)。(4)求地面观测者与月面环形山之间的距离:363 297－6 371－1 738＝355 188(千米)。(5)求环形山的直径:355 188×6.85″/206 265≈11.80(千米)。

答案: C。

8. 从星表查到一对双星,两颗子星的视星等分别为 7.9^m 和 10.1^m,两星在相互绕转的过程中分离的最大角距离为 2.5″。现有 4 架望远镜,它们的口径分别为① 40 毫米、② 50 毫米、③ 60 毫米、④ 70 毫米。适合观测这对双星的望远镜是 ( )
   A. ④
   B. ③④
   C. ②③④
   D. ①②③④

解析: 对照表 5－2 可见,要看清 10.1^m 子星,②③④3 架望远镜可用。应用公式计算这 3 架望远镜的目视分辨率,依次为 2.8″、2.3″ 和 2.0″;②的分辨角大于两子星的最大分离角,不敷应用。

答案: B。

9. 在天文工作中经常开展巡天观测,就是事先把整个或一部分天空有计划地划分为一个个小区域,随后逐个对这些区域内某种类型的天体,如星团、星云或星系等做普查式观测,或搜寻彗星等天体。人们创制了3种不同类型的天文望远镜,各自适用不同的目的。适用

于巡天观测的是 ( )

  A. 折射望远镜
  B. 反射望远镜
  C. 折反射望远镜
  D. 折射望远镜和折反射望远镜

解析：在巡天观测中，每个小天区要尽可能大，因而要求巡天观测的望远镜的视场足够大；此外，被观测的大多为有视面的延展天体，因此要求望远镜的光力也相当大。下面比较3种望远镜类型的这两个性能指标。

表 5-3　不同望远镜类型的光力和视场指标

	光力	视场
折反射望远镜	通常 $\frac{1}{3} \sim \frac{1}{2}$，最大 >1	最大 $3.4°$
反射望远镜	$\frac{1}{5} \sim \frac{1}{3}$	一般 $0.1°$
折射望远镜	$\leqslant \frac{1}{7}$	最大 $2°$

由此可见，最适合做巡天观测的是折反射望远镜。
答案：C。

知识扩展

折射望远镜的光学系统

  折射望远镜的物镜是一块凸透镜，星光通过它的折射，在还未会聚到物镜的焦点时就被一个由凹透镜做成的目镜所发散，变成平行光从目镜射出［图 5.3(a)］，这种望远镜叫伽利略式折射望远镜。它形成的像是正像。

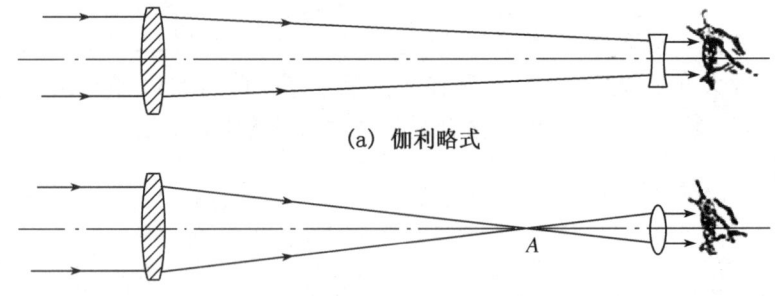

(a) 伽利略式

(b) 开普勒式（A 为物镜和目镜的共同焦平面）
图 5.3　两种用于目视观测的折射望远镜[①]

  德国天文学家开普勒从理论上提出了一种光学系统：星光射向由凸透镜构成的物镜后聚焦于 A 点处的焦平面上［图 5.3(b)］，但 A 处又位于由凸透镜构成的目镜的焦平面上，聚集在该处的星光向前行进时，经该目镜发散，变成平行光射出，这种望远镜叫开普勒式折

---

① 宣焕灿，萧耐园. 图解天文学[M]. 南京：南京大学出版社，2010.

射望远镜。它形成的像是倒像。由于这种望远镜可以在物镜和目镜的共同焦平面 A 处安装用于测量的十字细丝或坐标网格,所以后来用于目视观测的折射望远镜都做成了开普勒式望远镜。

早期的折射望远镜,物镜是单块凸透镜,它有严重的色差,即由不同颜色(不同波长)混合的星光构成的像呈现为彩色光斑,像的清晰度很低。18世纪中叶,人们用冕牌玻璃做凸透镜,火石玻璃做凹透镜,组合成能会聚光的消色差复合透镜,用它做物镜,成像质量大为提高。消色差折射望远镜的视场较大,一般可达 2°左右,星像明锐稳定,适合用于天体测量,也比较适合进行目视观测。

折射望远镜的优点:焦距大,底片比例尺大,对镜筒弯曲不敏感。缺点:有残余色差,对紫外、红外波段的辐射吸收厉害,难浇制和磨制。

世界上最大的折射望远镜由美国光学家克拉克在 1897 年建成,其消色差物镜的口径为 1.02 米。它于 1897 年在美国叶凯士天文台启用(图 5.4)。该望远镜不仅光学质量极佳,机械装置也运转自如。

(其右上角是它的消色差物镜示意图)

图 5.4 世界上最大的折射望远镜①

*10. 人类用望远镜最早发现的行星是以下哪一个?发现者是谁?　　(　　)

　　A. 木星,伽利略

　　B. 天王星,赫歇尔

　　C. 土星,惠根斯

　　D. 海王星,伽勒

解析:威廉·赫歇尔是英国天文学家,他原是英国部队的一名乐师,业余爱好是制作望远镜,并用以做天文观测。他制作的是金属镜面的反射望远镜。这种望远镜与折射望远镜不同,物镜是反射镜,这是牛顿于 1668 年发明并首次制成的。1781 年,威廉·赫歇尔用他自制的牛顿式反射望远镜在双子座发现了天王星(Uranus,即罗马神话中管理天界之神)。

答案:B。

知识扩展

反射望远镜的光学系统

著名英国科学家牛顿研究了折射望远镜的成像问题,他认为折射望远镜物镜的色差无法消除,只有用反射镜镜面成像才行。1668 年,牛顿发明了世界上第一架反射望远镜。物镜由主镜和副镜构成,主镜是抛物面反射镜,副镜是安装在主镜焦点前与光轴成 45°的平面

---

① 宣焕灿,萧耐园.图解天文学[M].南京:南京大学出版社,2010.

反射镜,主镜聚焦后的星光由副镜反射至镜筒一侧的开口处之外[图5.5(a)]。

1672年,法国科学家卡塞格林提出另一种反射望远镜的设计方案。它的主镜也是抛物面反射镜,中间挖有一个圆孔,而副镜是一块放在主镜焦点前的凸双曲面镜,它把主镜聚焦的星光再次反射,星光穿过主镜中间的圆孔聚焦在主镜背后的焦点上[图5.5(b)]。

除上面两种系统外,反射望远镜还有单块反射物镜构成的主焦点系统等多种系统。一些口径较大的望远镜往往兼具数种光学系统,根据不同工作需要随时加以变换。

反射望远镜的优点:口径可以做得很大,有利于探测极暗弱的天体;没有色差,因而很适合用于天体物理方面的工作;对镜面材料要求低,易磨制。其缺点:需重新反复镀反射面,部件组装、校准困难;视场较小,镜面互相挡光;这种望远镜深受彗差的祸害,使得离视场中央稍远处的星像呈彗形像斑,这也使得反射望远镜的视场很小,往往只有0.1°甚至更小,因而不适合用于巡天工作。

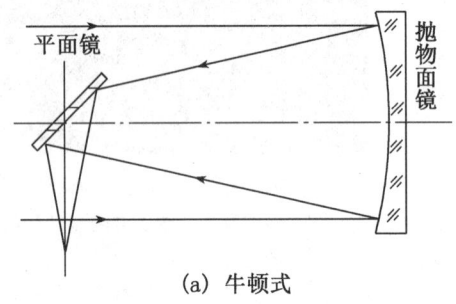 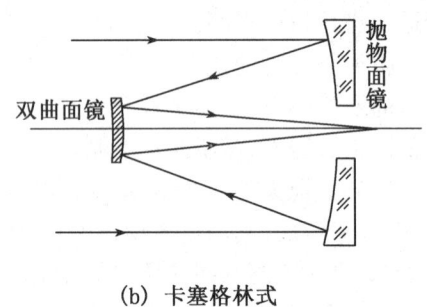

(a) 牛顿式　　　　　　　　　　　(b) 卡塞格林式

图5.5　反射望远镜的两种光学系统①

1948年,美国帕洛马山天文台建成口径5.08米的反射望远镜(图5.6),它兼备卡塞格林系统、主焦点系统等多种光学系统。此后近30年中,它一直是世界上的"望远镜之王"。

折反射望远镜的光学系统

折反射望远镜的物镜由透镜(改正镜)和反射镜组合构成,主要有两种形式。

一种是施密特望远镜,它是由德国光学家施密特在1931年发明的。它的主镜是球面反射镜,主镜前面有一

图5.6　口径5.08米的反射望远镜②

块形状特殊的改正透镜,它的前表面是平的,后表面的中央和外侧稍稍凸起,使中央光束略有会聚,而边缘光束略有发散,以使整个系统的球差得到校正。其口径为主镜的2/3,与光轴平行的入射光线聚焦于图5.7(a)中的 A 点,而入射到改正透镜和球面反射镜边缘的光则聚焦于 B 点。这种折反射望远镜的成像面是凸球面,它的成像质量很好,视场也很大。

另一种为马克苏托夫望远镜,1940年由苏联光学家马克苏托夫发明。其主镜也是球面

---

① 宣焕灿,萧耐园.图解天文学[M].南京:南京大学出版社,2010.
② 宣焕灿,萧耐园.图解天文学[M].南京:南京大学出版社,2010.

反射镜,而主镜前面的改正透镜呈弯月形[图 5.7(b)],易加工。这种类型的折反射望远镜视场也很大,其成像面也是凸球面。由于设计要求改正透镜的厚度需要达到主镜口径的 10%,但改正透镜太厚时吸收星光太多,故这种类型的望远镜不能做得很大。目前世界上最大的马克苏托夫望远镜其主镜和弯月形改正透镜的尺寸分别为 0.98 米和 0.70 米。

上述两种折反射望远镜不能用于目视观测,只能安装形状特殊的底片进行照相观测。它们的优点是:光力强、视场大、成像质量好;适于观测有视面天体(行星、星云等)和流星以及人造卫星;适合用于巡天工作。其缺点是:改正镜难磨制,不能做得很大。

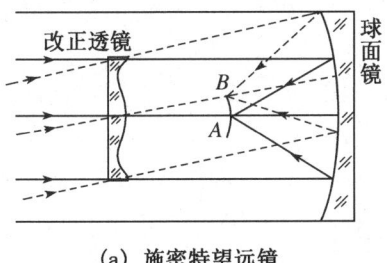
(a) 施密特望远镜

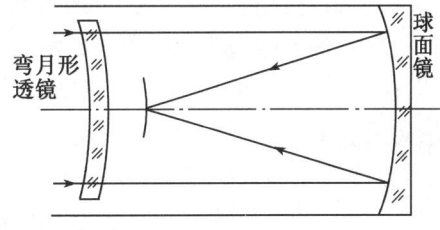
(b) 马克苏托夫望远镜

图 5.7　两种折反射望远镜的光路①

图 5.8 展示了美国帕洛马山天文台的主镜为 1.2 米的施密特望远镜。目前世界上口径最大的施密特望远镜安装在德国史瓦西天文台,其球面主镜和改正透镜的尺寸分别为 2 米和 1.34 米,视场达 3.4°。

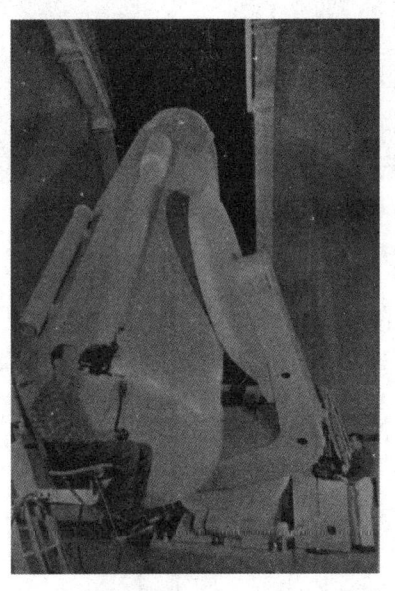

图 5.8　美国帕洛马山天文台的施密特望远镜②

---

① 宣焕灿,萧耐园. 图解天文学[M]. 南京:南京大学出版社,2010.
② 崔振华. 天文博物馆[M]. 开封:河南教育出版社,1995.

*11. 以下哪个望远镜不是太空望远镜？　　　　　　　　　　　　　　　　（　）

　　A. 开普勒望远镜

　　B. 哈勃望远镜

　　C. 凯克望远镜

　　D. 韦布望远镜

解析：20世纪90年代，人们凭借高速发展的电子计算机技术，采用了薄镜镶拼、主动光学和自适应光学三大革新手段，使反射望远镜的超大型化成为可能。1992年和1996年，美国在夏威夷莫纳克亚山先后建成的两台凯克超大型反射望远镜（"凯克1号"和"凯克2号"），正是采用了上述三种革新手段的成功典型。

答案：C。

知识扩展

反射望远镜的超大型化

　　整块型大镜面反射望远镜口径达到相当尺度以后，要再加大出现了两大困难：一是由于传统的大反射镜面相当厚，镜面质量很大，它在镜筒指向不同方位时重力形变较大，望远镜观测室中温度变化造成的镜面热形变也较大，结果星像质量下降；二是随着口径加大，观测地的气流对望远镜成像质量的影响也更明显。凯克反射望远镜克服了这些缺点（图5.9）。

(a) 外观　　　　　　　　(b) 其中一台凯克望远镜

图5.9　凯克望远镜（来源：凯克天文台）

　　凯克望远镜的物镜采用薄镜镶拼技术，如图5.10所示，将36块对角直径为1.8米的正六边形镜面拼成一个超巨型反射镜面，其整体形状仍为六边形（中央绘有斜线的小六边

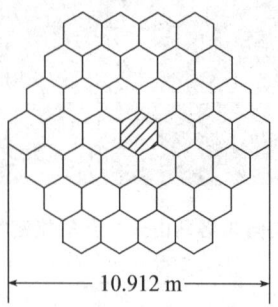

10.912 m

图5.10　凯克反射望远镜镶拼方案示意图[①]

[①] 宣焕灿，萧耐园. 图解天文学[M]. 南京：南京大学出版社，2010.

形是空洞),每块镜面的厚度仅为10厘米,镶拼而成的大镜面比5.08米大望远镜的主镜还轻。整个镜面最大直径为10.912米,因而该望远镜被称为凯克10米反射望远镜。

为克服重力形变和热形变造成的镜面形变,凯克望远镜设置了一套计算机控制系统,随时测知镜面的形变,并在薄镜面的背后安装了一组促动器,控制系统随时指令不同部位的促动器改正形变,使镜面始终保持在最佳工作状态。这种技术称为主动光学技术。

凯克反射望远镜还采用了自适应光学的技术,即通过计算机实时检测受气流扰动而变形的光波球形波阵面(光波振动相位相同的点构成的面),并与理想波阵面进行比较,将发现的差异进行实时纠正,从而使大气湍流对成像质量的不良影响降至最低。

"凯克1号"和"凯克2号"之间的距离为85米,两者不仅每个都可以在光学波段和红外波段独立进行观测,而且还可以用预定波长的单色光对同一天体进行干涉测量,这时两台望远镜就变成了一台光学干涉仪或红外干涉仪(图5.11),它将具有口径85米(两望远镜的距离)的望远镜的小分辨角,而收集光的能力则相当于一台口径14米的大反射望远镜。

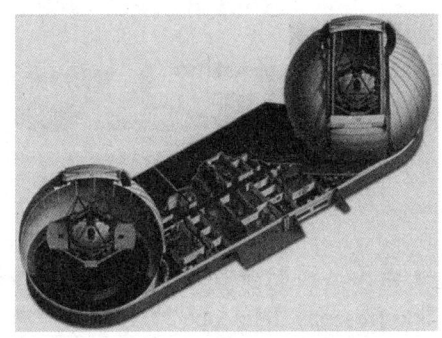

图5.11 两台凯克望远镜正在对同一天体进行干涉测量(来源:凯克天文台)

"凯克1号"和"凯克2号"建成后不久,超大型反射望远镜如雨后春笋般涌现出来,其中最著名的是由欧洲8个国家共同经营的欧洲南方天文台在智利北部帕瑞纳山建造的4台甚大望远镜,每台口径8.2米,它们以50米的间距一字排开(图5.12)。这4台望远镜在1999—2000年先后落成。除此之外,在1999—2005年,世界各国建成的口径大于8米的超大型反射望远镜还有5、6台之多。其中有的是镶拼式物镜,有的是单块型大物镜。它们的共同特点是都有厚度很薄的物镜,采用主动光学和自适应光学这两种最新技术。

(a) 望远镜阵　　(b) 望远镜阵的一个单元

图5.12 欧洲南方天文台8米甚大望远镜(来源:ESO)

12. 凯克望远镜的极限星等是 （ ）

A. 25.4^m

B. 24.3^m

C. 23.2^m

D. 22.1^m

解析：(1) 计算凯克望远镜的有效集光面积 S。整块物镜的反射面由 36 块正六边形组成，每块的对角直径为 1.8 m，即边长为 0.9 m。它可划分为 6 个相等的正三角形，每个正三角形的面积为 $1/2×9×9\sin60°=0.35074$（m²）；每块正六边形的面积为 $0.35074×6=2.1044$（m²）；共 36 块，$S=2.1044×36=75.76$（m²）。(2) 求凯克望远镜的等效口径 D。$S=1/4\pi D^2$，$D=\sqrt{4S/\pi}=\sqrt{4×75.76/3.1416}=\sqrt{96.46}=9.821$（m）。可见，凯克望远镜的有效集光面积与 10 m 的圆形镜面相近。(3) 求极限星等 m_1。应用 (5.4) 式 $m_1=2.1^m+5^m\lg D=2.1^m+5^m\lg 9821=2.1^m+5^m×3.99=22.1^m$。

答案：D。

*****13.** 我国的郭守敬望远镜的英文名字是什么？ （ ）

A. FAST

B. LAMOST

C. AST

D. WFST

解析：LAMOST 的原名是大天区面积多目标光纤光谱望远镜，这是其英文名称"Large Sky Area Multi-Object Fiber Spectroscopy Telescope"的缩写词。郭守敬（1231—1316）是我国元代著名的天文学家，他的主要贡献有：(1) 创制了《授时历》，这是我国古代最精确的历法，在至元十八年（1281 年）颁行；由于明代的《大统历》实际上只是《授时历》的改编版，所以《授时历》实际行用了 364 年。(2) 主持了一次大规模的天文大地测量，设立的测站达 27 个，"东至高丽，西极滇池，南逾朱崖，北尽铁勒"。(3) 建造了元观星台，即现存的登封测景台。创制了多种天文仪器，如把浑仪的赤道坐标环组和地平坐标环组分解为赤道装置和地平装置两个独立的部分，从而创造了简仪；发明了专门用于观测太阳位置的仰仪。(4) 测定了恒星位置，编制成《三垣列舍入宿去极集》，其中绘有 1 375 颗恒星的星图，给出了 739 颗的坐标。

答案：B。

知识扩展

中国的 LAMOST

LAMOST（郭守敬望远镜，大天区面积多目标光纤光谱天文望远镜）是一架新类型的大视场兼备大口径望远镜。它是由反射施密特改正板 M_A（大小为 5.72 米×4.40 米，由 24 块对角线长 1.1 米、厚度为 25 毫米的六角形平面子镜组成）、球面主镜 M_B（大小为 6.67 米×6.05 米，由 37 块对角线长为 1.1 米、厚度为 75 毫米的六角形球面子镜组成）和焦面构成。球面主镜及焦面固定在地基上，反射施密特改正板作为定天镜跟踪天体的运动，望远镜在天体经过中天前后时进行观测。天体的光经 M_A 反射到 M_B，再经 M_B 反射后成像在焦面上。焦面上放置的光纤，将天体的光分别传输到光谱仪的狭缝上，然后通过光谱仪后的 CCD 探测器同时获得大量天体的光谱。LAMOST 应用薄镜面主动光学加拼接镜面主动光学技术,在曝光1.5小时内可以观测到暗达20.5等的天体,使其成为大口径兼大视场光学望远镜的世界之最。同时,采用并行可控的光纤定位技术,在5°视场、直径为1.75米的焦面上放置4 000根光纤,可同时获得4 000个天体的光谱,使其成为世界上光谱获取率最高的望远镜。

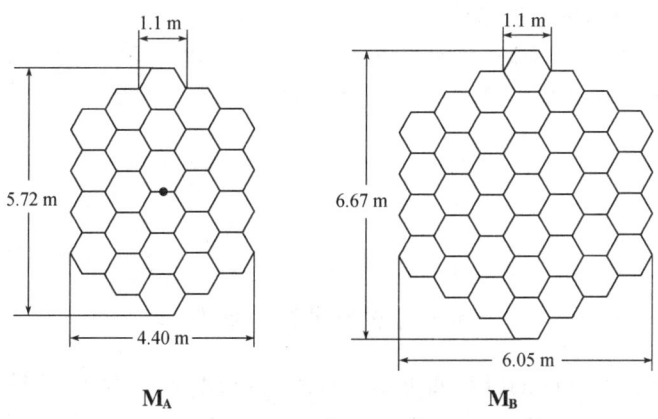

图 5.13　LAMOST 的主镜 M_A 和副镜 M_B 示意图[①]

2008年10月,LAMOST 在中国国家天文台兴隆观测站落成。图 5.14(a)展示了 LAMOST 望远镜的光学系统。它的各部分分别安装在南北方向上40多米一字排开的三幢大楼上:M_B 镜和 M_A 镜分别位于最南端一幢10层楼和最北端一幢5层楼的顶部,装有4 000根光纤的成像焦平面位于两幢楼之间正中位置的一幢8层楼的顶部。焦平面上每个光纤头都能在两个方向转动,以便能对准选定天区的约4 000颗恒星中的一颗,所获得的星光分别传输到16台光谱仪中。利用先进的光谱成像技术,每台光谱仪可同时获得250颗恒星的光谱。LAMOST 的建筑物外景如图 5.14(b)所示。

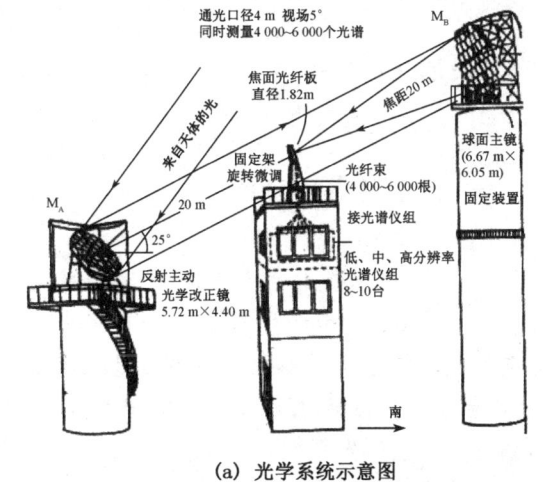

(a) 光学系统示意图　　　　　　　　　　(b) 外景图

图 5.14　中国的 LAMOST 望远镜[②]

[①] 宣焕灿,萧耐园.图解天文学[M].南京:南京大学出版社,2010.
[②] 宣焕灿,萧耐园.图解天文学[M].南京:南京大学出版社,2010.

14. 为探测到红外天体,需要对红外望远镜采取的主要措施是　　　　（　　）
　　A. 增大望远镜的口径以提高极限星等
　　B. 缩短望远镜的焦距以提高底片比例尺
　　C. 增大望远镜的口径并缩短望远镜的焦距以提高光力
　　D. 使红外探测器保持低温

解析: 红外天体的温度不高,处于常温下的仪器设备的温度辐射和天空发出的背景辐射常常可以把红外天体掩盖掉。因此,在地面上探测和搜寻红外天体,必须让红外探测器保持低温。

答案: D。

知识扩展

地面上的红外探测概述

某些特定的小波长区间的红外光可以穿过大气,被地面上的红外望远镜探测到。地面红外探测通常使用口径较大的卡塞格林式反射望远镜,将镜筒内表面等部位涂黑,以减少散射光,而且还采取了有助于减少仪器辐射和环境辐射的种种改进方法。

红外探测选用在低温条件下灵敏度很高的红外探测器,将这些探测器置于由液氮或液氦作为致冷剂的绝热容器中;容器装备着高透射率的保护窗。让探测器在低温下工作正是为了抑制环境和仪器的辐射,让它们不致影响对天体的红外探测。

为了避免天空红外背景辐射的掩盖,可采用"红外调制技术",即让卡塞格林望远镜的副镜以每秒 5～10 次的频率晃动,视场中时而出现被探测红外天体与天空红外背景辐射的复合信号,时而只有后者的信号,于是红外天体变成了交变信号,而天空背景则成为不变信号,采用适当的电路便可将红外天体的信号分离出来,从而探测到该红外天体。

*15. 我国被称为"天眼"的望远镜的工作波段是以下哪一个?　　　　（　　）
　　A. 射电波段
　　B. 红外波段
　　C. 可见光波段
　　D. 紫外波段

解析: 2016 年 9 月,我国在贵州省平塘县一个喀斯特地貌的巨大洼坑中,建造成一台口径 500 米的射电望远镜(Five-Hundred-Meter Aperture Spherical Radio Telescope),简称 FAST,俗称"天眼",用以接收来自天体的射电波。现在它是世界上最大的固定球面射电望远镜。射电望远镜的集光本领和分辨本领与光学望远镜相似,都随着口径的增大而增大,因此 FAST 已探测到很多遥远的微弱射电源,获得了大量新发现。

答案: A。

知识扩展

许多天体辐射的电磁波能量在可见光波段的范围之外,例如星际空间的冷气体云几乎不发射可见光而辐射大量射电波。还有许多"射电源"实际上是多种类型的天体,它们有的非常遥远,除射电波以外的波段的信号极其微弱;有的深藏在星云内部,除射电波以外的波段的辐射被星云物质吸收。为了观测它们,天文学家使用射电望远镜,这是类似于接收卫星电视信号的整套设备,但灵敏度要高得多。

单天线射电望远镜

射电望远镜是探测天体射电辐射的基本设备。它主要由天馈系统、接收系统和记录显示系统三部分组成(图5.15)。天馈系统类似光学望远镜中的物镜,它由天线和馈源构成,两者分别用于会聚和收集天体的射电辐射,经传输系统送入接收系统;接收系统对微弱的射电信号进行处理、放大并将其转换成可供显示的信息;最后,由记录显示系统反映出获得的结果。

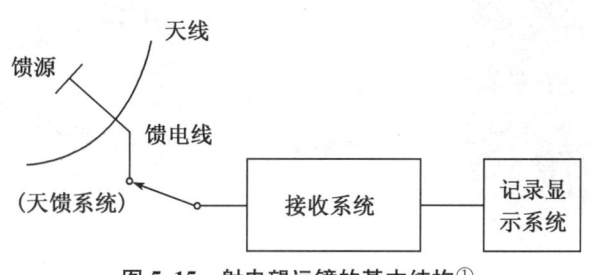

图 5.15　射电望远镜的基本结构[①]

天线的类型有多种,其中最简单的是单个曲面的天线。单天线射电望远镜中的一种重要类型是可跟踪的抛物面天线射电望远镜,它的天线能绕两个互相垂直的轴转动以便对向天空任何方向,并能跟踪射电源的周日视运动。

表征射电望远镜的性能也有一组指标,它们的确切定义涉及较多专业知识,在此不能一一介绍。如灵敏度,一般指射电望远镜可探测的最小辐射流量。又如分辨角,对于简单天线,类似于(5.5)式,能表达为:

$$\theta = 1.02\lambda/D \tag{5.8}$$

式中 λ 和 D 分别为工作波长和天线直径。射电波的波长比可见光长得多,因此同样口径的射电望远镜比光学望远镜的分辨角也大得多,即分辨本领很差。

探测宇宙中微弱的射电源,必须采用口径尽可能大的射电望远镜。目前世界上最大的可跟踪抛物面射电望远镜是2000年在美国格林班克天文台建成的,天线口径100米×110米(略显椭圆)。天线一侧竖立一根巨大的支撑架,顶端位于天线抛物面的焦点处,那里装有接收射电波的馈源(图5.16)。与不同的接收系统相配合,它可以探测波长3毫米~3米的射电辐射。

单天线射电望远镜中另一种重要的类型是大型

图 5.16　美国的格林班克抛物面射电望远镜

(来源:美国国立射电天文台)

---

① 宣焕灿,萧耐园.图解天文学[M].南京:南京大学出版社,2010.

的固定球面射电望远镜。1963年,在美国阿雷西博建成了这样一台望远镜(图5.17),球面天线的口径为305米,后来经改建增大到366米。该天线利用天然地形安置在一个山谷里,它静止不动地指向天顶,其上空悬挂着一个可转动和可移动的线馈源。

FAST的口径为500米,观测实时使用的区域是一个直径为300米的球面,随着天体的周日视运动,这个区域将在这500米的大球面上移动(图5.18)。它的球面形状采用类似于主动光学的主动反射面技术,能实时地把探测目标所用到的那部分球面变成抛物面,而馈源也能实时地同步移动。正是采用这一技术,FAST可以探测到天顶四周40°范围内的微弱射电源。用不同的接收系统,FAST可以在波长10厘米~4.3米范围内进行探测。

(a) 全景图(来源:FAST)

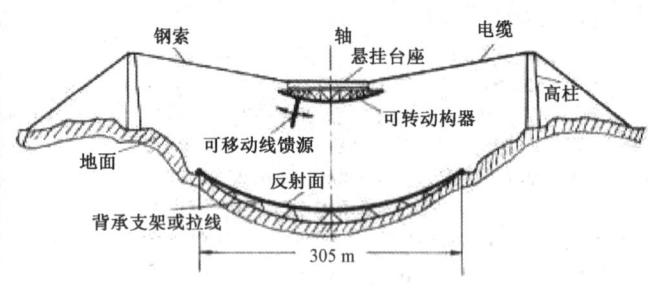

(b) 结构示意图①

图5.17 阿雷西博固定球面射电望远镜①

图5.18 FAST固定球面射电望远镜(来源:FAST)

16. 一架光学望远镜的口径为10厘米,一架射电望远镜的工作波长为5厘米,要求这架射电望远镜的分辨率与这架光学望远镜相同,则射电望远镜的口径应是 ( )

A. 7.6米

B. 76米

C. 760米

D. 7 600米

解析: 据(5.5)式,取 $\lambda=5.5\times10^{-7}$ m,$D=1\times10^{-1}$ m,算得光学望远镜的分辨角 $\theta=1.22\times5.5\times10^{-7}/1\times10^{-1}=6.71\times10^{-6}$(弧度)。据(5.8)式,取 $\lambda=5\times10^{-2}$ m,计算射电望远镜的口径 $D=1.02\times5\times10^{-2}/6.71\times10^{-6}=7.6\times10^{3}$ m。由此可见,如果射电望远镜

---

① 宣焕灿,萧耐园.图解天文学[M].南京:南京大学出版社,2010.

的口径太小,其分辨角将很大,即分辨本领很低。

答案:D。

*17. 2019 年 4 月 10 日 21 时,黑洞"事件视界望远镜"(EHT)合作组织宣布人类历史上第一张黑洞照片问世。黑洞的照片是用射电望远镜拍摄的,对射电望远镜最突出的要求是 ( )

A. 分辨本领

B. 灵敏度

C. 放大率

D. 信号传输效率

解析:这次发布的是 M87 星系中心黑洞的照片。这个黑洞视界直径约 360 亿千米,相当于 6 个冥王星到太阳的距离,它距离地球约 5 500 万光年,角直径约为 $7.6 \times 10^{-6}''$,但黑洞周围高温吸积盘内边界的角直径相应为 $(3.7 \sim 4) \times 10^{-5}''$。要对黑洞成像,需要用甚长基线干涉测量技术,在毫米和亚毫米波段进行。若基线长度为 1 万千米(略小于地球直径),可获得约 $2.1 \times 10^{-5}''$ 的分辨角,此值虽大于黑洞视界的角直径,但小于吸积盘内边界的角直径,仍可拍到内边界衬托出的黑洞的形象(如下图所示)。由此可见,拍摄黑洞的照片要求望远镜有极高的分辨本领。

图 5.19 人类首次直接拍摄到的黑洞照片

(来源:EHT 合作组织)

答案:A。

知识扩展

从双天线干涉仪到甚长基线干涉测量网

为了对射电源进行精确定位和提高空间分辨本领,射电干涉仪应运而生,其中最简单的是由两个相同天线组合而成的双天线干涉仪。它们在同一频率(同一波长)上接收同一射电源发出的射电信号,可获得信号的干涉图形,如图 5.20 所示。双天线干涉仪的分辨本领等同于口径为距离 AB 的大射电望远镜的分辨本领。为了进一步提高空间分辨率,并增加接收信号的强度,之后又出现了多面天线一字形排开的多天线干涉仪。

20 世纪 60 年代后期诞生的甚长基线干涉仪,其基线可达数千千米甚至上万千米,不必使用电缆连接,只需进行干涉测量的天线在同一时间、采用同一工作波长探测同一射电源便可。在这些条件下把射电信号记录在磁带上,再把每两个天线探测到的信息一起送入处理机进行相关运算,就可以获得干涉结果(图 5.21)。干涉仪的各个天线都借助于精度极高的氢原子钟进行时间比对,以便在探测过程中完全达到时间同步。

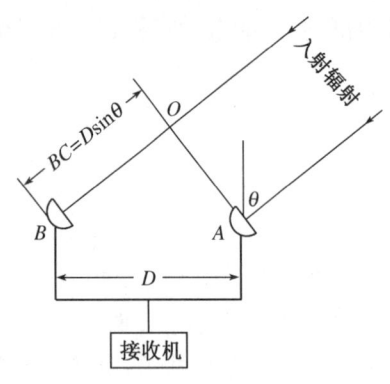

图 5.20 双天线干涉仪示意图

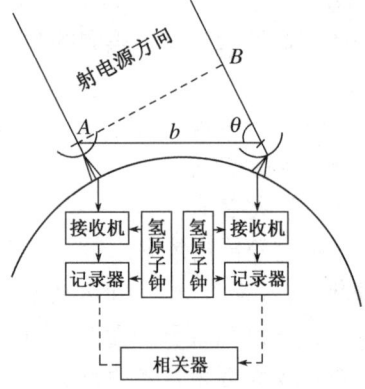

图 5.21 甚长基线干涉仪示意图

在同一直线上的干涉仪只能提高一维的分辨率,要提高射电源二维的分辨率,必须采用二维分布的干涉仪或甚长基线干涉仪,更进一步的是采用甚长基线干涉测量网。例如,我国上海天文台(图 5.22)的 65 米口径的射电望远镜和乌鲁木齐天文站的 25 米口径的射电望远镜都加入了欧洲甚长基线干涉测量网(图 5.23)。采用这样的探测技术,再加上射电望远镜分布的网络如此宽广,人们已可以获得 0.001″的超高分辨率,这比地面上光学观测所能获得的最高分辨率更高。

图 5.22 上海天文台 65 米射电望远镜

图 5.23 欧洲甚长基线干涉测量网射电望远镜的分布[1]

---

[1] 温学诗,吴鑫基. 观天巨眼——天文望远镜的 400 年[M]. 北京:商务印书馆,2008.

射电成像技术

早年射电探测的一个重要缺陷是只能获得一维射电信号,但随着综合孔径射电望远镜的发明,已能获得射电源的像。其成像原理为:A 和 B 两天线,A 位于地面上一个等效大天线的圆心,而 B 则以较小的间隔距离在这个等效大天线的所有位置上与 A 先后进行干涉测量。将所有干涉测量的资料输入电子计算机进行处理,获得待测射电源亮度的二维分布,进而获得待测射电源结构的"照片"。实际工作中,为提高效率往往是用很多固定的和若干移动的天线互相干涉测量。上述射电成像的原理是英国射电天文学家赖尔于 1971 年提出来并实现的,他因此获得 1974 年诺贝尔物理学奖。

目前世界上最大的专用综合孔径射电望远镜是 1980 年在美国建成的甚大阵(图 5.24),它座落在美国新墨西哥州的一个荒原上,由 27 面口径 25 米的可移动抛物面天线组成,分别安置在呈 Y 形的 3 条 20~21 千米长的叉臂上,每条臂上放 9 面天线,使用其最短工作波长 0.7 厘米时,最小分辨角可达 0.05″,优于地面上大型光学望远镜的分辨角。

图 5.24　美国的甚大阵综合孔径射电望远镜
(来源:美国国立射电天文台)

为了拍摄黑洞照片,包括中国在内的十几个国家和地区的 200 多名科学家组成了合作计划。参加观测的射电望远镜包括位于西班牙、美国亚利桑那州、墨西哥和南极阿蒙森·斯科特观测站的各 1 台射电望远镜,以及位于美国夏威夷和智利阿塔卡马的各 2 台射电望远镜,共 8 台大型射电望远镜(图 5.25)。这些望远镜组合起来,形成了一个口径等效于地球直径的巨型综合孔径射电望远镜,称为事件视界望远镜。它所具有的分辨本领是前所未有的,能够看清放在月球上的一个核桃。

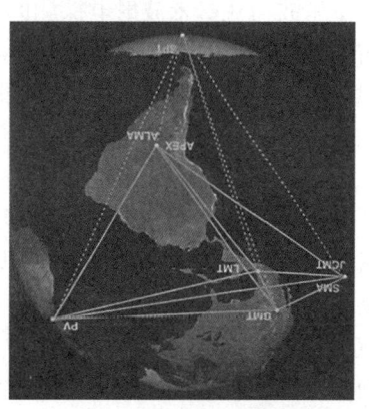

图 5.25　组成事件视界望远镜的台站分布[①]

---

① 路如森,左文文. 黑洞的第一张照片[J]. 天文爱好者,2019,(5):34.

*18. 下列哪个发现不属于60年代射电天文学四大发现之一？　　　　　　（　）

　　A. 类星体
　　B. 高速自转的中子星
　　C. 星际分子
　　D. 宇宙背景辐射

解析：在广漠的星际空间弥漫着星际物质，其中大量的是单质（如氢和氦）的原子、离子和分子，但是也有一些化合物的分子。1937年，美国威尔逊山天文台在星际物质的光谱中，发现了甲川分子（CH）的谱线，后来又陆续发现了氰基分子（CN）和甲川离子（CH^+）的谱线。1969年，美国天文学家斯奈德利用口径43米的射电望远镜在射电源人马座 B_2 背景上探测到甲醛分子（H_2CO）的6.21厘米的射电辐射，从而发现了星际甲醛分子。这是第一个被发现的星际有机分子。由此可见，星际分子早在30年代已被发现，作为60年代射电天文学四大发现之一的是星际有机分子。

答案：C。

知识扩展

毫米波和亚毫米波的射电探测

　　20世纪60年代，人们相继发现了星际羟基（OH）分子、星际氨（NH_3）分子、星际水（H_2O）分子和星际甲醛（H_2CO）分子，特别是1969年发现的甲醛分子是星际空间中发现的第一个有机分子，它成了20世纪60年代四大天文发现之一（另外三大发现是类星体、宇宙背景辐射和射电脉冲星）。20世纪70年代以后，新的发现更是络绎不绝，迄今发现的星际分子已有一百多种，其中绝大多数是星际有机分子。这些星际分子的谱线大部分位于射电波的毫米波段（波长1～10毫米）或亚毫米波段（波长0.35～1毫米），于是射电天文学中的毫米波和亚毫米波天文学便迅猛发展起来。

　　毫米波与亚毫米波射电探测的另一重要任务是以已知的星际分子的谱线为探针，深入宇宙深处。典型的事例是，在星际空间广泛存在的一氧化碳（CO）分子，发出波长为2.60毫米、1.30毫米和0.87毫米等的谱线辐射，在这些谱线上进行毫米波和亚毫米波的射电探测，现已获得有关银河系中的暗星云、电离氢区、星周物质、银河系核心以及河外星系的大量信息。

　　毫米波和亚毫米波射电探测存在两方面的困难：一是这类望远镜的天线，其表面的精度通常要求达到工作波长的1/20，所以制作它们并在实际动态观测中保持精度比较困难；二是易于受地球大气中氧和水汽的影响，所以毫米波与亚毫米波的射电探测必须选择大气中水汽含量小而稳定的台址。大气中水汽的含量随海拔高度的增加而递减，因此前者往往选在海拔2 000米以上的山上，而后者往往选在海拔4 000米以上的高山上。

第6章 恒星

> 世界上有两样东西能够深深地震撼人们的心灵,一是我们头顶上璀璨的星空,二是我们心中崇高的道德准则。
>
> ——康德

夜晚的繁星是人类认识深空和宇宙最初的引路灯。其中绝大多数是天文学上称为恒星的天体,这是一类由炽热等离子体气体构成,自身能发光,成为球状或类球状自引力束缚系统的天体,也是目前人类认识最清楚,相关理论体系最完备的天体之一,因而是宇宙信息最重要的传播媒介。

1. 恒星最重要的特征是它的下列参数　　　　　　　　　　　　　　　(　　)
    A. 质量
    B. 光度
    C. 亮度
    D. 半径

解析: 本题涉及恒星参数和恒星演化的知识。决定恒星的体积、光度、表面温度、寿命等性质的关键参数是质量,它是恒星结构和恒星演化的决定性因素。一颗正常的恒星,质量越大,体积越大,光度和表面温度越高,但寿命却越短。

答案: A。

*__2.__ 1837 年,德国天文学家贝塞尔测得其视差的恒星是　　　　　　　　(　　)
    A. 半人马 α
    B. 天鹅 61
    C. 织女星
    D. 天狼星

解析: 贝塞尔利用精密测定天球上角距离的望远镜测量了天鹅 61 的视差。之所以选择这颗恒星是因为它有当时所知的最大自行,因而可能很近。贝塞尔选择了其附近两颗更暗淡的恒星作为参照星,仔细地测量了天鹅 61 相对于它们的位移,测得天鹅 61 的视差为 $0''.31$。

答案: B。

*__3.__ 第一个发现恒星自行的学者是　　　　　　　　　　　　　　　　　(　　)
    A. 哈雷
    B. 卡西尼
    C. 贝塞尔
    D. 开普勒

解析: 1717 年英国天文学家哈雷把当时所测定的恒星位置与刊载在托勒玫《天文学大

成》上由古希腊天文学家测定的相应位置加以比较,发现天狼(大犬α)、大角(牧夫α)、南河三(小犬α)等星的位置有变化,是它们的运动导致了它们在天球上的位置变化,这种变化称为自行。

答案：A。

知识扩展

恒星的特征参数

恒星的特征参数包括恒星的位置、年龄、亮度、光度、磁场、温度、颜色、大小(半径)、质量、密度、距离、光谱类型、元素丰度(即成分)、空间运动(自行)或公转的速度、自转速度等。有了这些参数,我们就可以一一认证恒星,并能大致推测它的内部结构和目前所处的演化阶段。就如现在的人脸识别系统一样,根据人脸的特征器官,推测人的年龄、性别、情绪等。所有这些参数中,质量是最重要的特征参数。下面将择要介绍一些参数。天文学家常用太阳的相应参数作为单位来衡量其他恒星。例如,太阳质量 $M_\odot=1.989\times10^{30}$ 千克,太阳光度 $L_\odot=3.828\times10^{26}$ 瓦特,太阳半径 $R_\odot=6.957\times10^5$ 千米,某颗恒星的质量 M、光度 L 和半径 R 常用 $M=n_1M_\odot$,$L=n_2L_\odot$ 和 $R=n_3R_\odot$ 来衡量,等等。

(1) 质量。从理论上判断,恒星的质量不能太小,若太小了,星体内部温度达不到点燃热核反应所需的最低值,星体不发光就不能成为恒星,理论上质量不能低于 $0.05M_\odot$;恒星的质量也不能太大,若太大了,星体很不稳定,活动非常剧烈,会导致激烈的爆发和大量抛射物质,理论上质量不能超过 $150M_\odot$。从已经测定了质量的恒星来看,大多数恒星的质量在 $0.07M_\odot$ 至 $60M_\odot$ 之间。恒星在光度和直径方面的差别很大,但是质量的差别要小得多。

(2) 年龄。多数恒星的年龄介于 10 亿年至 100 亿年之间。有些恒星的年龄甚至接近于宇宙年龄(138 亿年)。恒星的质量越大,寿命越短,因为其内部压力太大,导致核反应加速进行。因此,最大质量的恒星的寿命只有数百万年,而最小质量的恒星寿命可达数十万亿年。

(3) 大小。要测量恒星的大小必须测定恒星的角直径和它的距离。恒星的角直径非常小。现在已知角直径最大的恒星是剑鱼 R,视角直径仅为 $0''.057$。在望远镜的视场里,恒星显示为一个光点,却显示不出可测量的圆面。现在有一些直接测量的方法,也能由理论推算。恒星半径分布的范围很宽,最小的中子星半径在 10～20 千米,最大的如参宿四(猎户α)半径达 $1\,000R_\odot$。

(4) 密度。知道了恒星的大小和质量,就可计算出恒星的平均密度。恒星的平均密度差别很大。例如太阳的平均密度为 1.4×10^3 千克/立方米,在恒星中处于中等地位。白矮星、中子星等致密天体的平均密度极高,中子星的平均密度可达 2×10^{17} 千克/立方米。在另一极端,巨星和超巨星的密度则非常低。例如红超巨星参宿四的平均密度为 10^{-4} 千克/立方米,只及地球表面空气密度的万分之一。

(5) 亮度。我们在观察恒星的时候,会发觉有的明亮,有的暗淡。我们用"亮度"这个术语来描述我们直观上感觉到的明亮程度,实际上指的是在单位面积、单位时间内接收到的来自恒星的能量,即"照度"。即使最亮的恒星,也十分暗淡,如果我们用通常用的照度单位去计量它们,数值极其微小,那是很不方便的。天文学上用"视星等"(简称"星等",用 m 表示)

来计量恒星的亮度。星等以在地球大气层外的照度来衡量,规定每差五个星等,其照度相差 100 倍,故相邻两星等的照度的倍比关系为 $\sqrt[5]{100} = 2.512$ 倍。星等越高则照度越弱,比零星等亮的为负星等。下表是几个典型天体的星等。

表 6-1　典型天体星等表

天体	星等
太阳	-26.73^m
满月	-12.5^m
金星(最亮时)	-4.3^m
天狼星	-1.42^m
织女星	$+0.026^m$

设两颗恒星的星等分别为 m_1 和 m_2,它们的亮度(即照度)相应为 E_1 和 E_2,那么星等与亮度之间满足下列关系:

$$m_1 - m_2 = 2.5 \lg(E_2/E_1) \tag{6.1}$$

其中 lg 表示以 10 为底的常用对数。请注意,亮度增大,星等减小。

(6) 光度。恒星的发光能力称为光度。光度是天体整个表面在单位时间内辐射的总能量。它是恒星本身固有的、衡量其辐射本领的量,与观测者的感觉无关。光度(用 L 表示)的单位是瓦(W),即功率单位。恒星的亮度并不真正代表光度。恒星的亮度还与恒星离地球的距离有关,也受星际消光、大气消光等多种次要因素的影响。一颗光度很高的恒星可能因距离较远显得暗淡;反之,一颗光度很低的恒星则可因距离较近显得明亮。事实上,恒星的亮度与它的光度成正比,而与它的距离的平方成反比。设一颗恒星的光度为 L,距离为 r,我们感觉到它的亮度(以照度表示)为 E。则有:

$$E \sim \frac{L}{r^2} \tag{6.2}$$

(7) 距离。图 6.1 展示地球环绕太阳旋转,图中 S 为太阳,A 为一颗恒星,$AS \perp$ 地球轨道面。设在某瞬时,地球位于轨道上 E_1 的位置,半年后到达 E_2。$E_1 E_2$ 是地球轨道的直径。以 $E_1 E_2$ 为基线,$\angle E_1 A E_2$ 定义为恒星 A 的视差角。在天文学上专门给出了"恒星视差"的定义:以太阳到恒星的距离 r 为斜边,以地球和太阳的平均距离 a 为小边的那个直角三角形中,以恒星为顶点,令 $\angle E_1 AS = \angle SAE_2 = \pi$,称 π 为恒星视差。显然,r 与 π 之间的关系为:

$$r = \frac{a}{\sin \pi} \tag{6.3}$$

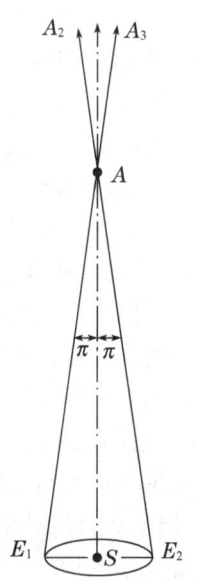

图 6.1　恒星视差示意图[①]

---

① 宣焕灿,萧耐园. 图解天文学[M]. 南京:南京大学出版社,2010.

由于 π 角很小,可以用它的弧度数代替正弦值。通常 π 以角秒为单位,并记为 π''。又由于 1 弧度 $=206\,265''$,并取 $a=1\mathrm{AU}$,则(6.3)式变为:

$$r = \frac{206\,265}{\pi''}\,\mathrm{AU} \tag{6.4}$$

量度恒星距离若用天文单位 AU 表示则还是太小,通常使用的是下列两种单位:光年(l. y.),即光线在真空中传播 1 年经过的距离;秒差距(pc),即恒星视差 $\pi''=1''$ 时相应的距离。这些单位之间的换算关系为:

$$1\ \mathrm{l.\,y.} = 0.306\,595\ \mathrm{pc} = 63\,239.7\ \mathrm{AU} = 9.460\,53\times 10^{12}\ \mathrm{km}$$
$$1\ \mathrm{pc} = 3.261\,63\ \mathrm{l.\,y.} = 206\,265\ \mathrm{AU} = 3.085\,68\times 10^{13}\ \mathrm{km}$$

显然,恒星的距离若以 pc 为单位,与恒星视差之间有下列简单的关系式:

$$r = \frac{1}{\pi''}\,\mathrm{pc} \tag{6.5}$$

(8) 绝对星等。为了比较不同恒星的光度,设想把所有恒星都"移到"同一个距离上,然后比较它们的视星等。从(6.2)式可见,在同一距离上,恒星的光度与其亮度成正比。这个距离规定为 10 pc(恒星视差为 $0.1''$ 的距离)。恒星在这个"标准距离"上的视星等称为绝对星等,以大写字母 M 表示。天文学上在应用光度的场合,往往用绝对星等表示光度。例如,太阳的绝对星等 $M_\odot = 4.75^\mathrm{m}$(注意这里与太阳质量用了同一个符号,要根据上下文区别)。

已知一颗恒星的绝对星等 M、距离 r(以 pc 为单位)、视星等 m,则有:

$$M = m + 5 - 5\lg r \tag{6.6}$$

利用(6.5)式把 r 换成 π'',便得:

$$M = m + 5 + 5\lg \pi'' \tag{6.7}$$

(9) 运动。恒星在宇宙空间是运动的,只是由于距离遥远,即使经历成千上万年,它们的位移与距离相比还是小到可以忽略,不借助特殊的工具和方法难以发现它们的运动,故古人称它们为恒星(即恒定不动的星)。测量恒星相对于太阳的运动,能获得关于恒星的起源和年龄,以及银河系结构和演化的信息。

恒星的空间运动速度分成两个分量:一个在视线方向,称为视向速度;另一个与视线方向垂直,称为切向速度。恒星视向速度可根据物理学中的多普勒效应,通过对恒星的光谱分析求得。当恒星向我们接近时,光谱向蓝端移动(简称"蓝移",即光波的波长变短),而恒星远离时光谱向红端移动(简称"红移",即光波的波长变长)。对于近距离的恒星来说,视向速度通常为几十千米/秒。远距离的河外星系,包括类星体,随宇宙膨胀以很大的速度远离我们,也能在它们的光谱中测量出很显著的红移量。

恒星位置在天球上的变化称为自行,用恒星每年在天球上移动的角度来表示,单位为角秒/年。恒星自行是其空间运动的切向速度在天球上的投影。自行最大的恒星是蛇夫座里的巴纳德星,$\mu = 10.31''$/年。切向速度可由测量恒星的自行和距离求得。对于近距离的恒星来说,切向速度一般为几十千米/秒。

4. 如果 A 星的视星等是 1^m，B 星的亮度是 A 星的 1/100，以下哪个说法是正确的?

( )

A. B 星的视星等是 $+4^m$

B. B 星的视星等是 $+5^m$

C. B 星的视星等是 $+6^m$

D. B 星的视星等是 $+7^m$

解析：本题涉及恒星视星等的计算。应用(6.1)式给出的恒星视星等的计算公式，式中 $m_1 = m_A = 1$，$m_2 = m_B$，$E_2/E_1 = E_B/E_A = 1/100$，可得 $m_B = 6$。

答案：C

*5. 某爱好者观测一颗视星等为 5^m 的恒星，已知它离地球的距离为 326 光年，这颗恒星的绝对星等是

( )

A. 5^m

B. 0^m

C. -5^m

D. 2.5^m

解析：326 光年是 100 秒差距，应用(6.6)式计算即得答案。

答案：B

*6. 已测得恒星 A 距离 50 光年，恒星 B 距离 100 光年，B 星的视星等比 A 星大 1 等，那么比较它们之间的光度，结果是

( )

A. A 星的光度比 B 星大

B. A 星的光度与 B 星相等

C. A 星的光度比 B 星小

D. 不可能存在这样的恒星

解析：若 A 星与 B 星光度相等，从距离来说 A 星的亮度应是 B 星的 4 倍，但实际上 A 星的亮度只是 B 星的 2.512 倍，可见 A 星的光度比 B 星小。在这么遥远的距离上有无数颗恒星，在其中应能找到这样的实例。

答案：C。

7. 在我们看来，太阳是一颗黄色恒星，心宿二(又名大火，天蝎 α)是一颗红色恒星，把它们的表面温度做比较，结果是

( )

A. 太阳的表面温度高于心宿二

B. 心宿二的表面温度高于太阳

C. 两者的表面温度几乎相等

D. 两者的表面温度无法比较

解析：根据恒星的光谱型可以确定其表面温度。太阳的光谱型是 G2，其表面温度为 5 770 开，心宿二的光谱型是 M1，其表面温度为 3 660 开。

答案：A。

8. 历史上第一个提出恒星光谱分类的学者是

( )

A. 哈根斯

B. 基尔霍夫

C. 赫茨普隆

D. 塞奇

解析：1863年起，意大利天文学家塞奇研究了全天400颗较亮恒星的光谱，1868年提出了一种将它们分成4类的塞奇分类法：第Ⅰ类是白色星，第Ⅱ类是黄色星，第Ⅲ类是橙色和淡红色星，第Ⅳ类是一些暗红色星。

答案：D。

*9. 光谱的摩根-基南二元分类法中引入了光度级，从Ⅰ级到Ⅶ级，请判断：下面4句话中哪一句是正确的？ （　　）

A. 光度级只涉及恒星的光度，与恒星的体积无关

B. 按照光度级的分类，所有的主序星都属于Ⅴ级，它们都是矮星

C. 有些早型主序星被称为蓝巨星，因此B项不成立

D. 所有称为矮星的天体本质上是一致的

解析：恒星的光度大，主要原因是表面积大，即体积大。光度级从Ⅰ级到Ⅶ级，恒星的光度逐级减小，相应地，体积也减小。确有一些早型主序星（Ⅴ级）被称为蓝巨星，但它们与相同温度（相同光谱型）的亚巨星（Ⅳ级）或巨星（Ⅲ级）等相比，体积要小得多，因而光度也低得多，在这个意义上蓝巨星还是属于矮星。白矮星是小质量恒星演化到晚期核心坍缩的产物，已没有核反应，本质上与主序星完全不同。

答案：B。

知识扩展

恒星的光谱

各种恒星的光谱都显示为一定的连续光谱并叠加有吸收线。简单地说，恒星大气的底层温度高而稠密，产生连续光谱；上层温度较低而稀薄，其中的原子和分子在特定的波长上吸收了底层的辐射，产生了吸收线。恒星的光谱堪称恒星的DNA，它蕴含着恒星各种特性的丰富信息。分析恒星光谱可以直接或间接地确定恒星大气的化学成分、表面温度、压力、光度、直径、质量、磁场，也能借以研究恒星的自转和视向速度，以及测定恒星的分光视差。

19世纪末至20世纪初，美国哈佛大学天文台拍摄了成千上万颗恒星的光谱，对它们进行了分类。恒星按表面温度从高到低的次序分成下列类型：O、B、A、F、G、K和M等。恒星不同光谱型对应不同的颜色，这些光谱型的主要特征如表6-2所列。每一光谱型又分为10个次型，分别用数字0～9表示，例如太阳的光谱型是G2。图6.2给出了一些不同类型的恒星光谱。这些光谱显示，恒星的温度由高到低，光谱线越来越多。按习惯，把前面的称为早型星，后面的称为晚型星；O型最早，M型最晚。

表6-2　恒星光谱型的主要特征

光谱型	颜色	表面温度/开	典型星
O	蓝	30 000～40 000	参宿一、参宿三
B	蓝白	10 000～30 000	参宿五、参宿七
A	白	7 500～10 000	织女星

续表

光谱型	颜色	表面温度/开	典型星
F	黄白	6 000～7 500	南河三
G	黄	5 000～6 000	太阳,五车二
K	橙	3 800～5 000	大角
M	红	2 500～3 800	心宿二,参宿四

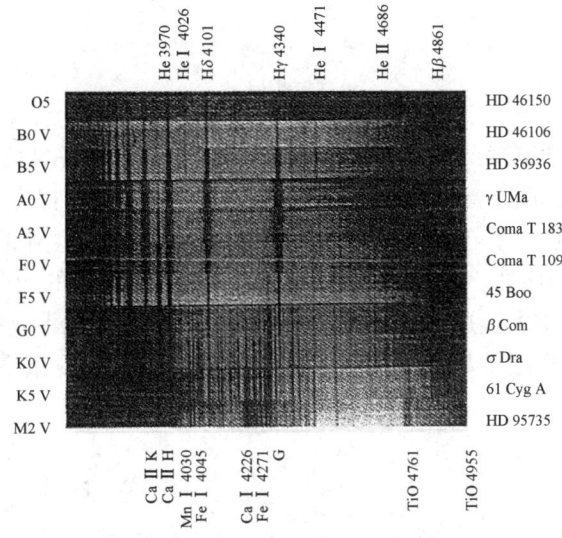

图 6.2　各光谱型的形态及其典型恒星[①]

1943 年美国约克天文台的 W. 摩根和 P. 基南等提出了恒星光谱的二元分类法,即在哈佛分类的基础上进一步按光度分级,再加一个光度数据。光度共分 7 级,称为光度级,用罗马数字Ⅰ到Ⅶ表示,附在哈佛分类标记的后面。50 年代,有天文学家发现了比Ⅰ级光度更大的恒星,后来标为 0 级或 Ia$^+$。这些光度级分别为:0——特超巨星,Ⅰ——超巨星,Ⅱ——亮巨星,Ⅲ——正常巨星,Ⅳ——亚巨星,Ⅴ——主序星(矮星),Ⅵ——亚矮星,Ⅶ——白矮星。

光度级反映了恒星的体积、光度和大气压力。巨星的体积大,因而光度也大,矮星的体积小,光度也小;光度级从 0 到Ⅶ,恒星的体积逐级减小。巨星的大气比矮星稀薄,压力也小得多,这使同一光谱次型的巨星和矮星的光谱出现微小差异。其中最显著而且简单的特点是谱线宽度不同:巨星的谱线窄,矮星的谱线宽。

---

10. 下面 4 句话中哪一句是不正确的？　　　　　　　　　　　　　　　　　　　(　　)

　　A. 赫罗图中主序上的恒星,其核心进行着氢核聚变反应

　　B. B 型星的表面温度比 A 型星的高

　　C. 红巨星的表面温度较低,但是体积大,所以光度强

[①]　朱慈墭. 天文学教程(下册)[M]. 北京:高等教育出版社,2000.

D. 赫罗图中主序上的恒星沿主序由 O 型向 M 型演化

解析： 根据现代的恒星演化理论，星云物质经过凝聚和吸积形成原恒星后，以不同的质量演化成主序星，点燃氢核反应。质量大的依次成为 O、B 等所谓早型星，质量小的依次成为 K、M 等所谓晚型星。每颗主序星持续地停留在主序上，只在核心的氢燃料耗尽后才进一步向红巨星演化，各自开始脱离主序，所损耗的质量极小。所以恒星并非沿主序由 O 型向 M 型演化。

答案： D。

知识扩展

赫罗图

1911 年丹麦天文学家赫茨普龙、1913 年美国天文学家罗素各自独立地绘出了恒星的光谱—光度图。每颗恒星的光谱型和绝对星等测定后，就在图上按相应的纵坐标和横坐标画出一个点。图中的横坐标为光谱型，从左向右按 O、B、A、F、G、K、M 的顺序排列，这也是恒星表面温度由高到低的序列。纵坐标是绝对星等，用来标示恒星的光度，从下到上数字逐渐减小，意味着恒星光度增大。这种图对于研究恒星的结构和演化十分重要。为了纪念这两位杰出的天文学家，人们把恒星的光谱-光度图称为赫茨普龙-罗素图，简称赫罗图或 H-R 图。

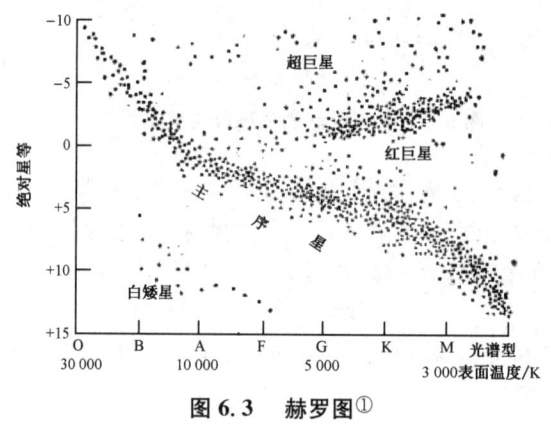

图 6.3　赫罗图[①]

从图可见，代表恒星的点不是均匀分布的，而是集中在几个区域。其中绝大多数恒星落在从左上至右下的带上。这条带称为主星序或主序。位于主序上的恒星称为主序星。对于主序星，表面温度越高，光度就越大。

主序是恒星在其一生的演化历程中驻留时间最长的阶段，其时间占恒星寿命的 80% 左右。这一阶段内，恒星核心内进行着氢燃烧（这是一种形象的说法，实指 4 个氢原子核聚变为 1 个氦原子核的聚变反应），恒星是稳定的，处于两种平衡状态：一是动力学平衡，即恒星核反应产生的向外辐射压力与向内的自身引力平衡；二是热力学平衡，即每个瞬间核反应产生的能量与从恒星表面向外辐射的能量平衡。它们就是通常说的正常恒星。当核心内的氢

[①] 朱慈墭. 天文学教程（下册）[M]. 北京：高等教育出版社，2000.

燃烧殆尽而只剩下氦炉渣时,主序阶段便告结束,恒星开始新的演化历程。恒星在主序上的时间取决于它的质量。太阳质量($1M_\odot$)的恒星在主序上停留约 100 亿年。恒星质量越大,停留时间越短。例如对于 $15M_\odot$ 的恒星,这个时间短到只有 2 000 万年,这是因为质量大的恒星虽然拥有较多氢燃料,但是它们的光度大,氢燃料的消耗比小质量恒星快得多。

对于主序星来说,根据恒星结构理论可以导出恒星的质量与光度之间的关系:恒星质量越大,光度越强。这称为质量—光度关系,简称质光关系(图 6.4)。人们对很多主序星进行测量的实际结果也证实了这一关系。因此,根据这个关系可以定出单个恒星的质量。不过要强调这只适用于主序星,而且所得结果也只是近似值。主序星的质光关系意味着较热的恒星质量较大,较冷的恒星质量较小。恒星的质量 M(以太阳质量 $M_\odot$ 为单位)与光谱型大致的关系如表 6-3 所列。

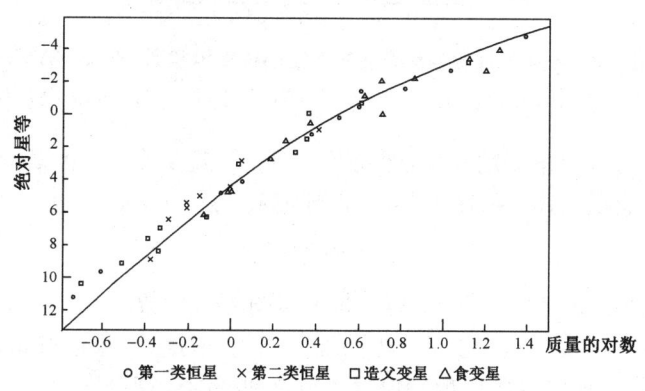

图 6.4　主序星的质光关系[①]

(平滑曲线为理论值,各种符号表示不同类型恒星的实测值)

表 6-3　主序星质量与光谱型

光谱型	质量/$M_\odot$	光谱型	质量/$M_\odot$
O5	40.0	G5	0.9
B5	7.1	K5	0.7
A5	2.2	M5	0.2
F5	1.4		

有些恒星位于主序的右上方,它们的光度比相同光谱型的主序星大,称为巨星。光度比巨星更大的恒星称为超巨星。有些恒星位于主序的左下方,它们的温度高,但是光度小,称为白矮星,它们的光度比相同光谱型的主序星小得多。

在天文学上把主序星定义为矮星。主序星的体积相对于巨星要小得多,从这个意义来说,它的确是矮星。同为主序星,不同光谱型的恒星体积参差不齐,光谱型越早,质量越大,温度越高,相应地,体积也越大(图 6.5)。

[①] 宣焕灿. 天文学史[M]. 北京:高等教育出版社,1992.

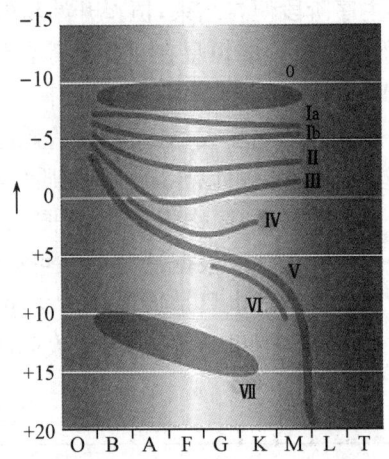

图 6.5 不同光度级恒星在赫罗图上的位置示意图（来源：NASA）
（本图仅示意各级恒星大致的分布范围，并不标示它们的确切位置）

在恒星参数中有一个重要的关系，即光度—半径—温度关系。由斯特凡-玻尔兹曼定律 $F=\sigma T^4$，结合球表面积公式 $S=4\pi R^2$，可以得到关系：

$$L=4\pi R^2 \sigma T^4 \tag{6.8}$$

式中 L 是恒星光度，R 是恒星半径，σ 是斯特凡-玻尔兹曼常数，$\sigma=5.670\times10^{-8}\mathrm{J\cdot m^{-2}\cdot s^{-1}\cdot K^{-4}}$，$T$ 是恒星的有效温度。这个关系表明 $L\propto R^2 T^4$。因此，如果已知恒星的光度和温度，即可估算恒星的大小，而光度则由测量恒星的距离和亮度计算得到。

---

*11. 请判断下面 4 句话哪一句是正确的　　　　　　　　　　　　　　　　　　（　）

　　A. 褐矮星是质量小于 $0.02M_\odot$ 的恒星

　　B. 白矮星没有能源，通过辐射不断冷却演化成褐矮星

　　C. 褐矮星继续冷却演化成黑矮星

　　D. 现在探测到的黑矮星证实了黑矮星的形成理论

解析：恒星是在星云内部凝聚和吸积物质形成的。褐矮星所得物质很少，由于质量太小，其核心不能触发核反应，没有正常恒星的能源，不能发出正常恒星的辐射。小质量恒星在耗尽核心的核燃料后，星体坍缩形成白矮星，不可能形成褐矮星。白矮星在形成之初温度很高，但已没有能源，通过辐射不断降温，辐射告罄后成为黑矮星。由白矮星演化成黑矮星须历时几百亿年，而宇宙的历史才 138 亿年，故当前宇宙中不存在黑矮星。

答案：A。

12. 已测得织女星的视星等 m 为 0.026^m，距离 d 为 25.04 光年，表面温度 T 为 9 602 开，那么它的半径 R 应是下列值中的　　　　　　　　　　　　　　　　（　）

　　A. $3.244R_\odot$

　　B. $2.844R_\odot$

　　C. $2.444R_\odot$

　　D. $2.044R_\odot$

解析：本题分 4 步来解。(1) 把织女星的距离 $d=25.04$ l.y. 化为以 pc 为单位：取 1 pc =

3.262 l.y.,得 $r=7.677$ pc。(2) 求织女星的绝对星等 M：由(6.6)式 $M=m+5-5\lg r$，将 $m=0.026^m$ 和 $r=7.677$ pc 代入，得 $M=0.600^m$。(3) 求织女星的光度：结合(6.1)、(6.2)和(6.6)式，推导得 $M_1-M_2=2.5\lg(L_2/L_1)$，式中 M 为恒星的绝对星等，L 为光度。取 $M_1=M_\odot=4.75^m$，$L_1=L_\odot=3.828\times10^{26}$ J/s，$M_2=M=0.600^m$，并令 L_2 为织女星的光度，则可由此求得 $L_2=1.750\times10^{28}$ J/s。(4) 求织女星的半径：由(6.8)式 $L=4\pi R^2\sigma T^4$ 得 $R^2=L/(4\pi\sigma T^4)$，将 $\sigma=5.670\times10^{-8}$ J·m^{-2}·s^{-1}·K^{-4} 和 $T=9\,602$ K 代入此式计算，得 $R^2=2.889\times10^{18}$ m^2，开方得 $R=1.700\times10^9$ m$=1.700\times10^6$ km；取太阳半径 $R_\odot=6.957\times10^5$ km，得 $R=2.444R_\odot$。

答案：C。

13. 根据现代天体演化理论，恒星在星云内部形成，大多数恒星是在下列哪一种星云中形成的 （　　）

    A. 反射星云

    B. 发射星云

    C. 巨分子云

    D. 超新星遗迹星云

解析：巨分子云的主要成分是氢分子，体量巨大，直径约 50 光年～300 光年，质量达数十万 $M_\odot$ 至二百万 $M_\odot$，属于银河系内最大的天体。它们含有质量占 1%～2% 的尘埃和痕量的其他各种元素，散布着磁场，温度一般不超过 10 开，平均每立方厘米有 100～300 个分子。在它们内部，散布着纤维状、团块状和稠密核的结构。通过射电天文的观测手段，发现在银河系里存在大量巨分子云，它们主要分布在银盘里。当代天文学家认识到大多数恒星是通过巨分子云形成的。

答案：C。

14. 天文学家发现了一类与恒星形成有关的天体，按两位发现者的姓氏命名为 HH 天体，它们的本质是 （　　）

    A. 由星云物质聚集而成的团块

    B. 暗星云

    C. 刚形成的原恒星

    D. 喷流与星际物质作用形成的凝块

解析：20 世纪 40 年代后期至 50 年代初，美国天文学家赫比格(G. H. Herbig)和墨西哥天文学家阿罗(G. Haro)分别对猎户星云南面的暗星云区域做 Hα 发射线星的巡天观测。在这项观测中，他们独立地发现了星云 NGC1999 邻近的 3 个半星半云状的天体，其中每一个都有一小群密聚在一起的凝块结构。后来这类天体以发现者的名字命名，叫作赫比格-阿罗天体，简称 HH 天体。现在认为，新形成的年轻恒星会发出强劲的高速喷流，喷射到前方与星际物质相互作用形成凝块，这就是 HH 天体。

答案：D。

知识扩展

恒星的形成

关于恒星的形成，现代的主流学说是新星云说。18 世纪中叶和末年，德国哲学家康德和法国数学家兼力学家拉普拉斯分别独立地提出了关于太阳系起源于星云的学说,成为科学的天体起源和演化学说之滥觞。新星云说继承了康德-拉普拉斯星云说的合理内核,现代天文学确实认为恒星起源于星云之内。

　　星云是由气体和尘埃组成的云雾状天体。弥漫于广阔宇宙空间的星际物质在密度相对较高的区域形成了星云,一般每立方厘米有10～1 000个氢原子。有些星云体量巨大,其主要成分是氢分子,因而得名为"巨分子云"。巨分子云里的物质分布不均匀。密度较高的地方引力较强,成为凝聚中心,吸引周围物质,导致星云里的温度上升,密度局部增高,最终使整个巨分子云分裂瓦解成为许多大小不等的碎块,每个碎块都是一个小星云,都能形成或大或小的恒星。所以恒星一般都是"多胞胎"的兄弟姐妹,成百上千个同时形成。一个碎块包含了足够多的碳、氧、硅、铁等元素和痕量的比铁更重的元素,这些元素是恒星前身的若干代恒星在演化到晚期后,通过行星状星云或超新星爆发,发散到宇宙空间并融合进星云之内留存的。当这个气体云受到诸如周边的超新星爆发等激发后,开始结团并收缩。这个星云本来就在慢慢自转,在自吸引下收缩变密,其中心形成一个致密的核心,最终将在这里诞生恒星。另一方面,星云收缩中自转变快,惯性离心力变大,外部变扁,化为星云盘,盘中物质将聚集形成行星和卫星等天体,部分气体参与形成外行星。

　　刚诞生的恒星深深地着床于它们的母星云中,气体和尘埃稠密地包围在新生恒星四周,以致可见光完全被吸收。然而,红外光和射电波则能穿透星际尘埃和气体。人们通过红外天文和射电天文的观测手段了解恒星的形成。恒星在尘埃分子云的稠密核里形成。星云内的稠密核是引力中心,吸引着大量周围的物质向它的方向下落,核心物质增多,引力增强,因而收缩。核心温度上升,提升气体压力,这种压力与引力平衡。每一个核心产生时的质量很小,只有约$1\%M_\odot$,但直径大到几个天文单位,大致为火星轨道半径。它们是形成恒星的种子,称为恒星胎。

　　恒星胎继续吸引着周围物质,它的质量快速增大,温度持续上升。当其内部温度上升到2 000开时氢分子离解了,平衡核变得不稳定,从而收缩,收缩到大小类似于太阳时,再度达到平衡状态。这个核心称为原恒星。它们能在射电的毫米波段观测到。原恒星标志着恒星已进入幼年期,并逐渐迈向少年和青年期。

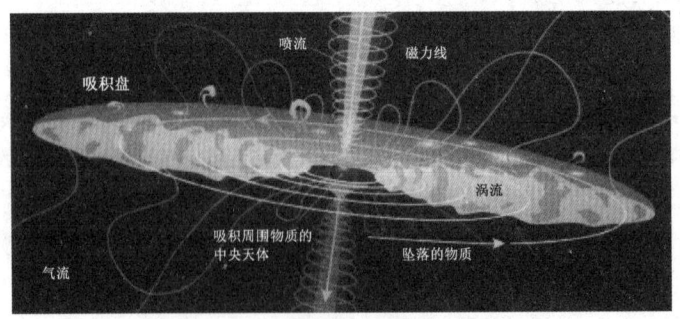

图 6.6　喷流产生过程示意图①

---

　　①　[美]巴利,瑞普斯.恒星和行星的诞生[M].萧耐园,译.长沙:湖南科技出版社,2009.

星云物质成为包围原恒星的壳层。在它的强大引力下,物质继续暴雨般地下落,在周围形成一个星周盘。壳层内物质先落入星周盘,经过星周盘逐渐落到中央的新生恒星上去。这时恒星到达了少年期。

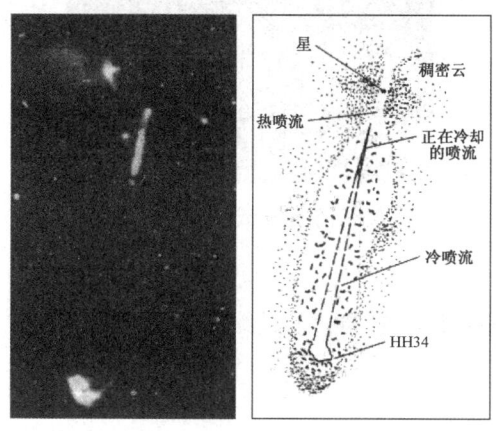

图6.7　一个HH天体的照片及其形成过程示意图[①]

原恒星形成后通过吸积物质,积累质量达到终态质量的一半以上,温度上升到30～40开,有很强的红外辐射,能在红外波段探测到,恒星到达青年期。这一阶段延续得较久,可能是几十万年。原恒星通过收缩,不断地释放引力能,获得它的大部分能量。这是它与成年恒星不同之处,后者通过热核聚变获得能量。青年期的新生恒星已能在光学波段可见。这时的恒星称为金牛T型星(因其原型是金牛T星),它们有大的星周盘环绕。光学、红外和射电观测已揭示了许多金牛T型星有偶极喷流或单向喷流(图6.6)。喷流的形成与星周盘和磁场有关。恒星喷出的气体沿盘的方向受到盘的磁场的很大阻碍,结果集中到垂直于盘的方向高速喷出。这股强劲的高速气流与星际物质相互作用形成HH天体(图6.7)。

青年期恒星继续演化,其周围的气壳终于消失,星周盘不再能获得补给,盘内的物质也逐渐结合成为团块,成为日后构筑行星的材料。这时的恒星已失去了起因于盘的特征,即没有了过量的红外辐射。这类恒星是很活跃的天体,除了强烈的喷流以外,有时会出现短暂的爆发,这时恒星的亮度迅速增长几倍,随后在几小时之内慢慢回落。它们也是X射线的强辐射源,比太阳强过千倍以上。

恒星继续慢慢地收缩,并终于在1 000万～1亿年(取决于质量)之后,把其内部温度提升到约1 000万开,足以点燃稳定的氢燃烧。这时,恒星成为一颗成年期的主序星,开始了它们一生中最漫长的生活。一颗正常恒星终于形成了。对于诸如太阳这样的低质量恒星来说,成年期(即在主序上)能延续约100亿年。

就人类观测所及,银河系里典型的恒星形成区是在猎户星云里,它位于猎户"腰带"三星的下方,肉眼可见。这个恒星形成区距离太阳约1 500光年,构成了一个年轻天体和弥漫物质的庞大复合体。这里和周边天区陈列着疏散星团、星协、HH天体、巨大的氢电离区、分子云以及众多的分子微波激射源。这个复合体在最近1 000万年里产生了成千上万颗恒星。

---

① 朱慈墭. 天文学教程(下册)[M]. 北京:高等教育出版社,2000.

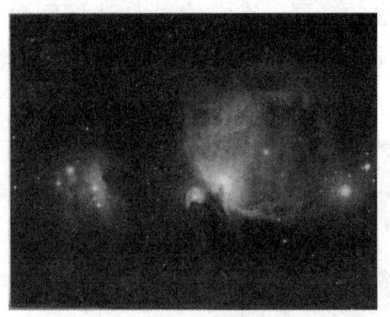

图 6.8 猎户星云(来源:NASA)

15. 太阳是一颗黄色主序星,它演化的最终结果是成为一颗 ( )

　　A. 黄矮星

　　B. 白矮星

　　C. 红矮星

　　D. 红巨星

解析: 太阳是一颗小质量恒星,它的演化途径是在核心的核燃料耗尽后,外壳膨胀成为红巨星,星体坍缩成为白矮星;红巨星不断膨胀演变为行星状星云并最终消散。太阳位于主序上,主序星都是矮星。黄色主序星又称为黄矮星,它们是 G 型星。同样,红色主序星又称为红矮星,它们是 M 型星。红巨星是太阳演化途径中的中间天体,而非最终结果。

答案: B。

16. 主序星演化遵循如下规律 ( )

　　A. 核心经历相同的各级核聚变反应,反应结束后坍缩成为致密星

　　B. 大质量恒星经得起核反应的燃料消耗,持续时间长,故寿命长

　　C. 亮星经得起光辐射的消耗,熄灭得慢,故寿命长

　　D. 恒星的质量决定恒星的演化途径和结果

解析: 恒星的演化途径和结果由其质量的大小决定。小质量恒星在核心部分最终只能进行聚变为碳和氧的反应,而大质量恒星则能一直进行到聚变为铁和镍的反应。大质量恒星内部的压力大,导致核心的核反应很激烈,燃料消耗率远大于小质量恒星,以至于质量越大,寿命越短。主序上的星愈亮,意味着质量愈大,因而寿命也愈短。

答案: D。

知识扩展

恒星的演化

　　恒星的演化就是一颗恒星从诞生,经过成长、成熟,到最后衰老死亡的过程。研究恒星形成之后其结构如何随时间发生变化,从而找出不同类型的恒星之间存在的演化序列,描绘恒星从诞生到死亡的全过程,赫罗图是研究恒星演化的重要工具。

　　进入主序的"成年"恒星的质量各不相同,质量较大的处于主序的左上方,较小的则处于右下方。恒星一生大部分时间是在主序阶段度过的。主序星虽质量各不相同,但化学成分

基本上是一样的：氢占 70%～75%，氦占 24%～27%，其余部分为碳、氧及其他微量元素。大部分氦不是热核反应的产出物，而是宇宙大爆炸初期创生并保存下来的。恒星的质量决定了它们日后的演化历程和寿命。对于大多数恒星，在它们一生中的大部分时间内，质量损失是微不足道的。因此，主序星不会沿着主序，而应离开主序演化。

小质量恒星的演化。首先考察质量 M 小于约 $3M_\odot$ 的恒星。恒星的核心由于氢燃料耗尽，变成一个氦的核心（其质量约占恒星总质量的 2%），这时，核反应产生的能量不足以维持恒星辐射的损失，核心缓慢地收缩，引起温度上升，产能率增加。外层和核心发生着不同的变化。仍拥有丰富氢燃料的外层中紧靠核心层的温度上升到 1 千万开，氢燃烧在那里进行。恒星的产能区从核心移至核外的壳层，氢燃烧壳层加热周围的壳层，引起外层膨胀，恒星半径增加，有效温度降低，在赫罗图上恒星脱离了主序。随着核心收缩，恒星的中心温度升高，达到 1 亿开，这引起了氦聚变反应，主要是 3 个氦原子核聚变成为 1 个碳原子核，以及少部分的 4 个氦原子核聚变成为 1 个氧原子核，并放出大量能量。这个阶段经历的时间十分短促。核心释放的能量迫使星体继续膨胀，恒星的温度降低，但光度增大，成为一颗红巨星。例如太阳在这时表面温度降到约 3 000 开，半径可超过地球轨道。氦燃料耗尽后，剩下氦燃烧的炉渣碳和氧，核心收缩，由于恒星质量不够大，核心升温但不至于使碳氧燃烧，只是保持着壳层中的氦燃烧、外层中的氢燃烧。核心再压缩，密度增加，温度达 5 万开，形成白矮星。外壳逐渐扩散成为行星状星云，5 万年后星云消散。

中等质量恒星的演化。质量范围在 $3M_\odot<M<8M_\odot$ 的中等质量恒星，当核心内氢燃料耗尽后，氦燃烧平稳进行，表面温度达 1 万开，是亮巨星。氦燃烧耗尽后，碳—氧核收缩，温度和密度升高，引发碳燃烧，急剧升温，核聚变反应极快，在短时间内释放巨大能量，导致恒星爆炸。若未爆炸而成为白矮星，则能吸收周围的星云物质，累积至超过昌德拉塞卡极限（$1.44M_\odot$）时引起超新星爆发。

大质量恒星的演化。质量大于 $8M_\odot$ 的大质量恒星的主序寿命也终结于核心的氢耗尽之际，这与中、小质量恒星相同。当核心内氢燃料耗尽后，核心开始收缩，迅速达到由氦聚变为碳所需的温度，继之以氦燃烧。氦燃料耗尽后，碳燃烧平稳进行，同时外围壳层进行氦燃烧，外面包裹着氢燃烧的壳层。碳燃烧耗尽，温度上升至 10 亿开，氧聚变反应开始。与小质量恒星不同的是，氦燃烧能稳定地进行。当核心中的氦耗尽后，温度高得足以使碳聚变成更重的元素。这时有了碳燃烧的核心，包着一个氦燃烧的壳层，而后者又包着一个氢燃烧的壳层。随着更重元素的产生，核心内形成了更多重元素燃烧的壳层。(1) 氧燃烧，产生硅、磷、硫等元素。(2) 光裂变反应，温度达到 35 亿开时发生，产生原子量较小的元素，如氖、锰、铝等。(3) 硅燃烧（α 过程），使恒星内部在 35 亿开高温下，硅核最后聚变为铁和镍核。到铁为止，恒星内部不能再继续进行核燃烧了。

恒星离开主序后成为脉动变星。热核反应至温度超过 40 亿开时，光子进入铁原子核产生裂变反应。随着核心光度的增加，恒星的外层膨胀。外层大气随着膨胀而冷却，但是体积增加得相当多，使得光度提高。最后恒星半径达到约 $1\,000R_\odot$，成为一颗红超巨星。

当恒星的核心中心最终形成一个铁核时，那里的聚变反应便终止了。核心开始冷却，热压力不足以平衡引力；引力使星核在 1 秒的时间内迅速坍缩，坍缩的速度达 1 万千米/秒，即产生"暴缩"。核心的电子与质子结合形成大量的中子，并产生大量中微子。中心层仅剩原子核或中子。当外围各层反应停止，失去辐射压力，外层物质便会坍缩，坍缩速度超过 4 万千米/秒。物质下落,与核心相遇而反弹,形成强大冲击波,引起超新星爆发。大部分质量向外抛射,形成弥漫的超新星遗迹。核心留下中子星或黑洞。

白矮星、中子星或黑洞等致密星通常是恒星的最终归宿。

***17.** 德国天文学家贝塞尔发现某颗恒星的自行路径弯曲,断定存在一个暗伴星,因而这是一对双星。这颗星是 （ ）

  A. 心宿二（天蝎 α）
  B. 织女星（天琴 α）
  C. 天狼星（大犬 α）
  D. 参宿四（猎户 α）

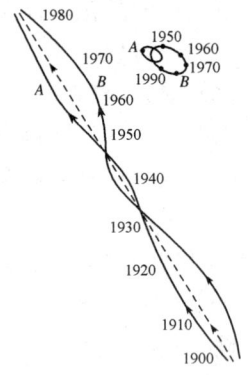

图 6.9　20 世纪天狼 A 和天狼 B 在天球上的运行轨迹①

（虚线是这个双星系统质心的轨迹,右上图表示天狼 A 和天狼 B 相对于它们质心的轨道）

解析:1834 年,贝塞尔根据他所做的恒星位置的精密测量和他所整理的前人的观测资料,发现天狼星的自行不是直线,而是波浪形的曲线。他认为天狼星有一颗很暗的伴星,由于太暗,用一般的望远镜都观测不到。由于主星与伴星一起在星际空间向前运行,同时又互相绕转,所以才产生这种现象（图 6.9）。后来,人们把主星称为天狼 A,次星称为天狼 B。这类通常只能看到主星曲线运动的双星,称为天体测量双星。当代发现系外行星也是利用相同的原理,只是行星相对于母恒星的效应小得多。

答案:C。

***18.** 1974 年,美国马萨诸塞大学的泰勒和赫尔斯发现了射电脉冲双星 PSR1913＋16,随后的观测发现轨道周期在减小,两颗子星彼此越来越靠近。产生这些现象的原因是 （ ）

  A. 潮汐摩擦耗散了轨道运动的能量
  B. 辐射出去的引力波带走了轨道运动的能量
  C. 与星际介质的摩擦耗散了轨道运动的能量
  D. 脉冲的电磁辐射带走了轨道运动的能量

解析:这是一对由两颗中子星构成的特殊双星,位于天鹰座,距离 21 000 光年。两颗子星环绕公质心做椭圆轨道运动,轨道运动速度达光速的千分之一。轨道周期 7.75 小时,轨道面法线与视线交角约 45°。每颗星的质量都约为 $1.4M_\odot$。两子星相距最近时为 $1.1R_\odot$,最远时为 $4.8R_\odot$。

根据爱因斯坦的广义相对论,天体的加速运动将对时空弯曲产生扰动,这种扰动能通过引力波的形式以光速传播出去。脉冲双星之间的引力场极强,强引力场的效应更显著。辐射出去的引力波带走了轨道运动的能量,使轨道衰减,从而导致了两子星靠近、轨道周期减小的现象。泰勒和赫尔斯按照广义相对论计算了轨道衰减的理论值,与实际观测值符合良好。这也成为对广义相对论的观测验证。他们因这一重要工作获得了 1993 年诺贝尔物理学奖。

---

① 萧耐园,宣焕灿. 图解天文学史[M]. 南京:南京大学出版社,2012.

答案:B。

知识扩展

双 星

由两颗恒星构成的系统称为双星。如果两颗恒星在相互引力作用下,环绕公共质心各自在椭圆轨道上运动,则它们被称为物理双星。如果两颗星正好位于视线上大致相同的方向,看起来似乎靠在一起,但实际上两星之间的空间距离非常遥远,这样的双星称为光学双星,不是真正意义上的双星。本文所述双星主要是物理双星。构成双星的两颗恒星均称为双星的子星,其中亮度高、质量大的子星是主星,较暗的、质量小的子星是次星(或伴星)。两颗以上彼此之间有物理联系的恒星系统分别称为三合星、四合星等,或总称为聚星。双星在恒星世界十分普遍,银河系内超过半数的恒星处在双星或聚星系统中。

双星有下列几种主要类型:(1)目视双星——通过望远镜能直接分辨出两颗子星的双星称为目视双星。这类双星的轨道周期短的只有1个月,绝大部分的周期超过几年。(2)分光双星——许多双星的两颗子星靠得很近,不能用望远镜分辨开来。但是它们的光谱却显示是由两颗恒星产生的。用分光方法由它们的视向速度变化所确定的双星,称为分光双星。(3)食双星——如果我们的视线几乎与双星的轨道面平行,则能观测到两颗子星互相掩食的现象,双星的亮度呈周期性变化。食双星的光变周期反映了它们的轨道周期。

下面举一个著名双星的例子。英仙 β,中名大陵五。其光度变化是由两子星相互掩食造成的,属食双星。最亮 2.13^m,最暗 3.4^m,光变周期 2.867 31 天。伴星比主星暗得多。主星光谱型 B8,质量 $3.7M_⊙$,半径 $2.5R_⊙$;伴星光谱型 G0,质量 $0.81M_⊙$,半径 $3.0R_⊙$。两星相距 0.2 天文单位,距太阳 88 光年。较暗的次星交替地通过主星的前面和后面。大部分时间,如次星在 B 和 D 的位置,我们能看到来自两颗恒星的光线,这时看到的恒星最亮。当次星在 A 点掩食主星时,主星的部分光线被阻挡,光线强度发生跌落。当次星在 C 点通过主星后面时,它被掩食。由于次星不如主星那么亮,亮度的跌落不如在 A 点时主星亮度跌落的幅度大。

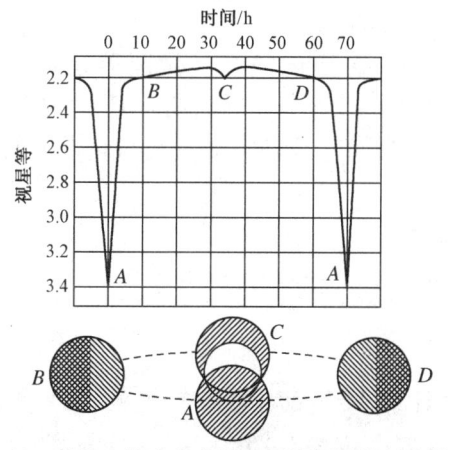

图 6.10 英仙 β 的光变曲线和两颗子星的相应位置[①]

[①] 朱慈墭. 天文学教程(下册)[M]. 北京:高等教育出版社,2000.

严格地说,恒星的质量只能通过双星系统才能确切测定。前述由主序星的质光关系求取恒星质量的方法,是一种由理论推算的间接的近似计算方法。根据双星轨道速度的多普勒效应,可以测定两颗子星的速度 v_1 和 v_2。对于任何系统,只要观测足够长的时间,我们总能直接测定双星的绕转周期 P。具体步骤如下:

(1) 求 M_1+M_2:把开普勒第三定律应用于双星,以 M_1 和 M_2 分别表示主星和次星的质量,a 为相对轨道半长径,相对轨道就是视主星不动,次星环绕主星运行的轨道,在圆周运动的情况下,a 等于两颗恒星之间的距离,P 为绕转周期,则有:

$$M_1 + M_2 = \frac{4\pi^2 a^3}{GP^2}$$

式中,G 为牛顿万有引力常数。若 P 以恒星年为单位,a 以天文单位为单位,质量以 $M_\odot$ 为单位,则 $G=4\pi^2$,上式简化为:

$$M_1 + M_2 = \frac{a^3}{P^2}$$

设双星的视差 π 和 a 均以角秒为单位,即得 $a=a''/\pi''$,代入上式得:

$$M_1 + M_2 = \frac{a''^3}{\pi''^3 P^2} \tag{6.9}$$

可见,只有对于视差已知的目视双星,才能求出质量和。

(2) 求 M_1/M_2:设一种最简单的情况,双星运行的轨道面与地球上观测者的视线平行,即轨道法线垂直于视线,轨道为圆形,由光谱分析定出两子星的视向速度,且视向速度的最大值分别为 v_1 和 v_2,这就分别是两子星的轨道运动速度。不难导出下面的关系式:

$$\frac{M_1}{M_2} = \frac{v_2}{v_1} \tag{6.10}$$

原则上,从(6.9)和(6.10)这两式即可直接求得单颗恒星的质量。不过,以上叙述的只是理想情况,实际上涉及的情况要复杂得多。

---

19. 观测到一个双星系统,次星环绕主星做圆周运动。测得系统的距离为 $D=1\,500$ 光年,两子星间角距离为 $a=1.27''$,绕转周期为 $P=4\,163.9$ 日,视向速度的极大值分别为 $v_1=10.7$ 千米/秒和 $v_2=19.0$ 千米/秒;设视线与轨道平面法线的倾角 $i=65°$。求得两恒星的质量为 ( )

A. $2.58M_\odot$ 和 $1.92M_\odot$

B. $2.88M_\odot$ 和 $1.62M_\odot$

C. $2.48M_\odot$ 和 $2.02M_\odot$

D. $3.08M_\odot$ 和 $1.42M_\odot$

解析:首先,由(6.9)式计算 M_1+M_2,按下列步骤:(1) 把距离 D 化为视差 π'':$D=1\,500$ l.y. 化为以 pc 为单位,取 1 pc$=3.262$ l.y.,得 $r=459.8$ pc,$\pi''=1/r=0.002\,17''$。(2) 把绕转周期 $P=4\,163.9$ 日化为以恒星年为单位:得 $P=4\,163.9/365.25=11.4$ 年。(3) 把 π''、P 和 $a=1.27''$ 代入(6.9)式,算得 $M_1+M_2=4.50M_\odot$。其次,根据(6.10)式求 M_1 和 M_2,易得 $M_1=(M_1+M_2)v_2/(v_1+v_2)$,$M_2=(M_1+M_2)v_1/(v_1+v_2)$;把 $v_1=10.7$ km/s

和 $v_2=19.0$ km/s 代入,计算得 $M_1=2.88M_\odot$,$M_2=1.62M_\odot$。最后说明,若求视向速度的实际值,必须考虑轨道面对于视线的倾角改正,即要把视向速度投影到轨道面上,但是这一改正系数对于 v_1 和 v_2 是相同的,在求它们的比值时相消,故本题不必考虑轨道倾角。

答案:B。

20. 请选出下列天体中不是变星的那一个 ( )

A. 猎户 α(αOri,中名参宿四)

B. 蝎虎 BL(BL Lac)

C. 天琴 RR(RR Lyr)

D. 金牛 T(T Tau)

解析:这道题涉及变星的命名法则,这也是天文学中的常识,因为我们能经常见到相应的标识。恒星中的变星若原来有星名的,如猎户 α、仙王 δ(中名造父一)等,仍然保留原名。1844 年德国天文学家阿格兰德建议用变星命名法,拉丁字母加上星座名共有 334 个符号。命名规则如下:在某一星座里第一个发现的变星用字母 R 加星座名(因为当时的拜耶尔命名法为恒星命名还未用到字母 R),以后顺着次序直到 Z;然后从 RR 开始,直到 RZ;又从 SS 开始,直到 SZ……依次循环往复直到 ZZ;然后从 AA 开始直到 AZ;从 BB 开始直到 BZ,仿前循环往复直到 QZ。命名顺序如下序列所示:R,S,…,Z,RR,RS,…,RZ,SS,ST,…,SZ,TT,…,ZZ,AA,AB,…,AZ,BB,BC,…,BZ,…,QQ,…,QZ;其中字母 J 不用。若在一个星座里发现的变星已满 334 个,则下一个开始以数字 335 标志,并在数字前冠以标志变星(variable)的字母 V,如 V335 加星座名,一直往后类推。选项 A、C 和 D 均属变星。

至于选项 B 蝎虎 BL,它是蝎虎天体的原型。1929 年它刚被发现时,人们认为它是一颗变星,故赋予变星的标识。现在已确认它是一个河外天体。蝎虎天体是与蝎虎 BL 有同样特征的天体,一般呈恒星状,看不到任何结构。现在认为星系从年轻到年老,可以大致排出一个演化的序列:类星体、蝎虎天体、塞佛特星系、射电星系,终止于正常星系。

答案:B。

21. 造父变星有"量天尺"的美誉,因为在测定了它的光变周期和视星等后,就能够根据周光关系算出它的距离。其根据是造父变星有一个内禀特点,这个特点是 ( )

A. 其光度与视星等有关

B. 其视星等与距离有关

C. 其视星等与光变周期有关

D. 其光度与光变周期有关

解析:造父变星的光度与光变周期有确定的内在关系,这一关系称为周光关系。当测定了光变周期后,即能根据周光关系计算出光度,进而由光度和已测定的视星等算出距离。周光关系可以表示为:$<M>=s\lg P+z$。其中 $<M>$ 表示绝对星等的平均值,P 表示周期,s 和 z 是由观测决定的两个系数。至于选项 A 和 B 是一般恒星都具有的性质,而选项 C 中的视星等要通过光度才能与光变周期相关联。

答案:D。

22. 下面两幅图展示了河外星系大麦哲伦云里一颗星在不同时期的景象,这个天象是 ( )

A. 两颗中子星并合

B. 两个黑洞并合
C. 新星爆发
D. 超新星爆发

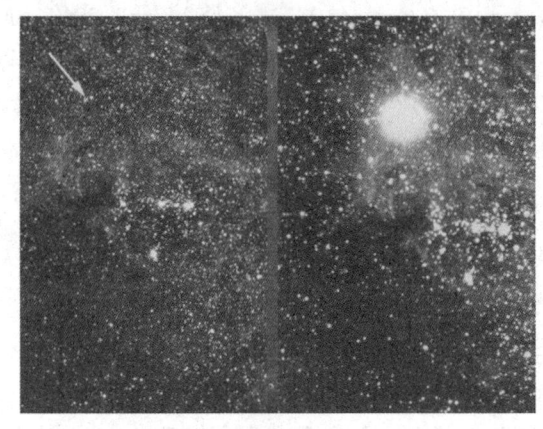

图 6.11

解析：这是 1987 年 2 月 23 日在大麦哲伦星系里的超新星爆发，它被命名为"超新星1987A"。大麦哲伦云是最近的河外星系，这是自望远镜发明以来，人类首次观测到的超新星爆发。它的前身星是一颗蓝超巨星。在爆发的光信号抵达地球之前的 3 小时，几个地下中微子检测器几乎同时记录到中微子获俘事件。天文学家对它开展了从射电波到 γ 射线的全方位观测，获得了丰富的高质量的资料，检验了超新星的理论，深化了对超新星的认识。

答案：D。

*23. 宇宙里比铁更重的元素来源于 ( )

A. 恒星内部的核反应
B. 恒星内部核反应和超新星爆发
C. 恒星内部核反应和中子星碰撞
D. 超新星爆发和中子星碰撞

解析：比铁镍更重的元素不能在主序星核心内合成，而是在超新星的内部条件下通过核反应形成。超新星爆发时把大量物质包括重元素抛入星际空间，成为以后形成恒星和行星的原料。进一步的观测和研究发现，在中子星碰撞的激烈条件下，也能合成大量重元素，成为宇宙重元素的又一个来源。如果没有超新星爆发和中子星碰撞提供丰富的各种元素，地球不可能如此多姿多彩，也不会有人类。

答案：D。

知识扩展

变 星

变星是在较长时间（几年、几天或几小时）内，亮度有明显变化的恒星。按广义的定义，凡恒星的物理参数（如光谱和磁场）有变化的都是变星。无论引起亮度变化的原因是几何原因（如掩食）还是物理原因（如爆炸），凡是通过探测设备能够感知其亮度变化的恒星都称为变星。恒星在演化过程中，其结构和亮度通常随时间缓慢变化，但在某些特定阶段的变化却相当显著。变星亮度既有不规则的变化，也有周期性或半周期性的变化，变化幅度也相差很大。

变星按其光变原因可分成内因变星和外因变星。内因变星的光变是光度的变化，其光谱和半径也在变，又称物理变星。内因变星约占变星总数的 80%，又可分为脉动变星和爆发变星两大类。它们的性质完全不同，前者的光变由星体脉动引起，后者的光变是由一次或多次的周期性爆发引起的。恒星的爆发过程较多地出现在恒星演化的早期或晚期。外因变星的光度等物理量并不改变,它们是双星,光变的原因大多是一颗子星被另一颗子星周期性地掩食,又称几何变星或光学变星。

脉动变星。脉动变星约占内因变星总数的90%,由星体有节奏地膨胀和收缩引起亮度脉动。这是主序星演化到晚期,脱离主序后出现的一种结构不稳定现象。造父变星是一种典型的脉动变星,仙王δ(中名造父一)是其原型星,于1784年由英国业余天文学家古德里克所发现。光变范围$3.6^m \sim 4.3^m$,光谱型F5~G2,周期5.366天。造父变星的光变周期大多在1~50天,光变幅度一般为1星等左右,周期非常稳定。它们是黄色的巨星或超巨星,质量为太阳的几倍至10倍,光度很大。其他如室女W型星和天琴RR型星都有类似性质,不深入介绍。

爆发变星。爆发变星因恒星的质量和所处演化阶段不同也有多种类型。仅举几种例子:金牛T型星,正处于通过引力收缩向主序星演变的阶段,是主序前的变星;耀星,大多数是M型的年轻红矮星,会发生局部大面积的耀斑爆发;沃尔夫-拉叶星(简称WR星),初始质量在$25M_\odot$以上,已处于主序后演化阶段,核心内进行着氦燃烧;它们都进行着星体的局部爆发。整个星体爆发的变星有新星和超新星。

新星表现为恒星的亮度在很短的时间内(几小时至几天)剧增,然后缓慢减弱。亮度的增幅多在$9^m \sim 14^m$之间,相当于光度增强数千倍至数十万倍。新星并不是新诞生的恒星,相反,它们是演化到晚期的恒星,只是在未增亮前是亮度很微弱的星,亮度突然增加时,它们"新"出现在天空。几乎所有的新星都位于双星系统中,其中一颗子星是主序星或巨星,另一颗是白矮星,两颗子星靠得很近。前者体积大,外层受引力束缚弱,在近旁白矮星的潮汐力作用下,气体被拉向白矮星,在后者表面形成包层。白矮星表面附近引力场很强,下落的气体获得很大的动能。当气体掉入包层,动能转化成热能,使包层的温度和密度持续升高。当包层内的温度达到近千万开时,氢开始发生核反应,将白矮星的整个外壳炸飞,白矮星的亮度也随之急剧上升,形成新星爆发。

超新星是爆发规模最大的变星,亮度的增幅为新星的数百至数千倍。超新星爆发是恒星临终前的最后一次"壮举",瞬间释放的能量甚至超过太阳一生辐射能量的总和。超新星爆发时,释放出的巨大能量将全部或大部分物质炸散,表现为天空中突然出现一颗很亮的星,在1~2天内亮度迅速增加数百万倍甚至上十亿倍,光变幅度超过20个星等,然后在几年到几十年内慢慢减弱。超新星可分为两类:I型超新星,光谱中的氢光谱线几乎没有或很弱;II型超新星,光谱中有很强的氢光谱线。

II型超新星的前身星是质量大于$8M_\odot$的大质量恒星,其形成机制如前所述。在星核坍缩的过程中,大量能量被释放出来,引起猛烈爆炸,使它在接下来的几个月中成为一颗明亮的超新星。坍缩的核心将成为一颗中子星或黑洞。

Ia型超新星的特征表明,它们起源于低质量的恒星。Ia型超新星与新星有不少相同之处,都起源于由一颗白矮星和一颗主序星或红巨星等恒星组成的双星系统。白矮星通过强大的引力吸取伴星的表层大气;随着时间的推进,堆积在白矮星表面的物质越来越多。白矮星有一个质量$1.44M_\odot$的上限,当质量增大到这个极限后白矮星将变得不稳定,在内部产生剧烈的热核反应,将整个星体炸碎。这就是Ia型超新星爆发。Ia型超新星爆发时星体的质量都基本相同,因此它们的光变曲线都很相似,极大时典型的绝对星等为-19^m,所以Ia型超新星被称为宇宙的"标准烛光",能用于测定遥远河外星系的距离。

Ib 型超新星的前身星也是大质量恒星,且它们的质量更大,通常大于 $50M_\odot$。它们的演化过程类似于 II 型超新星的前身星,但一般要快速和激烈得多。它们激烈地活动,向外喷发物质,以至于氢包层脱落,露出了极高温的铁核。铁核坍缩,导致超新星爆发。最终,坍缩的核心将形成一个黑洞。

* 24. 2015 年 9 月 14 日,人类首次成功地探测到引力波,据分析,这次引力波事件起源于 ( )

  A. 两颗中子星的并合

  B. 一个黑洞吞噬一颗中子星

  C. 两个黑洞的并合

  D. 互相绕转的双中子星的引力辐射

解析:关于 2015 年 9 月 14 日记录到的引力波事件,科学家根据观测到的信号,估算出它起源于两个并合的黑洞,两者的质量分别约为 $29M_\odot$ 和 $36M_\odot$,并合发生于 13 亿年前。大约 3 倍于太阳质量的物质在少于 1 秒的时间之内被转化成引力波。

答案:C。

* 25. 蟹状星云中心的天体是什么? ( )

  A. 黑洞

  B. 中子星

  C. 白矮星

  D. 黑矮星

解析:1054 年,我国宋代天文学家在天关(金牛 ζ 附近)发现了一颗超新星,像太白(金星)那样明亮,21 个月后才消失。1731 年,英国业余天文学家贝维斯用望远镜在同一天区看到一个云雾状天体,人们根据它的外形称其为蟹状星云。20 世纪 60 年代在蟹状星云中心探测到一颗脉冲星,即中子星。这证实了 II 型超新星爆发时,其核心坍缩后可能形成中子星的理论。

答案:B。

知识扩展

致密星

致密星包括白矮星、中子星和黑洞,它们是恒星在核能耗尽后,经引力坍缩而形成的密度极高的星体;它们的物理状态与主序星、巨星等完全不同。

白矮星。白矮星是一类低光度、高密度而与主序星不同的稳定恒星。有的是双星成员,有的是单星。白矮星的光度很低,绝对星等在 $8^m \sim 16^m$,温度 5 500~40 000 开,颜色对应于 K~O 型,个别为早 M 型,在赫罗图下方分布很广。白矮星的平均密度达 $10^8 \sim 10^{10}$ 千克/立方米,中心密度 $10^8 \sim 10^{12}$ 千克/立方米,一颗与太阳质量相同的白矮星大小与地球相当。白矮星的质量在 $0.2M_\odot \sim 1.1M_\odot$,质量越大,半径越小。

中子星。中子星是宇宙中已知的最致密的天体之一,平均密度达 $10^{17} \sim 10^{18}$ 千克/立方米。一颗质量与太阳相当的中子星,直径仅 20 千米左右。在这样的高密度状态下,不仅原子核已经破裂，就连单个的质子也和电子结合形成中子，使得星体内的物质几乎全部由中子组成，这就是中子星名称的由来。中子星的表面是一层固态外壳，厚度大约有 1 千米，由铁原子核和电子组成；内部主要是处于超流状态的中子。在其强大的引力压缩下，大气层的厚度仅为几厘米。年轻中子星的表面温度约 1×10^7 开，中心温度高达 6×10^9 开，中心压力达太阳中心压力的 3×10^{27} 倍。1967 年第一颗射电脉冲星被发现后，人们认识到脉冲星是高速自转的中子星。

黑洞。黑洞是这样一类天体，它的引力足够强大以致任何物体甚至光线都不能从其表面逃逸。现代黑洞的概念来自爱因斯坦的广义相对论。1917 年，德国物理学家史瓦西求解广义相对论中的引力场方程，得出结论：一个质量一定的无旋转球形天体存在一个临界半径 R_g，在这个半径内外，时空性质迥然不同；R_g 称为引力半径或史瓦西半径。在 R_g 里面时空极度弯曲，以致任何物质和辐射都逃不出来。黑洞的表面半径为 R_g 的面，称为视界，是标志着天体能否被外界观测到的分界面。这就意味着如果天体的全部质量压缩到某一半径范围内，它就成为黑洞。如果把地球压缩到半径 9 毫米，把太阳压缩到半径 3 千米，它们都将成为黑洞。视界内的所有物质聚集在中心的一个点上，质量虽然有限，但密度趋于无限大，这个点是一个奇点。这是由广义相对论推导得到的结果，若用量子理论，或可避免奇点。

如前所述，超新星爆发能产生黑洞，这样形成的黑洞质量一般在 $3M_\odot$ 量级，称为恒星级黑洞。

宇宙早期物质分布不均匀。在密度较高的地方，物质能够凝聚，而且这个过程会不断地继续，最终凝聚成超大质量黑洞和星系；超大质量黑洞的质量达 $10^5 M_\odot \sim 10^9 M_\odot$ 量级。现在普遍认为，在多数星系的中心潜藏着一个超大质量黑洞。天文学家已经在银河系和室女座巨椭圆星系(M87)的中心拍摄到了超大质量黑洞的照片。

英国物理学家霍金于 1971 年提出，宇宙早期形成的"原初黑洞"的质量大小没有制约，各种形状和尺度的黑洞都可以在宇宙早期形成，尤其是大小如基本粒子的微型黑洞。它们都散布在宇宙空间。

第 7 章　从星际空间到宇宙

宇宙是有层次结构的。我们在前面从底往上介绍了行星这一层次,也介绍了恒星层次里的恒星。恒星分布于星际空间,这个空间幽远广袤,弥漫着稀薄的星际物质,散布着星云、星团等各种天体。本章的内容从这里发轫,将向更高的星系和宇宙层次扩展。

1. 我们将在下面遇到诸如 M1、M13、M31 等标识。其中 M 表示法国天文学家梅西耶(Messier),他是　　　　　　　　　　　　　　　　　　　　　　　　　　( )

　　A. 彗星发现和研究者

　　B. 星云发现和研究者

　　C. 星团发现和研究者

　　D. 星系发现和研究者

解析: 法国天文学家梅西耶热衷于搜寻彗星(图 7.1)。彗星在远离太阳的时候是一个模糊的光斑,很容易与星团、星云、星系等云雾状天体混淆,梅西耶在观测彗星的过程中经常会遭遇这个麻烦。为了把彗星与天空中的这类天体区别开来,1781 年,他把自己和他人观测发现的 103 个这类天体编成了一个表,该表称为"梅西耶星表",简称"M 星表",它成为当时彗星搜索者的宝典。后来经他人增补,这类天体增为 110 个。现已鉴别,其中 57 个是星团,50 个是各种星云或星系,1 个是星云和伴生星团,2 个是双星和聚星。列入 M 星表的星团、星云和星系称为梅西耶天体或 M 天体,都是比较明亮的,例如 M1 是蟹状星云,M13 是武仙座球状星团,M31 是仙女星系;这些都很适合用小型望远镜观看,因此梅西耶天体至今仍然是天文爱好者喜爱的对象。

图 7.1　梅西耶画像
(来源:NASA)

梅西耶在其一生中,研究了多达 44 颗彗星,其中他独立发现了 13 颗,与他人共同发现了 7 颗。1770 年,他被任命为"海军天文学家",并成为巴黎皇家科学院院士,法王路易十五称颂其为"我的彗星猎手"。(附注:著名的星团星云表还有 NGC、IC 等,不在此详细介绍。)

答案: A。

2. 氢分子云是恒星诞生的温床,但是恒星的胚胎极深地埋藏在星云的内部,要探测它们必须在下列波段　　　　　　　　　　　　　　　　　　　　　　　　　　( )

　　A. 可见光

　　B. 红外和射电波

　　C. X 射线和 γ 射线

　　D. 紫外光

解析: 星际尘埃能在宽阔的波段上吸收和散射星光:在吸收过程里,入射光子消失,把能量留给了尘埃颗粒;在散射过程里,入射光子没有毁损,只是方向改变。它们的复合效应称为星际消光。星际消光使得光线在通过星际物质后强度减弱,对电磁波的不同波长影响不同,蓝光减弱得比红光厉害,对于红外辐射和射电波基本上不起作用。刚诞生的恒星深深地着床于它们的母星云中,气体和尘埃稠密地包围在新生恒星四周,以至于任何可见光完全被吸收。然而,红外光和射电波则能穿透星际尘埃和气体。此外,刚诞生的恒星温度较低,基本上没有紫外、X 射线和 γ 射线的辐射。

答案:B。

> **知识扩展**
>
> ### 星际物质
>
> 银河系内恒星散布于广袤的空间,恒星之间的平均距离为 6~10 光年,散布于其间的物质称为星际物质,又称星际介质。这些物质包含由各种原子、分子、电子、离子组成的星际气体和尘埃。星际物质分布的平均密度很低,在 1 立方厘米的空间内大约只有 1 个氢原子(即 1 立方米内有 10^6 个氢原子),远远低于实验室制造的真空中的气体密度。星际物质中含量最高的元素是氢。按原子数目计,氢占星际物质总量的 90%。目前在宇宙空间还探测到 90 多种星际分子,其中包括一些有机分子。星际尘埃是广泛散布于星际空间的微小颗粒物质,即各种分子的聚合体,颗粒大小平均在 0.1 微米量级,在银道面附近平均密度约每百万立方米 1 个颗粒。银河系中星际物质的质量约占星系总质量的 10%。星际物质在银河系中的分布不均匀,通常集中在银盘,尤其是在银河系的旋臂上。

3. 下列天体哪一个是星云 ( )

A. 仙女座大星云 M31 或 NGC224

B. HH 天体

C. 球状体

D. 大、小麦哲伦星云

解析:仙女座大星云和大、小麦哲伦星云分别是仙女星系和大、小麦哲伦星系的旧称,不过现今还在普遍使用,实际上它们都是河外星系。新形成的恒星在进入主序阶段之前通常还有环绕在周围的吸积盘和强劲的高速喷流,HH 天体是新生星的喷流与周围的星际物质相互作用形成的凝块。在有些亮星云的明亮背景上可以看到一些很小的圆形暗斑,它们是很小的暗星云,直径一般小于 3 光年,质量估计为 $1/10 M_\odot$ 到 $100 M_\odot$;由于呈球形,它们被称为球状体。许多暗星云的中央包含红外源,可能是正在收缩并将形成恒星的天体。

答案:C。

> **知识扩展**
>
> ### 星云是什么
>
> 波斯(今伊朗)天文学家苏菲历时多年观察星空,公元 964 年看到仙女座旁边的一个云雾状天体,在他的著作《恒星之书》里称它为"一朵小云",这是对仙女座大星云的首次描述。

18世纪70年代,英国天文学家W.赫歇尔制作了当时最大的望远镜,他在望远镜里看见了许多他的前人所未能看见的"星云",即与普通恒星的单个光点完全不同的、有一定视面的朦胧天体。1811年,W.赫歇尔把他所发现的2 500个星云排列成表,这些天体之中有从弥漫物质至凝固恒星之间的许多过渡形式。

此后,爱尔兰的天文爱好者罗斯伯爵像W.赫歇尔一样,热衷于制造越来越大的望远镜。他用当时世界上最大的口径1.8米的望远镜观测了一些旋涡星云,画出了它们美丽的图像。图7.2展示了他画的M51旋涡星云(左图)和由哈勃空间望远镜拍摄的同一星系。后来其他一些天文学家也观测到了这种形态的星云。

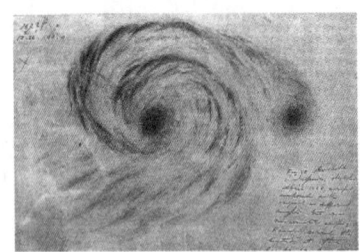 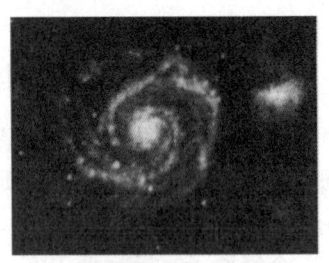

罗斯伯爵观测并绘制　　　　　　哈勃空间望远镜拍摄

图 7.2　猎犬座旋涡星云 M51[①]

到那时为止,天文学家观测到的星云有些是无定形的、球状的或椭圆的,没有什么结构,有些呈现螺旋形的旋涡状。但是光凭当时的目视观测不足以揭示这些天体的物理性质和在空间的分布特点。星云的性质是等到天体物理学发展之后,通过照相观测和光谱分析乃至距离测量,直到20世纪20年代才最终被人们所认识。正如"M星表"所展示的,曾经一律被认为是星云的天体,其中有些是星团,有些是河外星系,有些才是现代所称的真正的星云。

现在确认,星云是由气体和尘埃组成的云雾状天体,体积远比恒星巨大,而密度非常稀薄。与星际物质相比,密度达到其10倍至10^3倍的区域,即形成了星云。各种星云中的化学元素丰度相当类似,与宇宙元素丰度一致。由于星云的物质密度和温度各不相同,星云的外观千姿百态,有的形如马头,有的状如玫瑰,还有的酷似蚂蚁,等等。

观测表明,氢原子通常聚集成云块,其质量是太阳的$10^{-1}\sim 10^3$倍。云块内的密度和温度都很低,每立方厘米只有$10\sim 10^3$个原子,温度只有80开左右。当温度降到50开以下时,星际原子会结合成分子并聚集成团,形成比氢云更大、更密、更冷的分子云。大约一半质量的星际物质分布在分子云里。分子云是恒星形成的场所,在分子云的内部或附近区域通常有许多新诞生的恒星。

---

* **4.** 从下列各种天体照片中识别出同一类型的两个天体　　　　　　　　　　(　　)

[①]　萧耐园,宣焕灿. 图解天文学史[M]. 南京:南京大学出版社,2012.

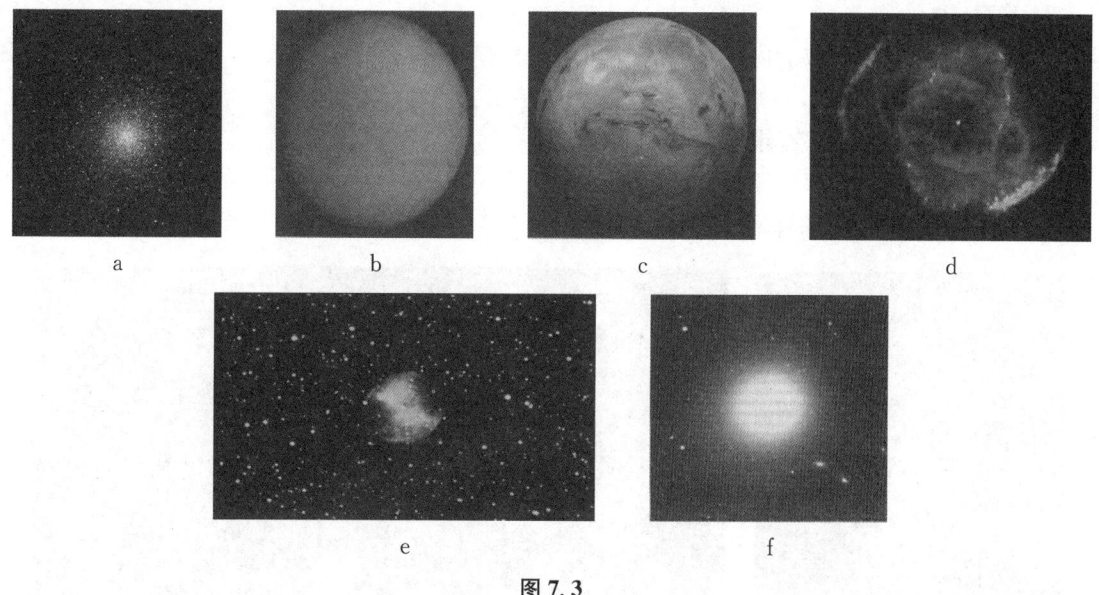

图 7.3

    A. bc
    B. af
    C. de
    D. bf

解析：d 为猫眼星云 NGC6543（位于天龙座），e 为哑铃星云 M27 或 NGC6853（位于狐狸座），它们同为行星状星云。行星状星云是星云的一种，是小质量恒星演化到晚期后的产物。其余的，a 为武仙座球状星团 M13，f 为室女座巨椭圆星系 M87，b 为土卫六，c 为火星。

答案：C。

5. 宇宙空间的化学元素除了氢和氦以外，基本上都是由恒星内部的核聚变反应和超新星爆发等机制合成的，可以分为 3 个层次：第一层次，碳、氧及更轻的元素；第二层次，铁、镍及更轻的元素；第三层次，比铁、镍更重的元素。行星状星云和超新星遗迹的扩散能把相应层次的元素散布到宇宙空间，下列对应关系正确的是 （　　）

    A. 行星状星云与第一、二层次，超新星遗迹与第二、三层次
    B. 行星状星云与第一层次，超新星遗迹与第二、三层次
    C. 行星状星云与第一、二层次，超新星遗迹与第三层次
    D. 行星状星云与第一层次，超新星遗迹与第三层次

解析：质量小于 $8M_\odot$ 的恒星，演化到晚期，其核心历经氢聚变形成氦，氦聚变形成碳和氧的反应后，核反应终止，而外层这两种核反应却在继续，以至外层膨胀，恒星成为红巨星。最终核心坍缩成为白矮星，外层扩散为行星状星云，只能生成碳、氧等元素。质量大于 $8M_\odot$ 的恒星，演化到晚期，其核心历经一系列聚变反应，生成铁、镍等重元素后，核反应终止，同样由于外层的核反应，恒星成为红超巨星。最终核心的坍缩非常猛烈，内爆中强烈的外向反射激波使外层爆炸，形成超新星爆发，抛出大量物质。超新星遗迹就是这些抛出物在向外膨胀过程中与星际物质相互作用而形成的气体星云。在此过程中合成了比铁、镍更重的多种元素，核心坍缩成为中子星或黑洞。

答案:B。

6. 下列两幅图反映的内容是否有共同点？若有，是什么？　　　　( )

　　A. 没有共同点，一幅是银河星图，一幅是星云照片

　　B. 有共同点，都有银河

　　C. 有共同点，都有亮星云

　　D. 有共同点，都有暗星云

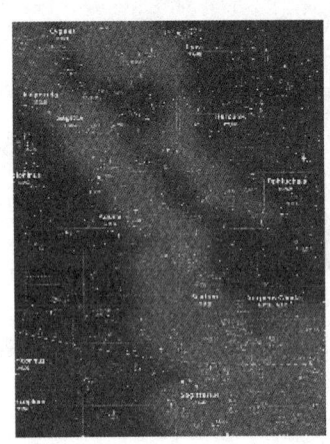

图 7.4

解析：沿着银河可以看到很多没有星星的黑暗区域，上列左图展示了天鹰座和武仙座之间银河的"分叉"，实际上这是在银河密集恒星背景衬托下的暗星云。右图展示了位于猎户座δ星南侧的马头星云 NGC2024，这也是一个暗星云，其背景上的亮星云把它的轮廓衬托得惟妙惟肖。两幅图上都有暗星云，这是两图的共同点。

答案：D。

***7.** 蟹状星云是中国下列哪个朝代记录的"客星"的遗迹　　　　　　( )

　　A. 汉

　　B. 唐

　　C. 宋

　　D. 明

解析：宋朝文献《宋会要》记载："(宋仁宗)至和元年五月，晨出东方，守天关。昼见如太白，芒角四出，色赤白，凡见二十三日。"这是关于一颗"客星"的记录，"客星"是我国古代对新星和超新星的称呼，意指在原本看不到恒星的天区突然出现了恒星，后来又消失不见，犹如匆匆来去的过客。这颗"天关客星"被鉴定为超新星，是在 1054 年 7 月 4 日爆发的，其位置在"天关"即金牛座ζ星附近，最亮时有 23 日白昼都可以看见，像太白金星那样光芒四射。另据记载，该星直到 1056 年 4 月 6 日肉眼才无法看到，它在天空显现了 1 年 9 个月。19 世纪英国业余天文学家贝维斯在此处发现了蟹状星云。根据现代天文学的理论，这颗超新星爆发后，其外围部分形成超新星遗迹，其核心出现一颗坍缩而成的中子星。这两者现在都已得到了观测的证实。这样，关于超新星爆发的古天象资料为现代天文学的热点课题提供了观测证据。

答案:C。

知识扩展

星云的分类

星云从形态和起源上可分为弥漫星云、行星状星云和超新星遗迹(星云)。

弥漫星云形状大多很不规则,且往往没有明确的边界,星际物质聚集起来无规则地充盈其间,呈弥漫状,平均直径几十光年,每立方厘米 $10\sim10^3$ 个原子($10^{-22}\sim10^{-20}$ 克)。大多数质量在 $10M_\odot$,主要分布在银道面附近。

根据星云是否发光,星云分为发光的亮星云和不发光的暗星云两类,亮星云又包括发射星云、反射星云、行星状星云和超新星遗迹。

发射星云是一种高温气体的弥漫星云,内部至少有一颗或几颗炽热的 O 型星或 B 型星,它们是深埋在星云中的激发源(图 7.5)。在这些高温恒星强烈的紫外线照射下,星云气体受激发而发出荧光。例如,位于天鹅座的北美星云 NGC7000 和鹈鹕星云 IC5067 都是发射星云(图 7.6)。

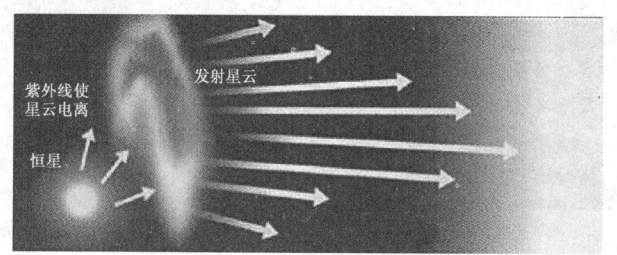

图 7.5 发射星云的成因①

图 7.6 北美星云(左)和鹈鹕星云
(来源:NASA)

反射星云也是弥漫星云,通过反射和散射附近温度较低的亮星的星光而发亮(图 7.7)。当星光与星云中的尘埃颗粒相撞时,其中一部分星光被尘埃吸收,另一部分则被散射回星际空间。例如,位于猎户座的弥漫星云 M78 是一个反射星云(图 7.8)。

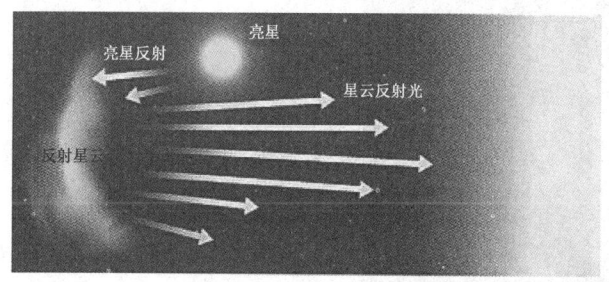

图 7.7 反射星云的成因②

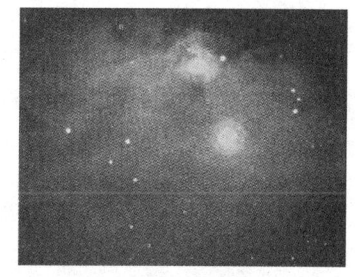

图 7.8 弥漫星云 M78
(来源:NASA)

---

① 张存浩,陈竺. 彩图科技百科全书·宇宙[M]. 上海:上海科学技术出版社,2005.
② 张存浩,陈竺. 彩图科技百科全书·宇宙[M]. 上海:上海科学技术出版社,2005.

位于猎户座的猎户星云 M42 或 NGC1976，距离约 1 500 光年，部分是发射星云，部分是反射星云，在晴朗无月的夜晚能用肉眼辨认（图 7.9）。猎户星云的直径约 16 光年，质量约 $300M_\odot$，最亮部分原子数达每立方厘米 10^4 个，温度约 8 000 开。它是恒星诞生的摇篮。

图 7.9　猎户星云（来源：NASA）

暗星云是不发光的云雾状天体，表现为分布在天空中的形状不规则的暗黑区域，它们一般是致密、低温的分子云。在暗星云附近没有亮星照亮它们，同时暗星云中致密的气体和尘埃物质遮挡了背景恒星或亮星云的光线，于是就在背景恒星或亮星云的背景中看到了暗星云（图 7.10）。暗星云是恒星诞生的主要场所，例如，本章第 6 题所见的银河"分叉"，还有马头星云。外界辐射穿透不到暗星云的中央去，因而暗星云得不到加热，温度估计只有约 10 开。此外如位于蛇夫座的 B68 暗星云，也以银河为背景（图 7.11）。

图 7.10　暗星云的成因[①]

图 7.11　B68 星云（来源：NASA）

位于人马座的三叶星云 M20 或 NGC6514 是一个"三位一体"的有趣例子，它本身是一个既是反射星云又是发射星云的弥漫星云（图 7.12）。它的得名就是因为在它的像上出现了分叉的"裂缝"，将整个像分成三片，而这些裂缝正是位于该星云与我们之间的一个暗星云。

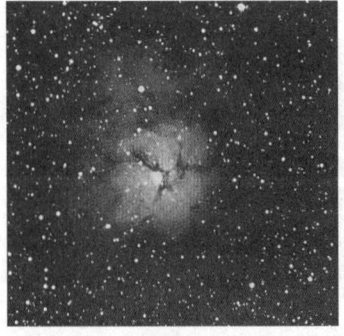

图 7.12　三叶星云（来源：NASA）

---

① 张存浩，陈竺．彩图科技百科全书・宇宙[M]．上海：上海科学技术出版社，2005．

行星状星云中心的恒星残骸起初温度高达 $4×10^4$ 开,星云被中心高温恒星的紫外辐射电离,并产生再辐射,故它们实际上是发射星云的一种。在形态上,行星状星云有一定的对称性,边缘较清晰。构成星云的气体包层以 20~50 千米/秒的速度向外膨胀,通常在几千年内就会弥散到星际空间中。本章第 4 题中图 d 的猫眼星云是一个典型的例子,其中心可见一颗明亮的高温恒星。

绝大部分超新星遗迹是通过射电手段探测到的。例如,仙后座 A 是仙后座里最明亮的射电源,它是一个超新星遗迹,就是 1572 年第谷发现的"仙后新星"的残留物(图 7.13)。超新星遗迹在光学波段上可分为两类:一类具有明显的环状结构;另一类形态不规则,且中心增亮,例如蟹状星云 M1 或 NGC1952(图 7.14)。超新星遗迹内的气体普遍呈现纤维状的结构。在蟹状星云中心发现了一颗快速转动的脉冲星(即中子星),在与其类似的超新星遗迹中也往往隐藏着一颗脉冲星,脉冲星通过发射高速电子不断向星云注入能量。环状超新星遗迹中心一般没有脉冲星,能量来自超新星爆发产生的激波。超新星爆发后气体以 $1×10^4$ ~ $2×10^4$ 千米/秒的速度向外膨胀,随后抛射的气体开始扫过星际物质并逐渐减速,形成一个环形气壳。经过大约 10 万年的膨胀与冷却过程后,超新星遗迹逐渐弥散到星际空间。它们把在恒星内核合成的金属元素丰富的物质扩散到星际物质中,并结合到下一代恒星里去。

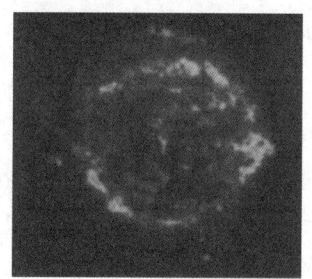

图 7.13 仙后座 A 射电源的射电像
(来源:NASA)

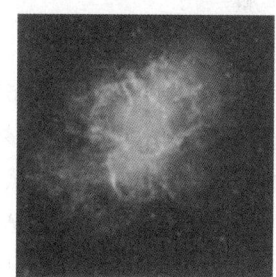

图 7.14 蟹状星云
(来源:NASA)

*8. 1975 年,美国天文学家用阿雷西博射电望远镜向一个天体发出了第一封"地球电报",用二进制数字编码向期待中的"外星人"发送人类 DNA 的五种元素、人类 DNA 形状、人的形状、太阳系的各个星球等信息(图 7.15)。这个天体是 ( )

A. 半人马 α,它离地球最近

B. 武仙座球状星团,星团的恒星最密集

C. 昴星团,肉眼能见的最明亮星团

D. 开普勒 - 186f,它被天文学家确认为位于宜居带上条件最接近地球的系外行星

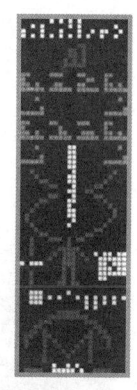

图 7.15

解析:武仙座球状星团 M13 或 NGC6205 是一个恒星非常密集的球状星团,距离 22 200 至 25 000 光年,直径约 145 光年,包含数十万颗恒星,因此,某颗或多颗恒星周围行星上的智能生物(俗称外星人)接收到地球上发出的信号的概率远大于单颗恒星。半人马 α 是一对双星,次星是比邻星,当时不能确定周围是否有行星(2022 年检测到在比邻星周围有 3 颗行星,其中比邻星 d 在宜居带里)。昴星团 M45 是一个疏散星

团,星数远小于球状星团。开普勒-186f 是在 2014 年才发现的。

答案:B。

9. 昴星团星云 NGC1432 是著名的反射星云,照片显示在昴星团成员星的四周弥漫着被照亮的星云物质(图 7.16)。它与昴星团的关系是　　　　　　(　　)

A. 昴星团就是由这个星云演化而来

B. 这个星云在昴星团的背景上

C. 这个星云在昴星团的前景上

D. 这是一个正在与昴星团相遇的弥漫星云

解析:昴星团是一个疏散星团,距离 444 光年,核心部分的半径为 8 光年,外围延伸到 43 光年,年龄约 1 亿年。它包含了约 1 000 颗星,其中有许多年轻的高温蓝色星,且约有 57% 是双星;总质量估计为 $800M_\odot$;估计 2 亿 5 000 万年之后它将瓦解。昴星团整体在空间运动,正与昴星团星云相遇,估计相对运动的速度是 18 千米/秒。

答案:D。

知识扩展

星团和星协

在银河系和其他星系内,散布着大量单颗恒星。但是,恒星有集群分布的特征,除了双星和聚星这类最小的恒星系统之外,还存在着由众多恒星组成的更大系统——星团和星协。星团有两种类型:疏散星团和球状星团。在银河系里已发现 150 个以上的球状星团和 1 100 个以上的疏散星团,它们的实际总数目自然要比这多得多。在更远的距离,由于受到星际尘埃的遮挡或处于密集的银河背景场星中,有很多星团无法辨认。

疏散星团的形状不规则,结构松散,在几十光年的范围内通常包含几十颗到几千颗恒星,用普通的望远镜就可以分辨其中的成员星。其成员星是年轻恒星,在同一个星云里几乎同时形成,具有相同的年龄和相同的空间运动。昴星团是一个典型的疏散星团(图 7.16)。它们分布在银河系的银盘里,高度集中在银道面的两旁,离银道面的距离一般小于 650 光年,所以又名银河星团。

图 7.16　昴星团(来源:NASA)

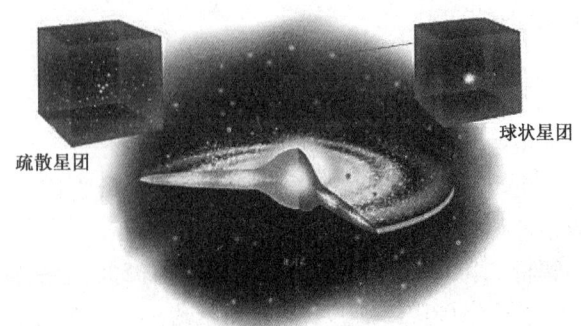

图 7.17　球状星团和疏散星团在银河系里的分布[①]

[①] 韩启德.十万个为什么·天文(第六版)[M].上海:少年儿童出版社,2014.

球状星团是呈球形或扁球形的紧密的恒星集团。星团包含 $10^4 \sim 10^7$ 个量级的恒星,直径 20 光年至 200 多光年。成员星彼此以万有引力紧密地吸引在一起,结构致密,越往中心越密集。星团内恒星的平均分布密度约为太阳附近的 50 倍,中心密度约为 1 000 倍。本章第 4 题中图 a 的武仙座球状星团是其典型。球状星团分布在银河系的银晕里,呈现以银河系中心为球心的大致为球形的空间分布,在巨大的椭圆轨道上以长达数亿年的周期环绕银河系中心旋转(图 7.17)。球状星团是非常年老的天体,年龄大约为 100 亿年,在银河系形成的早期就诞生了。

星协是比疏散星团结构更为松散的恒星集团,由分布在很大空间范围内的相同光谱型的年轻恒星(年龄估计为百万年至千万年)组成,直径从 10 光年到 100 光年不等,成员星有十来颗到几百颗。它们有共同的起源,彼此的引力联系很弱,不过还是一起做相同的空间运动。星协不可能维持 1 000 万年以上时间,最终将瓦解。星协不如星团那样直观,在其所在的天区里不能看出恒星明显地聚集,必须证认恒星的光谱型、运动、年龄和化学组成。它们向银道面高度集中,并常位于星云附近,按成员星的不同类型而分为 OB 星协、T 星协和 R 星协 3 种类型。

OB 星协由光谱型为 O 型和 B 型的大质量和高光度的主序星组成,多存在于银河系气体和尘埃较多的旋臂中。OB 星协的恒星都是年轻的恒星,它们的年龄不超过 10^7 年的量级,在核心都有一个或几个疏散星团。著名的 OB 星协如猎户座的 OB 星群(星群是指不论有无物理联系,直观看来都比较靠近的一群星)。T 星协由质量与太阳相近的金牛 T 型星组成,它们是尚未到达主序的年轻恒星。T 星协是不稳定的系统。著名的例子如猎户星云附近和金牛座里的 T 星协。R 星协由质量较小的年轻主序星组成,它们刚刚从星云中形成,质量不够大,不足以把周围剩余的星云物质清除尽,但能把它们照亮,成为反射星云,著名的例子如麒麟座 R2 星协。

星协在研究恒星的起源和演化中有重要作用。它们最初由(苏联)亚美尼亚天体物理学家阿姆巴楚米扬于 1947 年发现并命名。

---

10. 球状星团可以看作一个力学保守系统,它们的成员星通过万有引力聚集在一起,因而具有引力势能,各成员星又有相对于星团中心向各个方向的运动,因而具有动能。令所有成员星的势能之和为 U,动能之和为 T,定义星团的总能量 $E=U+T$。显然,星团的总能量 E 取决于 U 和 T,它们具有下列性质: ( )

A. $U>0, T>0, E>0$
B. $U>0, T<0, E<0$
C. $U<0, T>0, E>0$
D. $U<0, T>0, E<0$

解析:所谓力学保守系统是其内只有势能和动能,两者之和保持守恒,与外界没有能量交换,即既不输入又不输出能量的系统。例如在地面上空正在自由下落的一个铅球,质量为 m,忽略空气阻力,它与地球就构成了这么一个系统。令地球质量为 M,设瞬间 t_1 铅球的下落速度为 v_1,地心距为 r_1,这时它的动能 T_1 和势能 U_1 依次为 $T_1=\dfrac{1}{2}mv_1^2$ 和 $U_1=-G\dfrac{Mm}{r_1}$,式中 G 为牛顿万有引力常数。我们看到一个力学保守系统内的势能被定义为负值,当铅球位于无限远处时,系统的势能为零。只有这样定义才能满足能量守恒定律。证明如下:设 t_1 后面的一个瞬间 t_2 铅球的下落速度为 v_2,$v_2 > v_1$,地心距为 r_2,$r_2 < r_1$,这时它的动能 T_2 和势能 U_2 依次为 $T_2 = \frac{1}{2}mv_2^2$ 和 $U_2 = -G\frac{Mm}{r_2}$。由于能量守恒,就有:

$$\frac{1}{2}mv_1^2 + (-G\frac{Mm}{r_1}) = \frac{1}{2}mv_2^2 + (-G\frac{Mm}{r_2})$$

$$-G\frac{Mm}{r_1} - (-G\frac{Mm}{r_2}) = \frac{1}{2}mv_2^2 - \frac{1}{2}mv_1^2, \text{即} -(U_2 - U_1) = T_2 - T_1 > 0$$

此式表明系统的引力势能随着铅球的下落而减少,同时铅球的动能增加,减少与增加的量相等,满足能量守恒定律。进一步可以证明(在此证明从略),力学保守系统满足 $2T + U = 0$,这称为位力定律。由此可得 $U = -2T$,$E = U + T = -T < 0$,即系统的总能量为负值,请注意,动能 T 恒大于 0。

答案:D。

知识扩展

星团的稳定性

疏散星团在环绕银心运动的过程中,由于成员星之间的距离相对较大,引力作用较弱,会受到诸如巨分子云或其他星团等天体的引力作用而分散,但通常还能保持相同的空间运动;尽管如此,其成员星还是不断地散失。一般疏散星团的寿命为几亿年,少数可更长。

球状星团则不同,成员星之间相当密集,整个星团的总能量为负,且绝对值等于系统的总动能,保持着星团的稳定。与疏散星团不同,球状星团通常不易受其他天体的影响。设想星团的总能量为正,也就是说,成员星的动能超过了引力势能,这意味着它们的运动速度很大,足以克服引力的束缚,从而四散逃逸,则星团很快瓦解。当然,实际情况不是这样的。不过,在球状星团的外层,个别恒星有可能通过与其他成员星的相互作用而获得更大的动能,往往能克服引力束缚而脱离星团,毕竟外围的引力束缚较弱,这称为星团恒星的蒸发。这是由局限于星团之内的能量交换所致,且蒸发现象使得星团的势能进一步减少,故蒸发不能瓦解星团。如上所述,球状星团的寿命极长。

11. 从地球上看去银河系的中心位于下列哪个星座? ( )

A. 天蝎座
B. 人马座
C. 天鹅座
D. 双子座

图 7.18 人马座的一段银河
(来源:NASA)

解析:夏秋季晴朗无月的夜晚,扫视天空,但见一袭明亮灿烂的光带高悬。它从北边的地平线向上延伸,经过头顶,向南一泻千里,在南方地平线上的人马座和天蝎座里既宽又亮,似乎汇成了宽广的浩荡巨流,气势磅礴,震人心魄,这就是银河(图7.18)。银河是银盘在天空的投影,银盘在接近银河系中心的部分最宽阔,而银河系中心的投影是在人马座。太阳系在银盘里,位于离银河系中心 2/3 银盘半径处,因此向银河系中心看去银河显得特别宽广。天鹅座在银盘里位于与银心—太阳连线几乎垂直的方向。双子座在冬春季可见,那时所见的银河与银心反向,是银盘边缘部分的投影,既狭窄又暗淡。

答案:B。

12. 人类历史上第一个通过观测确认银河系是一个扁盘状恒星系统的学者是 (　　)

　　A. 意大利的伽利略

　　B. 英国的赖特

　　C. 德国的康德

　　D. 英国的 W. 赫歇尔

解析:1610 年初,伽利略第一个用望远镜观察银河,发现了这条明亮的光带乃是由无数恒星组成的。后来,有一些学者包括赖特和康德揣测银河构成了一个巨大的恒星系统,太阳与其附近的恒星都是这个系统的一部分,而且居于中心,但他们只做了理论上的探讨。18 世纪 80 年代,W. 赫歇尔用望远镜计数银河里的恒星,运用统计平均法,于 1785 年首次通过观测,绘制出有关这个恒星系统的一幅扁而平、轮廓参差、太阳居中的结构图(图 7.19)。20 世纪初,天文学家把直观上表现为银河的这个扁盘状恒星系统称为银河系。

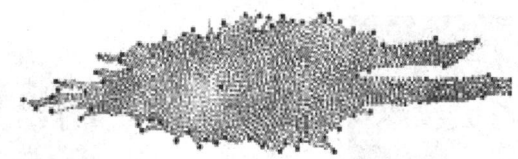

图 7.19　W. 赫歇尔认证的银河系①

答案:D。

13. 在银河系中心观测到强烈的 X 射线和 γ 射线辐射,这是由于在那里存在 (　　)

　　A. 大量超新星爆发

　　B. 大量中子星并合

　　C. 一个超大质量黑洞

　　D. 大量 γ 暴

解析:现在普遍认为,在银核区域有一个超大质量黑洞,已测定它的质量为 410 万 $M_\odot$。这个黑洞通过吸积附近的恒星和气体,在周围形成一个吸积盘。吸积盘里的物质以接近光速环绕黑洞旋转,温度高达数十万至上百万开,产生强烈的电磁场,表现出银核的各种高能活动现象,发射从射电波到 γ 射线的电磁辐射。

答案:C。

知识扩展

银河系

夏秋季与冬春季所见的银河在天球上形成了环绕整个天空的一圈光带。在我国古代,

---

① 萧耐园,宣焕灿. 图解天文学史[M]. 南京:南京大学出版社,2012.

银河又称天河、银汉、星河等,在西方则称为"乳汁路"。图 7.20 是不同季节和纬度带上拍摄的银河的组合像,显示出星团、气体和尘埃带以及明亮发光中心的位置。右下的两个不规则亮斑是大、小麦哲伦云(银河系的伴星系)。

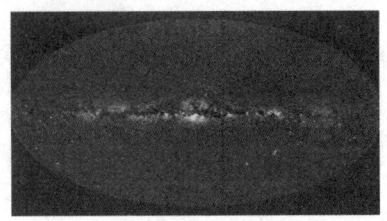

图 7.20　银河的组合像(来源:NASA)

现在人们已认识到银河系是一个庞大的天体系统。银河系内有 2 000 亿～3 000 亿颗恒星。人类赖以生存的太阳只是银河系内一颗极其普通的恒星(图 7.21)。银河系的质量约为太阳质量的 1.15 万亿倍,其中可见质量约 10%,恒星约占可见质量的 90%,气体和尘埃组成的星际物质约占 10%。银河系大体上由银盘、银河核球和银晕三部分构成(图 7.22)。

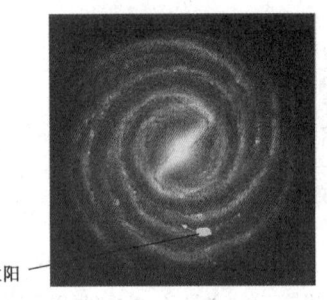　　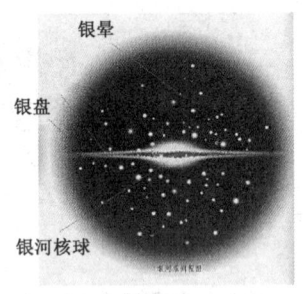

图 7.21　银河系的俯视图[1]　　　　图 7.22　银河系的侧视图[2]

银盘是银河系的主体。从外形看,银盘是一个中间厚、边缘薄的扁盘,直径约 87 400 光年,中心厚度约 4 200 光年,自中心向边缘逐渐变薄。从整体上看,银盘非常薄,平均厚度约 1 000 光年。年轻的恒星和星际气体、尘埃云等主要分布在银盘上。银盘中心是一个隆起的近似于椭球形的银河核球,半径约 12 000 光年。银河核球的中心称为银核。银河核球内的恒星分布十分密集,它们基本上是年老的小质量恒星。最近的计算机模拟显示,暗物质区域连同少许可见恒星一直延展到直径约 200 万光年处。

银河系是一个棒旋星系,属 SBbc 型。英仙臂和雕具—半人马臂是两条主要的旋臂,其中密布着老年恒星;其余的猎户臂、船底—人马臂、矩尺臂及其外展臂和 3kpc 臂则充满气体、尘埃和年轻恒星(图 7.23)。这种差异的原因迄今未明。

---

[1]　张存浩,陈竺. 彩图科技百科全书·宇宙[M]. 上海:上海科学技术出版社,2005.
[2]　张存浩,陈竺. 彩图科技百科全书·宇宙[M]. 上海:上海科学技术出版社,2005.

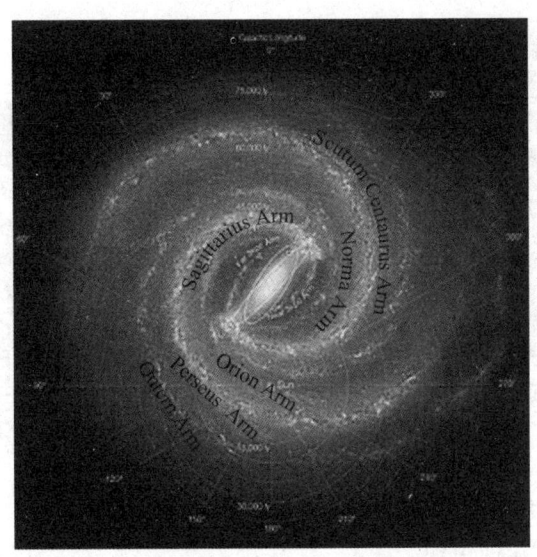

图 7.23 银河系旋臂结构的艺术想象图(来源：NASA)
图注：Scutum-Centaurus Arm—雕具—半人马臂，Norma Arm Outer Arm—矩尺臂 外展臂，Sagittarius Arm—人马臂，Perseus Arm—英仙臂，Orion Arm—猎户臂

银河系的银盘与中央区域连接的凸起部分是核球，它由扁球形的恒星聚集体与气盘组成。核球内的恒星大多为天琴 RR 型星、晚型星和红巨星。它们比银盘中的恒星年老，但比银晕中的恒星年轻。核球内的气体主要是氢分子，形成了许多分子和尘埃云。

核球的中央是银核。银核在天球上位于人马座方向，有多个射电源和 X 射线源，发射很强的射电辐射和 X 射线辐射。银核不只是一个几何位置，还是有异常活动的场所，是银河系中心 1 500 光年范围之内的区域。由于太阳与银核之间的星际尘埃对可见光有严重的消光作用，研究银核时只能在射电、红外、X 射线和 γ 射线波段上进行观测。其内有一个点状射电源人马 A^*，可能是银河系真正的核心。

在银核附近分布着银河系中最密集的恒星群，并有电离气体和尘埃。在银核周围 1 光年的范围内包含有相当于太阳质量 500 万倍的物质。欧洲南方天文台拍摄了银河系中心的像，这幅图代表 2×2 光年的尺度。它提供了银河系中心周围恒星最清晰的景象(图 7.24)。银河系中心黑洞所在的位置以两个小箭头指示，但由黑洞投射的影子却小得看不到。2022 年 5 月 12 日，银河系中心的超大质量黑洞的首张照片公布。这张照片由国际研究团队事件视界望远镜(EHT)合作组织，通过射电望远镜的超大阵列"拍摄"而成(图 7.25)。这个阵列由位于全球各地的 8 台射电望远镜组成，相当于一台以地球直径为口径的大干涉仪，分辨率达到约 21 微角秒。照片上明亮的圆环是黑洞周围的吸积盘，盘物质处于几十万开的高温，发射出强烈的 X 射线和 γ 射线辐射，把黑洞的像衬托了出来。

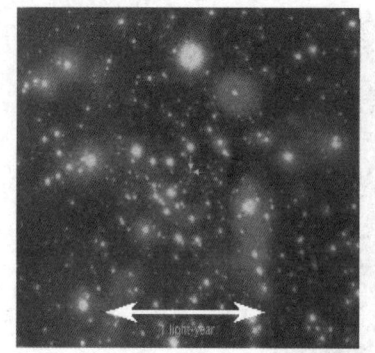

图 7.24 银河系中心区域①

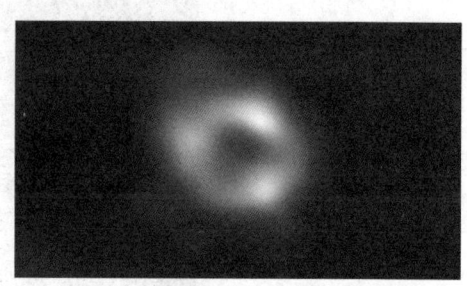

图 7.25 银河系中心超大质量黑洞的照片
（来源：EHT 合作组织）

＊14. 最早深入研究银河系自转的天文学家是　　　　　　　　　　　　　　（　）

A. 荷兰天文学家柯伊伯

B. 荷兰天文学家奥尔特

C. 美国天文学家沙普利

D. 英国天文学家爱丁顿

解析： 1927 年，荷兰天文学家奥尔特对银河系自转做了深入研究。他推导出了银河系较差自转对视向速度和自行影响的公式，并通过对恒星的视向速度进行分析，获得了令人信服的关于银河系自转的证据。

答案： B。

15. 维系银河系稳定的引力来源主要是　　　　　　　　　　　　　　　　　（　）

A. 银河系中心的超大质量黑洞

B. 分布于整个银河系的暗物质

C. 银河系里几千亿颗恒星相互间的引力作用

D. 分布于整个银河系的星际物质

解析： 银河系中心的超大质量黑洞的质量还不到银河系质量的 0.000 5%；太阳系里中心天体太阳占整个系统质量的 99.865%，中心天体的引力足以维系整个太阳系的稳定。由此可见，答案 A 是错误的。据估计，银河系与一般的星系相同，暗物质约是正常物质（包括不发光的天体和星际物质）的 10 倍之多，在稳定银河系中起主要作用。暗物质粒子不与电磁波发生作用，用光学方法或射电方法都不能直接探测到暗物质粒子。但是，它们与正常物质之间有引力相互作用。银河系的恒星虽然远远多过球状星团，但它们的运动状态与后者不同，如果没有暗物质的引力势能，星系的总能量未必保持负值，或虽是负值但绝对值远小于动能。银河系星际物质的质量仅占星系质量的 10%，其贡献远小于暗物质。

答案： B。

---

① ［美］弗尔维奥·梅利亚. 无限远的边缘［M］. 萧耐园，译. 长沙：湖南科技出版社，2006.

知识扩展

银河系的自转与其中的暗物质

银河系的所有物质都在绕着通过银心并且垂直于银道面的一条轴线旋转。假如银河系是一个刚体，那么所有天体、气体和尘埃的旋转周期都相同，它们的旋转速度与半径成正比地向外增加。然而，观测发现，靠近银心的物质旋转周期比远处物质的周期要短。这是一种在万有引力定律作用下的很自然的情况。例如，太阳系的行星也显示同样的性状：水星环绕太阳的周期短于地球，地球又短于木星，等等。天文学家测量了银河系内不同半径处的自转速度，自转速度随银河系半径变化的曲线称为自转曲线(图 7.26)。这条自转曲线测量的范围是从银心直到银河系外围半径 20 千秒差距(20 千秒差距相当于 6.5 万光年，1 秒差距=3.26 光年)处，曲线明显地分为两段。在银心附近(直到半径约 1.2 千秒差距处)，由于物质高度集中在核球的区域内，曲线几乎呈直线状陡峭上升，呈现刚体转动的状态；而此后除两个不大的起伏，曲线几乎趋于平坦，速度明显地偏离开普勒运动。所谓开普勒运动是中心天体集中了系统的绝大部分质量，其周围物质的运动完全是在中心天体引力支配下的运动形式。银河系自转曲线表明银河系的物质并不高度集中在中央，在外围广大的区域里分布着大量物质。天文学家根据银河系的自转曲线计算出银河系的质量及其分布，发现约占 90%质量的是不可见的暗物质。银河系自转的平均速度约 220 千米/秒，在太阳半径处的自转周期约 2.12 亿年。

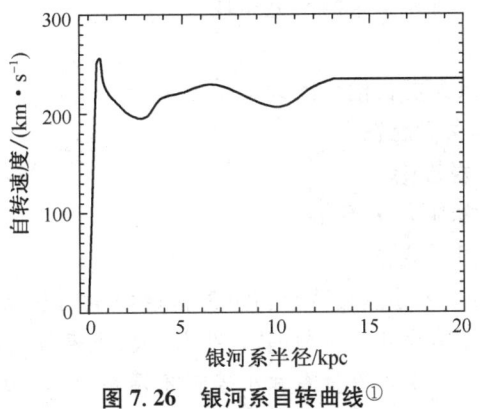

图 7.26 银河系自转曲线①

1933 年，美籍瑞士裔天文学家 F. 兹威基研究遥远的仙后星系团里星系的运动，他通过测量星系的亮度估计出了一个星系团的总质量。但是，当他测量引力对这些星系运动速度的影响时，他估计出的总质量比由亮度计算出的总质量大了约 400 倍。他就此发现了星系团里的暗物质。实际上，星系里的大部分质量来源于暗物质。天文学家测量了许多星系的自转曲线，发现情况与银河系类似。图 7.27 展示了两个河外星系 NGC801 和 NGC2885 的自转曲线。

---

① ［美］库特纳.天文学—物理新视野[M].萧耐园，译.长沙：湖南科技出版社，2005.

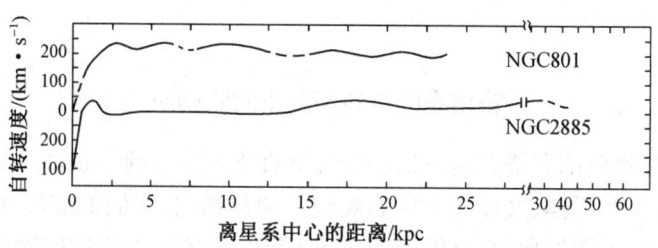

图 7.27　河外星系 NGC801 和 NGC2885 的自转曲线①

---

*16. 1924 年,美国天文学家哈勃首次把两个"星云"证认为河外星系,这两个星系是
（　　）

　　A. 仙女星系 M31 和三角座星系 M33

　　B. 大麦哲伦星系和小麦哲伦星系

　　C. 一同位于室女座的巨椭圆星系 M87 和椭圆星系 M49

　　D. 一同位于波江座的旋涡星系 NGC1232 和棒旋星系 NGC1300

解析: 1923—1924 年期间,哈勃在威尔逊山天文台观测旋涡星云。他把 M31 和 M33 两个旋涡星云的外围区域分解为单个恒星,并发现这些恒星中有许多是造父变星。哈勃定出了它们的光变曲线,进而根据造父变星的周光关系,推算出了这两个星云距离地球约为 93 万光年。这就证明了它们远在银河系之外。随着这项工作的开展,哈勃做了关于其他星系的大量前沿性研究,开创了河外星系的研究领域。

答案: A。

*17. 历史上最早记录大麦哲伦云的天文学家是（　　）

　　A. 古希腊天文学家伊巴谷

　　B. 葡萄牙航海家麦哲伦

　　C. 阿拉伯天文学家阿尔·苏菲

　　D. 英国天文学家 J. 赫歇尔

解析: 公元 964 年,阿尔·苏菲在阿拉伯半岛南端的也门观测到大麦哲伦云,把它记录在其著作《恒星之书》里,称其为南阿拉伯的"白牛"。大、小麦哲伦星云是肉眼可见的类似弥漫星云的河外星系,名称是大麦哲伦星系和小麦哲伦星系,距离地球分别只有 16.3 万光年和 20.6 万光年,跨径分别为 1.4 万光年和 7 000 光年,是银河系的两个伴星系,与银河系构成了三重星系。它们分别位于南半球的剑鱼座与山案座的交界处和杜鹃座内,离南天极只有 20°左右,因此在北纬 20°以北的地方,是永不升起的。1519 年,葡萄牙航海家麦哲伦率领船队进行人类首次环球航行,来到南半球看到了它们,这是命名的缘由。J. 赫歇尔用他的望远镜观测这两个星云,发现它们具有异常丰富的内容。他认为这些星云可以看作特殊的星系,他对这两个星云的观测,开创了河外星系研究的先河。

答案: C。

---

① 朱慈墭. 天文学教程（下册）[M]. 北京:高等教育出版社,2000.

> 知识扩展

星 系

星系是由几亿到上万亿颗恒星以及星团、星云和星际物质构成的庞大的天体系统。它们的空间尺度通常在几千至几十万光年。宇宙中存在数以千亿计的星系。哈勃把他所研究的星系按它们的形态进行分类,这是星系分类中最基本的方法,一直沿用至今。从形态上看,星系可分为四类——椭圆星系、透镜状星系、旋涡星系和不规则星系,如图 7.28 所示。旋涡星系又可分为正常旋涡星系和棒旋星系两族。透镜状星系和旋涡星系均有星系盘,统称为盘星系。后来又有在此基础上的细化分类,比较复杂,不在此介绍了。

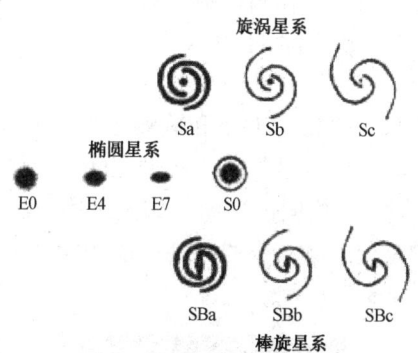

图 7.28　星系的哈勃分类[①]

1. **椭圆星系**　椭圆星系呈椭圆形或正圆形,以字母 E 表示。在哈勃分类中椭圆星系又分成 8 个次型,范围是从 E0(圆形)到 E7(最扁)。这类星系没有旋涡结构,通常中央较密,包含一个核,但也有些并没有核。它们的形状彼此相似,主要差别在于扁度和表面亮度向外的下降率不同以及大小的不同。图 7.29 展示的是室女座巨椭圆星系 M87,E0 型,距离 6 500 万光年,直径 13.2 万光年,质量 2.4 万亿 $M_\odot$。这是一个活动星系,从中心喷出一个高温喷流,以近光速喷到 4 900 光年处,示于图的右下角。2019 年 4 月 10 日,EHT 合作组织发布了 M87 中心超大质量黑洞的射电照片[图 7.30(a)];2021 年 3 月 24 日,又发布了它的偏振光照片[图 7.30(b)]。

图 7.29　室女座巨椭圆星系 M87
(来源:NASA)

(a)　　　　　　　(b)

图 7.30　M87 中心超大质量黑洞的射电像(a)和偏振光像(b)
(来源:EHT 合作组织)

---

① ［美］库特纳.天文学——物理新视野[M].萧耐园,译.长沙:湖南科技出版社,2005.

2. 旋涡星系　具有旋涡结构的星系叫作旋涡星系。在这类星系中,从中央向外缠卷了两条或更多条称为旋臂的条状结构。旋臂位于很薄的、称为星系盘的平面内。旋涡星系分为两族:正常旋涡星系和棒旋星系。正常旋涡星系的中央部分呈椭球状,以字母 S 表示,通常就简称为旋涡星系。图 7.31 展示的是位于波江座的旋涡星系 NGC1232,Sc 型,距离 6 100 万光年,直径约 20 万光年。

棒旋星系的中央部分呈棒状,以字母 SB 表示。在哈勃分类中,这两族旋涡星系都按照核与盘的相对大小和旋臂由紧到松的程度分为 3 个次型,它们分别用 Sa、Sb、Sc 和 SBa、SBb、SBc 表示。各个次型之间的界限不是很明确,往往还可分得更细。例如 Sab 表示介于 Sa 和 Sb 之间的次型。如上所述,我们的银河系就属于 SBbc 型的棒旋星系。图 7.32 展示的是位于波江座的棒旋星系 NGC1300,SBbc 型,距离 6 130 万光年,直径约 11 万光年,质量约 7 300 万 $M_\odot$。

图 7.31　旋涡星系 NGC1232
(来源:NASA)

图 7.32　棒旋星系 NGC1300
(来源:NASA)

3. 透镜状星系　透镜状星系介于椭圆星系和旋涡星系之间,是没有旋臂的盘星系。它们有明亮的核球和扁盘,但没有旋臂,形似透镜,其中的核球大致上与盘的其余部分一样大,使得星系的形态几乎呈球形。图 7.33 展示的是位于天龙座的透镜状星系 M102 或 NGC5866,S0 型,距离 5 000 万光年,直径约 6 万光年。这是完全侧向的星系像。

4. 不规则星系　不规则星系没有旋涡结构,形状不对称,不存在可辨认的核,用符号 Irr 表示。不规则星系分为两个次型,符号分别为 Irr I 和 Irr II。Irr I 型的不规则性是固有的,能分辨出恒星和星云,气体的相对含量超过旋涡星系。典型的 Irr I 型不规则星系如大、小麦哲伦星系(图 7.34 和图 7.35)。

图 7.33　透镜状星系 M102
(来源:NASA)

图 7.34　天空中的大麦哲伦星系(上中)和小麦哲伦星系(上偏右)(左下方为银河)
(来源:NASA)

图 7.35　大麦哲伦星系(a)和小麦哲伦星系(b)(来源:NASA)

Irr II 型只具有整体上无定形的形态,通常有很明显的尘埃条。它们的不规则性是由某种扰动引起的,通常是星系核的爆发、星系之间的大碰撞或相互作用等。例如位于狮子座的 Arp87 星系对或 NGC3808(NGC3808A+NGC3808B),距离 3 亿 3 000 万光年,前者是一个变形的旋涡星系,后者本是个 Irr I 型星系,两个星系的相互接近导致强烈的相互作用,这使得前者抛出一股由恒星、气体和尘埃组成的物质流,并在两个星系之间搭起了物质桥(图 7.36)。

图 7.36　Arp87 星系对(来源:NASA)

*18. 本星系群里最大的星系是　　　　　　　　　　　　　　　　　(　)
　A. 仙女星系 M31
　B. 室女座巨椭圆星系 M87
　C. 银河系
　D. 三角座星系 M33

解析:仙女星系在本星系群里最大,银河系其次,三角座星系第三;M87 不属于本星系群。仙女星系属 Sb 型,距离 245 万光年,直径 15.2 万光年,质量 1.5 万亿 $M_\odot$,包含约 1 万亿颗恒星[图 7.37(a)]。仙女星系与银河系以 110 千米/秒的速度在相互接近,估计将在约 40 亿年之后与银河系相撞,最终并合成一个巨椭圆星系或一个透镜状星系。三角座星系属 Sc 型,距离 320 万光年,直径 61 120 光年,质量 500 亿 $M_\odot$,包含约 400 亿颗恒星[图 7.37(b)]。

图 7.37　仙女星系(a)和三角座星系(b)(来源:NASA)

答案: A。

知识扩展

星系集团

星系在空间的分布并不均匀,有聚集成团的特性。孤立的星系只占少数,大多数星系都从属于某个星系集团。小的只有两个星系,称为双重星系,稍多些的称为多重星系。十几个到几十个星系组成的较小的星系集团称为星系群,星系更多的称为星系团。形态规则的星系团具有近似球对称的外形和星系高度密集的中心区,基本上由椭圆星系和透镜状星系组成。不规则星系团结构松散,是各种类型的星系的混合体,大小也相差很大。

银河系所在的星系集团称为本星系群。本星系群由仙女星系、银河系、三角座星系和它们附近的大麦哲伦云、小麦哲伦云等 80 多个星系组成。它的直径约 1 000 万光年,总质量约 2 万亿 $M_\odot$。它包含两个相距 300 万光年的集群:每个集群分别由仙女星系和银河系及各自周围的约 20 来个卫星星系组成,彼此正以 110 千米/秒的相对速度靠近。它又是一个更大的星系集团室女超星系团的一部分。

星系团与星系群没有实质性的区别,两者的划分只是根据成员星的多寡,其界限按约定俗成的习惯而定。通常把星系数目在几十个以下的称为星系群,而星系团的成员最多可达几千个,而且成员数目达 1 000 个以上的往往又称为富星系团,以下的则称贫星系团。星系团以它们所在的星座命名。例如室女星系团是一个邻近星系团,其中心位于室女座,距离 5 380 万光年,包含 1 300 至 2 000 个成员,质量约 1 200 万亿 $M_\odot$,直径约 1 430 万光年(图 7.38)。这是一个典型

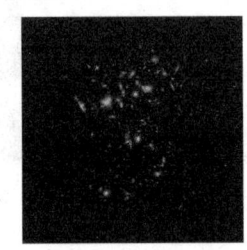

图 7.38 室女星系团深空场照片
(无关天体已剔除)(来源:NASA)

的不规则星系团,成员中旋涡星系占 2/3 以上。巨椭圆星系 M87 位于离这个星系团中心约 1°的地方。

星系际物质泛指存在于星系团内星系际空间内的物质,又指星系团与星系团之间的空间内的物质。它们很可能与银河系内的星际物质类似,包括气体和尘埃。气体以氢为主,处于中性或电离状态。对星系际气体的探测表明,中性氢原子的密度十分稀薄,估计最可能存在的物质是电离氢。因为氢原子一旦电离,由于密度极低,遭遇电子复合成原子的概率极小,因此电离氢得以大量存在。它们能够以等离子体的状态存在,温度达 $10^7 \sim 10^8$ 开,每立方厘米大约有 10^{-3} 个离子,并发射 X 射线。20 世纪 70 年代,X 射线探测卫星升空后成功地开展了对它们的探测。星系团里包含大量暗物质,其质量占星系团总质量的绝大部分。

通过引力透镜,天文学家可以探测暗物质在太空中的分布。根据广义相对论,物质的存在会使时空弯曲,暗物质同样会扭曲空间,进而改变背景星系的影像。就像光线通过透镜改变传播方向使物体变形一样,遥远星系的光线穿过居间星系团的引力场时,它们的影像也会被拉伸或者发生形变。

哈勃空间望远镜观测到许多引力透镜现象。天文学家根据这些被扭曲的星系像,重建了暗物质的大尺度三维分布。Abell 1689 巨星系团中暗物质所产生的引力透镜把背景星系

拉伸出条条同心光弧(图 7.39)。在星系团的中心暗物质最密集,那里的引力场也最强大。这个大质量星系团位于 22 亿光年之外,而背景星系更要远上数十亿光年。

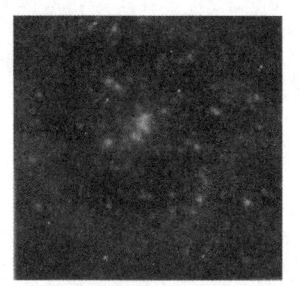

图 7.39　Abell 1689 星系团里的暗物质
(来源:NASA)

图 7.40　Abell 901/902 超星系团
(来源:NASA)

若干星系团组成更高层次的超星系团,它们通常具有扁形结构,中间是星系密度较低的称为"巨洞"的巨大空穴,四周是分布在二维面上的星系高密度区。超星系团各成员星系团之间的引力作用比星系团内各成员星系之间的要弱得多。银河系所在的超星系团称为室女超星系团(又称本超星系团)。它由本星系群、室女星系团以及一些较小的星系群和星系团组成,是一个扁平状的集团。室女星系团靠近它的中心,本星系群靠近边缘。它的团长径约 1 亿光年,厚约 60 万光年,其体积约 3.5×10^{23} 光年^3。通过对更多的星系团分布的探索,还发现了若干较近的超星系团,按所在方向的星座命名,有武仙超星系团、北冕超星系团、巨蛇—室女超星系团等。在可观测宇宙里估计有 1 000 万个超星系团。在超星系团的尺度上,它们随宇宙的膨胀而膨胀。图 7.40 展示了位于六分仪座的 Abell 901/902 超星系团,它的距离为 20 多亿光年。

2014 年,天文学家发现室女超星系团是一个更庞大的结构中的一部分,这个结构就是拉尼亚凯亚超星系团。拉尼亚凯亚超星系团的跨度达 5.2 亿光年,拥有 300 至 500 个星系团(群),其中的星系数量约为 10 万个。

---

*19. 爱因斯坦在运用广义相对论建立宇宙模型时,在引力场方程中加入了宇宙常数项,他的目的是　　　　　　　　　　　　　　　　　　　　　　　　　(　　)

　　A. 说明宇宙在膨胀

　　B. 说明宇宙在加速膨胀

　　C. 平衡引力

　　D. 用来表示宇宙中存在暗物质

解析:1915 年爱因斯坦发表了广义相对论,对万有引力理论做了划时代的变革。他把引力解释成空间弯曲效应。空间的弯曲程度,取决于空间内质量的分布。爱因斯坦导出了引力场方程来描述空间状态。1917 年爱因斯坦将引力场方程应用于整个宇宙,希冀建立现代意义上的宇宙模型。当时,传统观念认为宇宙是静止的。但是爱因斯坦在他的引力场方程中却找不到静态解,因为引力场方程中只有引力,没有斥力。为了得到静态解,爱因斯坦在方程中人为地加入了一个具有等效斥力作用的"宇宙常数"项(记作 Λ)以平衡引力,从而获得了一个有限无边,也没有中心的均匀的静态宇宙解,称为爱因斯坦静态宇宙模型。随着河外星系退行的发现,人们认识到宇宙在膨胀,爱因斯坦的静态宇宙模型被否定了。尽管如此,爱因斯坦静态宇宙模型仍被认为是第一个具有现代科学意义的宇宙学解。

答案:C。

*20. 首先提出宇宙大爆炸学说的天文学家是 （ ）

  A. 美国天文学家哈勃

  B. 比利时神父兼天文学家勒梅特

  C. 俄裔美籍物理学家兼宇宙学家伽莫夫

  D. 英国天文学家霍伊尔

解析:1927年,比利时神父兼天文学家勒梅特在解广义相对论的引力场方程时,结合当时已由哈勃发现的河外星系的退行,把结果解释为宇宙的膨胀。1931年,他又进一步提出宇宙起源理论:宇宙是由一个高温、极密的"原始原子"开始膨胀形成的。这就是最初的宇宙大爆炸学说。1948年,伽莫夫结合元素起源理论完善并发展了这个学说。

答案:B。

21. 20世纪60年代的一项发现证实了大爆炸宇宙学的一个预言,从此这个学说成为宇宙学的主流学说。这项发现是 （ ）

  A. 宇宙中的中微子有3种

  B. 宇宙中残留着3 K的余温

  C. 宇宙在加速膨胀

  D. 宇宙中的元素约25%是氦

解析:1948年,美籍俄裔物理学家伽莫夫与他的学生阿尔弗提出了化学元素起源理论,作为大爆炸宇宙学的一个推论,他们认为在宇宙最初3分钟内,约25%的宇宙质量结合生成了氦。尽管氦元素能在恒星内部合成,但100多亿年来只能产生当前量的10%,这篇论文成功地解决了宇宙中氦丰度的问题。

元素起源理论还正确地预言了中微子的种数,认为这个数值的最可几值为3,更大的数值将导致生成的氦也更多,与实测值不符。1989年,新一代加速器大正负电子对撞机的实验终于把中微子的数值确定为3,即自然界只存在电子中微子 ν_e、μ 子中微子 ν_μ 和 τ 子中微子 ν_τ 3种。

伽莫夫还预言,现今宇宙应有大爆炸残留下来的背景辐射,即宇宙在大爆炸初期的极高温随着宇宙的膨胀不断降低,到现在整个宇宙还残留下约5开的背景温度。1964年,美国贝尔电话实验室的两位科学家彭齐亚斯和威尔逊,利用一架高灵敏度的号角形天线在电磁波的微波段探测到了相当于温度为3.5开的宇宙背景辐射。这就是20世纪60年代射电天文学四大发现之一的微波背景辐射。以上这3项都证实了宇宙大爆炸学说的预言。

1998年至1999年间,美国天文学家里斯和玻尔马特分别领衔的两个团队,对遥远星系内的Ia型超新星进行观测,发现了宇宙在加速膨胀。这项发现意味着当前的宇宙从整体上看应该是以斥力为主。

答案:B。

知识扩展

宇宙的演化历史

根据大爆炸宇宙学的观点,真空并非一无所有,真空场的量子涨落产生难以置信的惊人的巨大能量,导致了大爆炸,宇宙诞生了。大爆炸之后的 10^{-43} 秒,宇宙温度高达 10^{32} 开,这么一个极其短暂的时间称为普朗克时期。在这时期之内发生了什么,人们一无所知。从这时候起,宇宙才开始膨胀。这时的宇宙是以辐射为主的。

辐射包括高能光子和热运动速度接近光速的重子(质子和中子等)。在热碰撞中大量粒子与反粒子对产生了。但是随着宇宙膨胀并持续冷却,粒子与反粒子不断相遇而湮灭,每湮灭一对便产生两个光子把能量带走。但是由于自然界中正、反粒子不是完全对称的,每 10^{10} 个正、反粒子的湮灭,会有一个正粒子剩余,即产生了 $1/10^{10}$ 的不对称。正是这剩余的正粒子构成了我们今天的宇宙。这一过程持续到宇宙年龄的 10^{-35} 秒。

宇宙年龄 10^{-35} 秒时,宇宙温度已降低到 10^{28} 开,粒子的热运动能量已极大地降低,上述改变重子数的过程已不再能发生。于是宇宙中的重子数便固定下来了。而正在这时,宇宙开始了暴胀,持续了 10^{-33} 秒的时间。之后,宇宙膨胀速率和温度又恢复到暴胀之前。

当宇宙年龄到 10^{-6} 秒时,温度下降到 10^{13} 开,夸克被全部结合到强子中去了。夸克是构成强子的基本粒子,现在已经发现了 6 种。强子是参与强相互作用的基本粒子,包括重子和 π 介子等。

随着宇宙的膨胀,宇宙温度迅速地下降。到了宇宙年龄 10^{-4} 秒的时候,宇宙温度下降到 10^{12} 开。在这最早阶段的宇宙里已产生了气体。

当宇宙年龄到 1 秒时,温度下降到 10^{10} 开,从此以后中微子与物质的作用变得极其微弱,称为中微子与物质退耦。这些中微子现在应遍布于宇宙各处,正像宇宙背景辐射。它们的数量大得惊人,只要中微子具有微小的静质量,即使低到电子质量的 $1/40\,000$,总质量便会超过核物质的 10 倍,成为暗物质的重要组成部分。有可能正是中微子的团块构成了引力中心,从而在后来形成了星系团。也正是在这时,质子与中子开始具有了互相转换的可能性,质子与中子开始结合形成氘核。

当宇宙年龄到达 3 分钟时,温度下降到 10^9 开。从这时起宇宙才有大量的原子核。首先是氘核开始大量形成,而后继的核过程也很快跟上,合成了氦 3 和氦 4。氦 4 作为稳定的氦同位素大量累积起来。后续的核合成过程产生极少的锂 7。这就是我们前面提到过的元素起源,亦即核合成过程。到宇宙年龄约 1 小时时,温度下降到约 10^8 开,宇宙早期的核合成就完全结束了。

宇宙年龄到达 38 万年时,温度下降到 3 000 开。光子与实物失去了有效的碰撞,这就是光子的退耦。这时的宇宙已从原来的以辐射为主转化为以物质为主的时期。各种天体都是在退耦时期之后陆续形成的。退耦后的光子被称为背景光子,它是一种很冷的光子气体,产生了今天探测到的宇宙背景辐射。退耦之前宇宙的密度分布出现微小的起伏。星系正是从这种起伏中生长起来的。在星系和恒星形成之前,宇宙基本上不发光,进入黑暗时期。

宇宙约在 4 亿岁时,形成了第一代恒星,宇宙回到了"光明时代"。恒星的光使星际介质再一次电离,接着便是漫长的星系、恒星、行星形成和发展的时代,乃至于在某些条件合适的行星上产生了生命。随着宇宙膨胀、体积增大,宇宙中暗能量大量形成,密度增加,宇宙便进入了加速膨胀时期。这就是今天宇宙的状态。

在宇宙演化的不同时期,不同物质分布的情况是不一样的。例如,在宇宙 38 万岁时,中微子、光子和原子(即普通物质)各约占 10%、15% 和 12%,暗物质约占 63%,暗能量几乎不存在,而现在暗能量则占有极大部分。研究发现,暗能量在宇宙演化的进程中,密度随时间增加。因此,随着宇宙膨胀,它的总量以及在宇宙全部物质中所占的份额都在不断增长。据估算,当前普通物质约占 4.9%,暗物质约占 26.8%,暗能量约占 68.3%(图 7.41)。

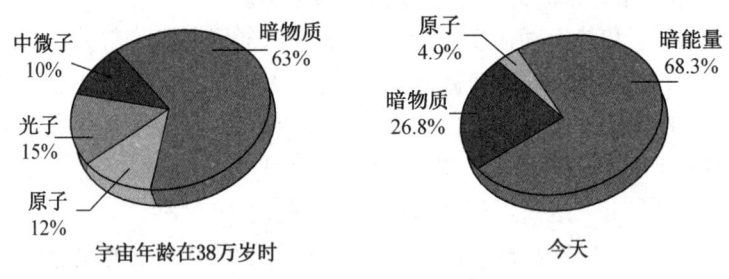

图 7.41　两个时期各种物态丰度的分布

图 7.42 概略地展示了宇宙从大爆炸至今演化的历程。

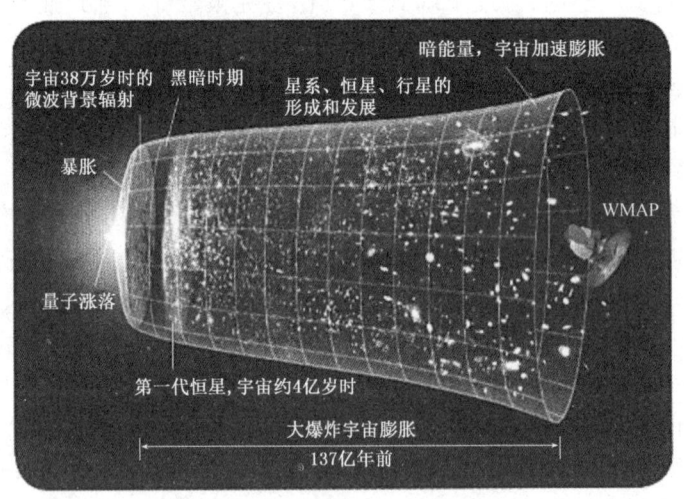

图 7.42　宇宙演化示意图[①]

---

① 本·吉利兰.从大爆炸到大终结[M].萧耐园,译.长沙:湖南科学技术出版社,2017.

第8章　空间探测及其进展(上)

人造天体的运行

人造天体主要包括人造卫星、宇宙飞船、航天飞机、空间实验室和空间站等。其中多数人造天体在发射升空后,在地球引力作用下沿椭圆轨道环绕地心做周期性运动,特殊情况下轨道为圆形。宇宙飞船能脱离地球引力场飞向行星等太阳系天体,当它们在行星际空间做无动力飞行时,在太阳的引力作用下运行。

*1. 已知一颗人造卫星的轨道是正圆形,地面观测者看到它从地平升起到达天顶,观测者看到的飞行速度会是怎样的? （　　）

A. 地平上快,天顶慢

B. 地平上慢,天顶快

C. 速度一样

D. 快慢情况因卫星轨道方位的不同而改变

解析:轨道为圆周的卫星环绕地心做匀速圆周运动,也就是说,相对于地心的角速度相等。对于地面观测者,卫星在地平时的距离大于在天顶时的距离,卫星轨道上相等的弧段在观测者处对应的角度,当卫星在地平时小,在天顶时大。由于卫星相对于地心的角速度相等,卫星经过这两个弧段的时间相等,由此得到结论:地平上慢,天顶快。

答案:B。

知识扩展

人造地球卫星的运动规律

人造地球卫星环绕地球运行,正如行星环绕太阳一样,满足开普勒行星运动三定律。1609—1619年,开普勒使用丹麦天文学家第谷的也是当时最精确的行星观测资料,提出了著名的行星运动三定律。

行星运动第一定律(椭圆定律):所有行星绕太阳运动的轨道是椭圆,太阳位于椭圆的一个焦点上。以极坐标表示椭圆:

$$r = \frac{p}{1 + e\cos\theta} \tag{8.1}$$

上式中 r 称为向径,即太阳到行星的距离,以指向行星为正向;$p = a(1-e^2)$ 称为半通径;a 是轨道椭圆的半长径,也等于行星到太阳的平均距离;e 是轨道椭圆的偏心率,它决定椭圆的扁度,$0 \leq e < 1$,当 $e = 0$ 时,椭圆退化为圆;θ 称为真近点角,即从近日点起算的行星绕太阳

转过的角度。

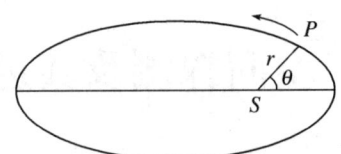

图 8.1　行星轨道示意图

S—太阳；P—行星；r—行星的向径；θ—行星的真近点角①

行星运动第二定律（面积定律）：行星的向径在相等时间内扫过的面积相等。

行星运动第三定律（调和定律）：行星绕太阳公转周期的平方与它们的轨道半长径的立方成正比。

$$\frac{a_1^3}{P_1^2}=\frac{a_2^3}{P_2^2}=\frac{a_3^3}{P_3^2}=\cdots=常数$$

对于上面的叙述，把"行星"换为"人造卫星"，把"太阳"换为"地球"均成立。

牛顿导出了开普勒第三定律中的常数是与天体质量有关的量，即

$$\frac{a^2}{P^2}=\frac{G}{4\pi^2}(M_1+M_2) \tag{8.2}$$

其中 G 为万有引力常数，$G=6.672\times 10^{-11}$ 牛·米^2·千克$^{-2}$。M_1 和 M_2 是两个互相绕转的天体的质量：在太阳系的情况下，$M_1=M_\odot=1.989\times 10^{30}$ 千克，即太阳质量，M_2 是行星质量；在人造卫星的情况下，$M_1=M_\oplus=5.9737\times 10^{24}$ 千克，即地球质量，M_2 是人造卫星的质量。在这两种情况下，M_2 都可以忽略。对于地球的人造卫星，根据（8.2）式有

$$\frac{a^3}{P^2}=\frac{GM_\oplus}{4\pi^2} \tag{8.3}$$

对于太阳系天体，根据（8.2）式有

$$\frac{a^3}{P^2}=\frac{GM_\odot}{4\pi^2} \tag{8.4}$$

为了克服地球引力，人造卫星发射时必须具有一定的初始速度。使得一个物体环绕地球运行的最低限度的速度称为第一宇宙速度，即环绕速度 $v_C=7.9$ 千米/秒。使得一个物体脱离地球引力场进入宇宙空间运行的最低限度的速度称为第二宇宙速度，即逃逸速度 $v_E=11.2$ 千米/秒。所以，人造卫星的初始速度 7.9 千米/秒 $<v_0<11.2$ 千米/秒。

人造天体在环绕地球运行的过程中会受到各种外力的影响，有些是周期性的，如月球的引力摄动；有些会耗散卫星的动能，如地球大气的阻尼。这是大气里的原子、分子和离子等各种粒子与人造天体的碰撞效应产生的。大气阻尼导致人造天体的轨道衰减，即高度逐渐降低，周期逐渐延长，最终陨落。由于地球大气的密度随高度降低而增高，所以低轨道卫星的寿命较短。大气阻尼产生了对地球上空卫星高度的限制，即一颗圆轨道卫星在不加推动的情况下能够完成绕地一整周的高度大约为 150 千米，而对于椭圆轨道最低近地点约为 90 千米。

---

① 宣焕灿，萧耐园.图解天文学[M].南京：南京大学出版社，2010.

2. 取地球平均半径 $R=6\,371$ 千米,一颗人造卫星近地点高度 $h_P=452$ 千米,远地点高度 $h_A=864$ 千米,这颗卫星椭圆轨道的半长径 a 和偏心率 e 分别是 ( )

    A. 9 207 千米,0.029 3
    B. 7 029 千米,0.032 9
    C. 9 207 千米,0.032 9
    D. 7 029 千米,0.029 3

解析:椭圆轨道的长径即近地点至远地点的距离 $2a=h_P+R+R+h_A=452+6\,371+6\,371+864=14\,058$ km,$a=7\,029$ km。(8.1)式中,令 $\theta=0°$,得 $r_P=a(1-e^2)/(1+e)=a(1-e)$。又 $r_P=h_P+R=452+6\,371=6\,823$ km,于是 $1-e=r_P/a=6\,823/7\,029=0.970\,7$,$e=0.029\,3$。

答案:D。

3. 测得一颗人造卫星过近地点时的速度为 $v_P=10.85$ 千米/秒,过远地点时的速度为 $v_A=8.76$ 千米/秒,那么这颗卫星轨道的偏心率是 ( )

    A. 0.116 6
    B. 0.106 6
    C. 0.104 6
    D. 0.114 6

解析:令人造卫星轨道椭圆半长径为 a,偏心率为 e,过近地点和远地点时向径分别是 $r_P=a(1-e)$ 和 $r_A=a(1+e)$[求 r_A 类似于求 r_P,(8.1)式中,令 $\theta=180°$]。人造卫星在过近地点和远地点时向径与轨道速度垂直,于是向径与速度的乘积等于向径在单位时间里扫过面积的 2 倍,根据开普勒行星运动第二定律有 $r_P v_P=r_A v_A$,即 $10.85(1-e)=8.76(1+e)$,由此求得 $e\approx 0.106\,6$。

答案:B。

4. 取地球赤道半径 $R=6\,378$ 千米,地球赤道上沿圆轨道绕地球运行的同步卫星的周期和高度分别是 ( )

    A. $23^h\,56^m\,4^s$,36 085 千米
    B. 24^h,36 085 千米
    C. $23^h\,56^m\,4^s$,35 785 千米
    D. 24^h,35 785 千米

解析:同步卫星在地球赤道上空与地球自转同步,即以地球自转的周期环绕地球与地球自转同方向运行,这样它就"固定在"赤道上空的某一点上。它的周期就是 $23^h\,56^m\,4^s$,即 1 恒星日。根据开普勒第三定律之(8.3)式计算它的轨道半径,即 $a^3=GM_\oplus P^2/4\pi^2$,把 $GM_\oplus$ 的数值,$P=86164^s$ 和 $\pi=3.141\,6$ 代入此式计算得 $a=42\,163$ km,这是同步卫星对于地心的距离。它的高度应为距地心的距离减去赤道半径,即 $a-R=35\,785$ km。

答案:C。

5. 向月球发射一艘宇宙飞船,它的初始速度是 ( )

    A. 12.9 千米/秒
    B. 11.9 千米/秒
    C. 10.9 千米/秒
    D. 9.9 千米/秒

解析：月球在地球的引力作用下环绕地球运行,因此它所在的区域仍在地球的引力场范围内,向月球发射人造天体,初始速度不能超过第二宇宙速度11.2千米/秒。但是月球毕竟离地球较远,初始速度已接近第二宇宙速度。

答案：C。

6. 从地球发射一个行星探测器到达金星,到达时正是金星上合(金星、太阳与地球连成一线)。假设地球轨道平面与金星的重合,轨道均为圆周,地球轨道半径 $R_⊕=1.496×10^8$ 千米,金星轨道半径 $R_♀=1.082×10^8$ 千米,那么探测器轨道的半长径 a、偏心率 e、飞行时间 T 依次是   ( )

    A. $1.289×10^8$ 千米,0.160 6,146.1 日

    B. $1.309×10^8$ 千米,0.161 6,147.1 日

    C. $1.319×10^8$ 千米,0.162 6,148.1 日

    D. $1.329×10^8$ 千米,0.163 6,149.1 日

解析：探测器轨道的长径 $2a=R_⊕+R_♀=1.496×10^8+1.082×10^8=2.578×10^8$ km,则 $a=1.289×10^8$ km。探测器到达金星时,地球在这个轨道的远日点上,金星在近日点上,这时轨道的近日距 $r_P=R_♀=1.082×10^8$ km。又知 $(1-e)a=r_P$,即 $1-e=1.082/1.289=0.839\ 4$,则 $e=0.160\ 6$。探测器以第二宇宙速度的初始速度发射,进入行星际空间以后在太阳的引力场里运行,根据开普勒第三定律之(8.4)式,可以计算探测器的运行周期 P,得 $P^2=4π^2a^3/GM_☉=6.372×10^{14}$ s²,则 $P=2.524×10^7$ s;飞行时间 $T=1/2P=1.262×10^7$ s=146.1 d(1 d=86 400 s)。

这种方式的飞金星轨道是(下行的)霍曼转移轨道,当飞船抵达金星时飞船速度大于金星速度,飞船必须减速才能进入绕金星轨道或在金星着陆。类似的飞火星轨道也是(上行的)霍曼转移轨道,当飞船抵达火星时飞船速度小于火星速度,飞船必须加速才能进入绕火星轨道或在火星着陆。霍曼是德国物理学家,他于1925年提出了从地球向火星发射宇宙飞船的最小能量轨道,这条轨道外切于地球(绕日)轨道,而内接于火星轨道。

答案：A。

*7. 日地系拉格朗日L2点位于   ( )

    A. 太阳与地球之间

    B. 背离太阳的地球上空

    C. 背离地球的太阳上空

    D. 与太阳、地球成等边三角形的一个顶点上

解析：拉格朗日是法国著名数学家兼天体力学家。1772年,他在对三体问题的研究中设定了一些限制条件,提出了"平面圆形限制性三体问题"的一个特例。其中两个天体的质量有限,一大一小,它们在相互的引力作用下环绕共同的质量中心做圆周运动。第三个天体的质量为无限小,假设它的初始位置和初始速度在两个有限质量的天体的轨道平面内,那么无限小质量的天体就永远在该轨道平面内运动。拉格朗日求出了这个问题运动方程的5个特解,即在这两个有限质量天体的旋转平面上有5个点,它们与这两个天体保持固定的相对位置(图8.2)。其中3个点在两天体的连线上,在两者之间的标为L1,在小质量天体外侧的标为L2,在大质量天体外侧的标为L3。另外2个点位于与两天体构成等边三角形的相对2个点上,在小质量天体前方的标为L4,另一点标为L5。只要无限小质量的天体位于这5个

拉格朗日点的一个之上,它便与两个有限质量的天体保持相对固定的位置,与它们一起以相同的周期环绕公质心运行。

日地系和地月系的各5个拉格朗日点到地球的距离列表于下:

	L1	L2	L3	L4	L5
日地系	1.50 百万千米	1.50 百万千米	2AU	1AU	1AU
地月系	(38.4-6.5)万千米	(38.4+6.5)万千米	38.4 万千米	38.4 万千米	38.4 万千米

说明:AU即天文单位,1 AU=1.496亿千米,基本上是日地平均距离。38.4万千米为地月平均距离。

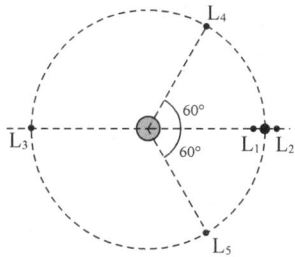

图 8.2　拉格朗日点示意图

答案:B。

人造卫星的空间探测

1957年10月4日,苏联第一颗人造地球卫星"卫星1号"升空(图8.3),宣告了人类进入空间时代。空间天文探测借人造天体得以实施,主要分两个方面:一是在地球大气层外采用与传统光学或射电方法不同的多种探测技术,接收各种辐射源的红外、紫外、X射线和γ射线的辐射,即使光学波段上的观测也远优于地面,天文学进入了"全波天文学"的时代。二是向月球或行星等太阳系天体发射探测器做接近飞行或在天体上面登陆,进行直接探测或取样返回。空间天文学作为天文学全新的分支学科应运而生,实现了天文学发展的又一次飞跃,为天文学的发展做出了令人瞩目的贡献;许多当代天文学的前沿问题,都有待空间天文学去解决。

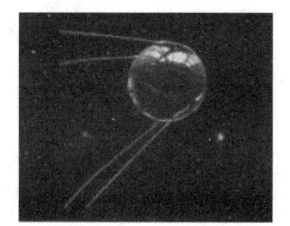

图 8.3　苏联的第一颗人造地球卫星——"卫星1号"[①]

***8.** 第一个发射火箭进行太空飞行试验的国家是下列哪一个?　　　　　　(　　)

　　A. 中国　　　B. 苏联　　　C. 美国　　　D. 德国

解析:我国明朝初年,陶成道被明太祖封为"万户"。他虽身居高管,却没有停止对科学

[①] 萧耐园,宣焕灿.图解天文学史[M].南京:南京大学出版社,2012.

的追求。他深信人类利用火箭能升空飞天,为了实现自己的梦想,他将47支火箭绑在一张椅子的背后和下方,自己坐在椅子上,手里拿着风筝,试图飞天登月。"飞椅"载着陶成道飞出若干距离以后,最终因动力不足,掉了下来。陶成道的登月以失败告终,并为此献出了生命。国际社会承认他是"人类第一位进行载人火箭飞行尝试的先驱"。1959年10月,苏联发射的无人月球探测器"月球3号",首次传回了月球背面的图像,苏联人对月球背面的地形地物加以命名,其中有一个环形山被赋予了"万户"的名字,用来纪念万户的首创精神,后来被国际天文学联合会确认。

答案: A。

*9. 俄国科学家齐奥尔科夫斯基被誉为现代宇航之父,他的贡献包括下列哪项?( )

A. 实验火箭发射

B. 推导火箭飞行公式和提出使用多级火箭

C. 发明火箭导航系统和着陆装置

D. 设计现代火箭发射场

解析: 俄国科学家齐奥尔科夫斯基(1857—1935)是现代航天科学的先驱。他有句名言:"地球是人类的摇篮,但人类不会永远躺在摇篮里。"他为实现这个理想付出了毕生的精力。他第一个提出火箭应使用液态燃料,为运载器的设计指出了正确方向,推导出火箭在燃料消耗中获得速度增量的公式,即著名的齐奥尔科夫斯基公式。他还提出利用多级火箭逐级加速的思想,以实现最终克服地球引力的高速度。他的工作为现代的宇航事业奠定了理论基础。但是由于条件的限制,他没有进行实验。为了纪念他的卓越贡献,月球上的一个环形山和一颗小行星(第1590号)以他的名字命名。

答案: B。

知识扩展

地球空间环境的探测

人造卫星发射后的第一项天文学成就是通过对地球周围空间的探测探明了地球的磁层并发现了地球的两个辐射带,这是美国于1958年1月发射的"探险者1号"卫星的探测成果(图8.4)。之后,世界各国相继发射科学探测卫星、空间实验室和航天飞机等开展对地球周围空间环境的探测。我国于1971年3月成功发射了第一颗"实践一号"卫星(图8.5)。这些卫星拱卫在地球家园周围,是它的真正卫士。

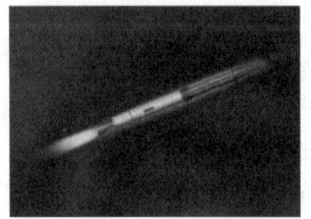

图8.4 美国的"探险者1号"①

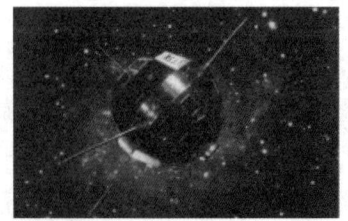

图8.5 中国的"实践一号"②

---

① 萧耐园,宣焕灿.图解天文学史[M].南京:南京大学出版社,2012.

② 萧耐园,宣焕灿.图解天文学史[M].南京:南京大学出版社,2012.

太阳和行星际空间的探测

太阳向地球提供光和热,对人类的生存和发展具有非凡的意义,它的辐射和活动决定了行星际空间的环境。对太阳和地球附近行星际空间的探测,采用两种方式,即环绕地球的人造卫星和进入绕太阳轨道的宇宙飞船(又称"人造行星")。美国于 1958 年 1 月发射的第一颗卫星"探险者 1 号",其实就是一颗日地关系卫星。此后探测太阳的人造卫星数不胜数,如美国的探险者系列、欧洲空间局的国际辐射研究卫星(IRIS),以及苏联的"宇宙号"系列和德国、英国、法国、日本等国的一些卫星。

1980 年 2 月美国发射的太阳活动峰年使命(SMM)卫星,专门对太阳活动的高峰期进行探测,共有 8 个国家参加,研究工作持续了 9 年。从 1990 年起,美国、欧洲和日本开始合作实施"国际日地计划"(ISTP)。1991 年 8 月,日、美、英合作的"阳光号"卫星首先发射升空,随后,1992 年日本的"磁尾号"卫星、1994 年 11 月美国的"风号"卫星、1996 年 2 月美国的"极号"卫星和 1996 年 12 月欧洲空间局的太阳和太阳风层观测台(SOHO)先后升空。这后面的 3 个探测器组成了太阳活动观测网,记录了大量太阳活动及其对地球产生的影响的资料。

进入 21 世纪,2006 年 9 月,由日本和美国联合研制的"日出号"太阳探测器发射升空。2006 年 10 月美国发射了专门研究日冕物质抛射的一对 STEREO 卫星。

2021 年 10 月,我国首颗太阳探测科学技术试验卫星"羲和号"在太原卫星发射中心成功发射。2022 年 10 月我国的综合性太阳观测专用卫星"夸父一号"成功发射升空。

---

* **10.** 3 K 宇宙背景辐射于 1965 年首次在微波段探测得到。1989 年,宇宙背景探测者(COBE)卫星发射升空,它探测的波段是 （　　）

A. 可见光

B. 微波

C. 微波和红外

D. 红外和可见光

解析: 1965 年,美国科学家威尔逊和彭齐亚斯通过射电观测发现了宇宙微波背景辐射,这被认为是对大爆炸宇宙学说的有力验证。随后,人们又在射电波的不同波长上开展观测,发现微波背景辐射完美地符合黑体辐射规律。3 开的背景温度,相当于黑体辐射谱的极值位于 1 毫米的波长上,而这正好是微波与红外波段的分界,也就是说,宇宙背景辐射也包含红外波段。但是,这个红外波段只能在大气外才能观测到,COBE 卫星的探测波段从微波扩展到红外。

答案: C。

知识扩展

探寻星系的种子

地面观测得到的宇宙微波背景辐射暴露出一个问题:它实在是太均匀了。早期的测量显示,不论你向天空哪方看去,背景辐射的温度到处都一样。可是大爆炸学说预言,早期宇宙中的物质的分布应该是不均匀的,因而背景温度也应有起有落。因为这些起落正是恒星和星系赖以生根发芽的种子。之所以地面观测得到的宇宙微波背景辐射如此均匀,原因在于所有上述在地面上开展的初步探测的精度都太低。

1989 年美国宇航局研制的 COBE 卫星发射升空,探测结果显示宇宙背景的温度为 2.725 开,而且还具有十万分之一的各向异性起落。起落处温度略高,这是由于物质密度稍高,从而比其周围有略大的引力,于是它们形成了引力的种子,在它们周围物质慢慢积聚,产生了第一批恒星和星系,这个过程经历了约 4 亿年[图 8.6(a)]。

2001 年,美国宇航局又发射了威尔金森微波各向异性探测器(WMAP)卫星,由它测出的宇宙微波背景辐射起伏的图像清晰得多,并证实了宇宙中除了可观测物质以外,必定存在更大量的暗物质[图 8.6(b)]。

欧洲空间局与美国宇航局合作于 2009 年 5 月 14 日从法属圭亚那库鲁航天中心同时发射两颗科学探测卫星"赫歇尔"和"普朗克"。普朗克(Planck)卫星是一个更精密的探测器,以超清晰的细节展示了宇宙微波背景辐射,并由此给出了宇宙年龄为 138.2 亿年[图 8.6(c)]。

 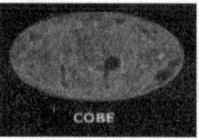 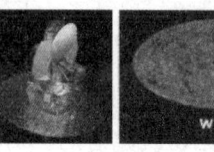 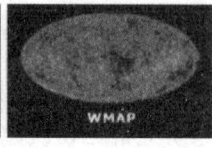  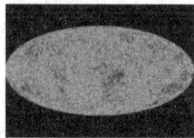

(a) COBE卫星和探测结果　　　(b) WMAP卫星和探测结果　　　(c) Planck卫星和探测结果

图 8.6　微波背景辐射的空间探测(来源:NASA)

---

11. 有一位科学家发现了红外辐射,为了纪念他,欧洲空间局发射的红外空间望远镜以他的名字命名。这位科学家是　　　　　　　　　　　　　　　　　　　　　　(　)

　　A. 意大利科学家伽利略

　　B. 英国科学家牛顿

　　C. 德国物理学家普朗克

　　D. 英国天文学家威廉·赫歇尔

解析: 1800 年,威廉·赫歇尔先用玻璃棱镜把太阳光分解成光谱,再用水银温度计测量各个光谱区的温度。当他把温度计从光谱的紫端向红端移动时,发现温度持续上升。当把温度计移到光谱红端的尽头,温度还在继续增加,而温度达到最高的位置,竟然是在光谱红端以外很远的地方。于是,威廉·赫歇尔发现,在太阳光谱的红光之外存在着很强的看不见的光线。这就是后来所称的红外线。2009 年 5 月 14 日,欧洲空间局发射了口径 3.5 米的红外空间望远镜,定位于日地系拉格朗日 L2 点的深空。它以威廉·赫歇尔的姓氏命名,称为赫歇尔红外空间望远镜(图8.7)。这台空间望远镜对宇宙早期星系的起源和演化等课题进行了深入的探测。

图 8.7　赫歇尔红外空间望远镜
(来源:ESO)

答案: D。

12. 2021年12月25日发射升空的韦布空间望远镜是继哈勃空间望远镜之后的又一台在可见光和红外波段观测的空间望远镜,它的口径和离地球的距离分别是 （ ）

　　A. 3.5米,1 500千米
　　B. 4.5米,15 000千米
　　C. 5.5米,150 000千米
　　D. 6.5米,1 500 000千米

解析: 韦布空间望远镜的口径是6.5米,由18面大小相同的正六边形镜面镶拼而成(图8.8)。它在同一波段的空间分辨率是哈勃空间望远镜(口径2.4米)的2.7倍,集光能力是后者的6.25倍。它被发射到日地系拉格朗日L2点,保持与地球的相对位置不变。这样韦布空间望远镜固定于地球的夜晚面,伴随着地球一起环绕太阳旋转。

图8.8　韦布空间望远镜
（来源:NASA）

答案: D。

知识扩展

红外波段的空间探测

红外波段通常指0.7微米～1毫米的电磁波段。20世纪60年代,红外技术在科学研究领域广泛应用。同时,低温技术在红外探测器上的应用和空间技术的发展,为红外天文学的发展奠定了坚实的基础。

20世纪60年代,空间红外探测开始了,各国天文学家利用高空气球、火箭和飞机携带各种红外望远镜在高空和大气外进行红外天文观测。

美国、英国和荷兰的科学家花了15年时间合作攻克了接收器制冷这个难关,于1983年1月发射了第一颗"红外天文卫星"(IRAS)。它配备着一架主镜口径60厘米的反射望远镜,用液氦制冷。1995年11月,欧洲空间局发射了"红外空间天文台"(ISO)。2003年8月25日,美国发射了"斯匹策"空间红外望远镜。

光学波段的空间探测

光学波段的空间观测摆脱了大气对观测的影响,这些影响主要有折射、色散、光能吸收、湍流扰动、地面热空气对流等,此外,望远镜不会受到地面重力作用而变形,观测条件远优于地面。

1989年8月,欧洲空间局发射依巴谷天体测量卫星。它包含两台口径0.29米的宽视场折反射望远镜,1993年8月完成测量。1997年5月,将测量结果编成星表,包括11万8 000余个天体的位置(赤经和赤纬)、自行和三角视差(即距离)。

1990年4月,美国与欧洲空间局联合研制的哈勃空间

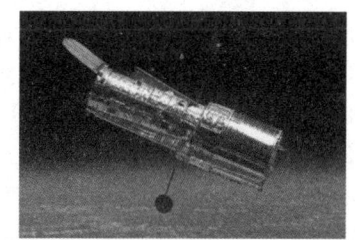

图8.9　哈勃空间望远镜
（来源:NASA）

望远镜(图 8.9),由美国的"发现号"航天飞机带上太空,在离地面 500 千米的环绕地球的轨道上开展天文观测。可探测的波长范围覆盖了近红外、可见光和近紫外的波段。空间望远镜的观测能力是空前的,它能观测到暗至 29 等的天体,从而观测到远达 138 亿光年距离的天体。它的分辨率可达 $0''.1$,它提供的图像的清晰度是地面上最大望远镜的 10 倍。哈勃空间望远镜为人类提供了地面观测无法得到的许多极清晰的天体图像。

2013 年 12 月,欧洲空间局发射盖亚卫星,进入日地拉格朗日 L2 点附近。与依巴谷卫星相比,盖亚卫星测量的精度提高了 100 多倍。它的总观测目标是超过 10 亿颗天体的位置及它们的三角视差、自行和测光信息,探测范围覆盖整个银河系;并提供微角秒量级的光学参考系,以满足天文、测地和空间研究等方面的需要。

---

13. 地球大气层里有一层的物质能强烈地吸收来自宇宙空间的紫外辐射,这一层是
（　　）

  A. 热成层

  B. 电离层

  C. 臭氧层

  D. 平流层

解析: 地球大气中的氧、臭氧和氮强烈吸收天体辐射的紫外线。自然界中的臭氧,大多分布在距地面 20~50 千米的大气中,称为臭氧层。当大气中的氧气分子受到太阳光中的短波紫外线照射时,会分解成原子状态。氧原子与氧分子(O_2)反应,形成臭氧(O_3)。臭氧形成后,如果受到太阳光中的长波紫外线照射,就会再度还原为氧。在臭氧层里保持着氧气与臭氧相互转换的动态平衡,在这过程中,紫外辐射在高空被臭氧层吸收。这不仅对大气有增温作用,同时也保护了地球上的生物免受远紫外辐射的伤害,透过的少量紫外辐射,有杀菌作用,对生物有益。因此,对于来自天体的紫外辐射必须到大气外观测。

答案: C。

*14. 1978 年 11 月美国发射了第一颗 X 射线成像卫星,它是下列哪一个? （　　）

  A. 乌呼鲁号

  B. 哥白尼号

  C. 爱因斯坦号

  D. 牛顿号

解析: 1978 年 11 月 13 日,美国发射了"高能天文台 2 号",为纪念爱因斯坦诞生 100 周年,这颗卫星被命名为爱因斯坦 X 射线天文台。其上首次安装美国天文学家贾科尼等人研制的掠射 X 射线望远镜。望远镜由 4 层内外套着的环组成,其中最外层环的口径为 58 厘米,4 层环中每层环圈上都有一组特定的抛物面镜和双曲面镜,利用先后两次全反射使收集到的 X 射线聚焦于同一焦点,最后获得天体的 X 射线像(图 8.10)。

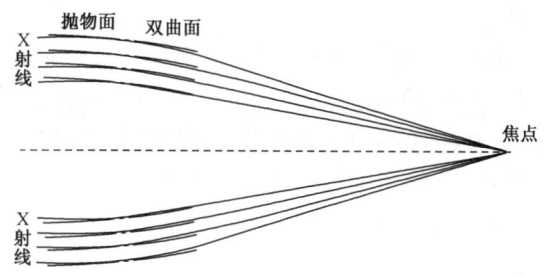

图 8.10　掠射 X 射线望远镜成像原理示意图①

答案：C。

*15. γ暴被发现后一直存在一个难题：这些爆发极其短暂,难以对γ暴的爆发源进行迅速定位。克服这个难题的是　　　　　　　　　　　　　　　　　　　　　　（　　）

　　A. 美国发射的康普顿γ射线天文台

　　B. 美国发射的费米γ射线空间望远镜

　　C. 欧洲空间局发射的牛顿空间望远镜

　　D. 意大利和荷兰联合发射的贝普·萨克斯卫星

解析：γ暴极其短暂(持续时间介于百分之1秒到1 000秒之间),而且事前无法预测,而爆发停止后,只留下从 X 射线至射电波辐射的余晖。为了有针对性地研究γ暴,必须要对γ暴的爆发源进行迅速定位。1996年,意大利和荷兰联合发射了贝普·萨克斯(Beppo SAX)卫星,可以及时测量γ暴的光学对应体,做到了对爆发源的即时定位,同时在各波段观测γ暴余晖。这项进展极大地推动了宇宙γ射线暴和高能天体物理学的研究。

答案：D。

知识扩展

紫外波段的空间探测

1946 年 10 月,美国海军实验室首先使用 V-2 火箭,升到离地面 80 千米的高空,拍摄了人类第一张太阳紫外照片,并首次获得了波长长于 220 纳米的太阳近紫外光谱。

20 世纪 60 年代中期,开始使用卫星和飞船进行紫外天文探测。前述探测太阳和卫星的飞船中,有许多都装备有紫外、X 射线和γ射线的探测仪,探测太阳的这些辐射。1965 年 11 月,苏联发射的"金星 2 号"飞船在 120 微米左右的波段上探测了银河的紫外辐射。1968 年 4 月,苏联发射的"宇宙 215 号"卫星,获得在 125~270 纳米波段的光谱。

1966 年 4 月,美国开始发射"轨道天文台"(OAO)系列卫星,专门用于探测天体紫外辐射。"OAO 3 号"于 1972 年 8 月发射升空,后为纪念哥白尼诞生 500 周

图 8.11　美国的哥白尼号卫星
(来源：NASA)

---

① 宣焕灿,萧耐园.图解天文学[M].南京：南京大学出版社,2010.

年,被命名为哥白尼号卫星(图8.11)。

此外,1972年3月,欧洲空间局发射雷神-德尔塔卫星(TD-1A),1974年8月,荷兰发射"荷兰天文卫星1号",1978年1月美国和欧洲空间局共同研制的国际紫外探测者(IUE)卫星发射进入环绕地球的同步轨道,都对各种天体的紫外辐射进行了卓有成效的探测。

1992年6月,美国宇航局发射了极远紫外探测卫星(EUVE),在极远紫外波段做巡天观测,1999年6月,美国又发射了远紫外光谱探测卫星,它们在这些新开发的波段内取得了较为详尽的全天资料。

2003年4月,美国宇航局把"星系演化探测者号"(GALEX)紫外线太空望远镜送入环绕地球的轨道。

2013年9月,日本航空航天局发射了火崎卫星,其全称为行星大气互作用光谱探测天文台(SPRINT-A),它携带着一具极紫外光谱仪。

2013年12月,我国发射"嫦娥3号"月球探测器,它的登月舱上安装有月基望远镜,其中有一台口径50毫米的近紫外望远镜和一台极紫外照相机(图8.12)。这是人类第一个月面长期天文台。

图 8.12　"嫦娥 3 号"登月舱(由"玉兔"拍摄)

X 射线波段的探测

1948年,美国海军实验室的科学家发射 V-2 火箭,首先接收到来自太阳的 X 射线辐射。此后 10 余年中,继续用火箭监测太阳的 X 射线辐射。1960年,成功地用针孔照相机拍摄到太阳的 X 射线照片。

20 世纪 60 年代,用高空火箭还获得了许多发现。首先,1962 年 6 月,美国麻省理工学院以贾科尼为首的科研组用高空火箭探测到天蝎座中一个很强的 X 射线源,将其命名为天蝎座 X-1,这是人类探测到的第一个太阳系外的 X 射线源。这一项发现揭开了 X 射线天文学的序幕,堪称 X 射线天文学发展的第一个里程碑。

从 20 世纪 60 年代起,开始使用卫星来探测天体的 X 射线辐射。例如 1962—1969 年美国发射的轨道太阳观测台(OSO)1 至 6 号,以及 1969 年苏联和东欧共同发射的"国际宇宙 1 号",都对太阳的 X 射线辐射等进行了探测。1966 年,探测到巨椭圆星系 M87 的 X 射线辐射,这是探测到的第一个河外 X 射线源。1967 年,探测到宇宙 X 射线背景辐射。1969 年,发现了蟹状星云脉冲星 PSR 0532 的 X 射线的脉冲辐射,这是发现的第一颗 X 射线脉冲星。此外,还发现了一些密近双星成员的 X 射线源如天鹅座 X-1、武仙座 X-1 等。

美国于 1970 年 12 月发射"乌呼鲁号",这是第一个专门用于探测天体 X 射线的卫星。在 3 年内,它首次完成了 X 射线波段的系统巡天,提供了全天 X 射线源的分布图。这是 X 射线天文学发展的第二个里程碑。

此外，前述美国的哥白尼卫星和"荷兰天文卫星1号"以及1974年10月英国发射的"羚羊5号"、1975年5月美国和意大利联合发射的小型"天文卫星3号"、1977年8月美国发射的"高能天文台1号"（HEAO-1）等都对天体X射线辐射的探测做出了重要贡献。

X射线天文学发展的第三个里程碑是1978年11月美国发射爱因斯坦天文台。在它上面首次安装了由贾科尼等发明的大型掠射式X射线望远镜，能拍摄X射线像。

1990年6月，德国、美国和英国联合发射了伦琴X射线天文卫星，其上有两架口径分别为84厘米和57厘米的掠射式X射线望远镜。

1999年7月，美国宇航局用哥伦比亚号航天飞机把钱德拉X射线天文台送入太空。它的主体是一台大型掠射式X射线望远镜，探测区域扩展到遥远的宇宙深处。

1999年12月，欧洲空间局发射了多镜面X射线观测卫星（XMM），后来为纪念大科学家牛顿改名为"XMM-牛顿"（图8.13）。它的轨道也是大椭圆形，它携带的仪器主要有3台掠射式X射线望远镜，均由多个套筒组成，最大一层的直径为70厘米。

2017年6月，我国发射硬X射线调制望远镜（HXMT，又称慧眼卫星），这是我国的第一台设计原理和观测技术完全原创的X射线空间天文望远镜，实现宽波段X射线巡天，在硬X射线波段对X射线源成像，具有灵敏度和分辨率都很高的优势，表明我国在X射线天文学的技术开发上已位居世界前列（图8.14）。

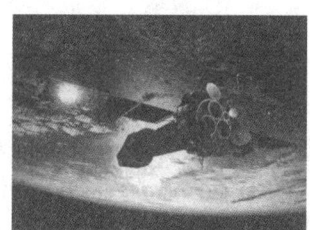

图8.13 "XMM-牛顿"X射线观测卫星
（来源：ESO）

图8.14 HXMT卫星在轨示意图

2020年7月25日，我国的龙虾眼X射线探测卫星发射入轨，配备了自主研发的龙虾眼聚焦X射线探测器和高精度载荷平台。探测器上的透镜依据小龙虾眼睛的仿生学原理研制，视场大、质量轻。卫星将完成若干重要的空间X射线探测实验，特别是对X射线能段的暗物质信号开展深度探测。

γ射线波段的探测

γ射线是比X射线波长更短、能量更强的一种电磁辐射。1962年1月，美国发射的"徘徊者3号"飞船发现了宇宙γ射线背景辐射，1967年，探测到了来自银盘的γ射线辐射，以银心方向为最强。1972年8月，美国的"轨道太阳观测台7号"（OSO-7）卫星成功地探测到当月两次太阳耀斑爆发期间所发出的强烈γ射线。

1972年11月，美国发射小型"天文卫星2号"（SAS-2）。它的上面装有一台灵敏度大为提高的γ射线探测器，成功探测到宇宙γ射线。这些成就，标志着γ射线天文学真正成为天文学的一个分支。

1973年，美国科学家根据美国在1970年4月发射的核爆炸监测卫星"维拉11号"和"维拉12号"的探测资料，发现了发生在太阳系之外的一种短暂而强度极高的γ射线辐射。

这是一种新的天文现象,称为宇宙 γ 射线暴,简称 γ 暴(图 8.15)。

1975 年 8 月,欧洲空间局发射了宇宙线探测卫星 B(COS - B),发现了一批 γ 射线点源(包括若干 γ 射线脉冲星)和弥漫的 γ 射线辐射。

1991 年 4 月,美国发射了以美国著名物理学家康普顿命名的康普顿 γ 射线天文台,这是第一个可以对整个天空进行测绘的综合性 γ 射线探测卫星,它装备有性能空前的 4 台仪器(图 8.16)。康普顿天文台的成就使 γ 射线天文学取得了飞跃式的进展。

图 8.15 γ 射线暴艺术想象图
(来源:NASA)

图 8.16 康普顿 γ 射线天文台
(来源:NASA)

图 8.17 费米 γ 射线空间望远镜
(来源:ESO)

2008 年 6 月,欧洲空间局发射以意大利物理学家恩利科·费米命名的费米 γ 射线空间望远镜(图 8.17)。它携带两台探测器——大视场望远镜和爆发监测器,用于探测银河系以外的 γ 射线辐射。

我国于 2018 年 10 月、2020 年 11 月和 12 月先后发射了 3 颗天格立方小卫星,目标为 γ 射线暴和引力波电磁对应体。天格计划是在 2018—2023 年内发射 10～24 颗立方星(分米级别的小卫星模块),在 500～600 千米的近地轨道上组网。这一方案能够实现对短 γ 射线暴的全天覆盖探测,寻找到与引力波、快速射电暴成协的 γ 暴以及其他高能天体物理瞬变源。2021 年 1 月 21 日,天格 02 星已观测到 GRB 210121A γ 暴事例。

---

* 16. 我国的"悟空号"暗物质粒子探测卫星是目前世界上观测能段范围最宽、能量分辨率最优的暗物质粒子探测卫星,已经出色地工作了多年,取得了重大的观测成果。这颗卫星发射的时间是 ( )

A. 2013 年底
B. 2014 年底
C. 2015 年底
D. 2016 年底

解析: 2015 年 12 月 17 日在酒泉卫星发射基地用"长征二号"丁运载火箭发射了"悟空号"暗物质粒子探测卫星(图 8.18),轨道高度 500 千米。它是迄今为止观测能段范围最宽、能量分辨率最优的空间探测器,在 γ 射线观测和宇宙射线重核探测等方面,其灵敏度和探测能力均远高于国外同类探测器。它承担的几个主要的任务包括探测空间高能粒子的入射方向,分辨高能粒子的种类,测量高能粒子的能量。通过对采集数据进行分析,科学家们将寻找和研究存在于宇宙中的神秘的暗物质。

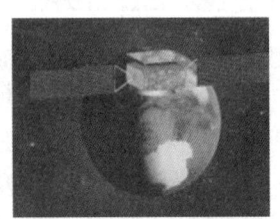
图 8.18 "悟空号"暗物质粒子探测卫星在轨示意图

答案: C。

知识扩展

暗物质的空间探测

天文学上把宇宙中用电磁波无法直接探测到的物质称作暗物质,暗物质的起源和组成长期以来一直是一个谜。据估算,当前普通物质约占 4.9%,暗物质约占 26.8%,而在宇宙早期几乎不存在的暗能量约占 68.3%。

在宇宙的早期,暗物质在宇宙结构的形成中起了很重要的作用。了解暗物质的本质,探明暗物质的分布及演化在宇宙学上非常重要。

2006 年 8 月,NASA 公布了哈勃空间望远镜和钱德拉 X 射线天文台两台空间望远镜拍摄的子弹星系团的综合图像。发现星系团中发光的热气体(由"钱德拉"的 X 射线像确定位置)和两个星系的质量中心(由"哈勃"通过引力透镜像确定位置)并不重合。这是因为可见的重子物质之间由于摩擦而相互粘滞,但暗物质与重子物质没有作用,可以相互通过,从而造成星系团中暗物质与重子热气体在空间上分离成两团。这一现象被认为是暗物质存在的直接证据。

根据现代的理论模型,暗物质粒子湮灭后可能产生 γ 射线谱,此外,暗物质粒子衰变或湮灭时,会在宇宙电子或者正电子能谱中显示出显著的特征。由于高能 γ 射线不受宇宙空间磁场等其他因素的影响,可以直线传播,由 γ 射线信号可以追溯到暗物质的源头。γ 射线和高能电子或正电子能谱可以作为暗物质粒子所产生的最确切的信号,因此,高精度探测 γ 射线和高能电子是间接探测暗物质粒子的手段。

空间探测除了我国的悟空号外,当前还有 FERMI γ 射线望远镜、PAMELA 空间探测器、ATIC 南极气球实验、AMS-02 空间探测器等。常用的探测技术是:磁谱仪、穿越辐射探测器、切伦科夫成像探测器、中子探测器、高分辨图像量能器、高能量分辨量能器等。量能器区分粒子主要依靠探测器厚度,厚度越厚,探测本领越强,但增加厚度意味着增加探测器重量。我国的"悟空号"暗物质粒子探测卫星的高能量分辨量能器有迄今最厚的厚度,其性能最为优越。

17. 天文学家先后以间接方法和直接方法探测到引力波,按照广义相对论推算,这两个引力波的波源依次是 ( )

  A. 互相绕转的双中子星,黑洞的并合

  B. 超新星爆发,黑洞的并合

  C. 超新星爆发,超大质量黑洞的喷流

  D. 互相绕转的双中子星,超大质量黑洞的喷流

解析: 1973 年,美国马萨诸塞大学的泰勒和他的研究生赫尔斯在射电脉冲星巡天的计划中发现 1 颗脉冲星 PSR1913+16,周期 0.059 秒。分析发现它是一颗由双中子星构成的射电脉冲星。双子星互相绕转运动的加速度很大,会产生较明显的引力波并进而使该双星系统损失能量,绕转周期逐渐变短。此后,泰勒和赫尔斯进行了多年的精密测量,于 1978 年宣布,该脉冲双星的轨道周期以每年 75 微秒的速率变短。这与根据广义相对论所做的理论计算的结果相吻合,这是对引力波的首次间接证明。他们师生俩获得了 1993 年诺贝尔物理学奖。

2015 年 9 月 14 日,位于美国利文斯顿和汉福德的两座 LIGO 引力波探测器先后探测到引力波信号。分析发现信号来自两个黑洞的并合,它们的质量分别为 $29M_\odot$ 和 $36M_\odot$,距

离13亿光年,大约3倍于太阳质量的物质在不到1秒的时间之内被转化成引力波。这是人类首次直接探测到引力波。美国天文学家怀斯、索恩和巴里什因这一发现而获得2017年诺贝尔物理学奖。

答案:A。

知识扩展

引力波及其探测

1905年,法国物理学家庞加莱首次提出了引力波的概念。1916年,爱因斯坦根据广义相对论也提出了引力波的概念。次年,爱因斯坦解引力场方程求得一个数学形式为波动的解,他的解释是:质量引起时空弯曲,当质量做加速运动时,时空弯曲会以波动的形式向四周扩散。这种波动就是引力波。这与向池塘中投入石块产生水波,随后向四周传播,十分类似。引力波以光速在宇宙中传播,并携带着波源的信息。引力波作为引力辐射传输能量,是一种形式如同电磁波的辐射能。

激光引力波探测仪是现在的主流探测手段,包括地面探测和空间探测两个方面。这种仪器依据的原理是:当引力波经过某一个空间时,空间场将按照引力波的频率发生周期性变形。在垂直于引力波传播方向的一个平面上,沿相互垂直的两个方向各设置一组检验体,那么当引力波传播时,某一时刻其中一组检验体之间的距离会增大,同时另一组之间的距离会缩小。随后,前一组之间的距离会缩小,而后一组之间的距离会增大,如此循环往复。长度差的相对值就等于引力波振幅的大小,而长度差的变化通过激光干涉测量获得。

20世纪70年代以后,欧美等国的科学家开始了激光干涉仪式探测仪的建设。1999年11月,在美国的圣路易斯安娜州的利文斯顿和华盛顿州的汉福德分别建成长度为4千米的激光干涉仪引力波天文台(简称LIGO),两者相距3030千米。2005年对它做了改造,使得LIGO的灵敏度高到能够探测距离只有质子直径千分之一的两点之间的差别。

法国、意大利、荷兰、波兰和匈牙利等5个国家合作建成了室女座引力波探测站,位于意大利比萨附近。它的主要部分是两个互相垂直的长臂,长度皆为3千米。2017年8月1日正式加入LIGO探测器的搜索行列。这3个探测器的联合探测能够较为精确地给出引力波波源的位置。

美国与欧洲空间局合作原计划于2012年发射空间激光干涉天线卫星(简称LISA)。3颗卫星彼此相距250万千米,构成一个等边三角形,运行在地球环绕太阳的轨道上,装备激光测距仪,用来检测彼此间距离的变化。科学家能从这些变化的数据中分析出由远方传来的引力波造成的距离变化,这将比地面测距要精确得多。这个计划因财政困难而暂停,预计将于21世纪30年代完成。

中国科学家也提出了空间探测计划,包括"天琴计划"和"太极计划",发射类似于LISA的3颗地球轨道卫星,进行激光测量。

我国于2019年8月31日发射"太极1号"卫星。第一阶段在轨测试和数据分析结果表明,作为我国首颗空间引力波探测技术实验卫星,"太极1号"实现了我国最高精度的空间激光干涉测量,已顺利完成预设的全部在轨实验任务。

在引力波天文学里,可通过观测引力波来探寻关于引力波源的信息。能用于这项研究的源包括双白矮星、双中子星和双黑洞,还有诸如超新星爆发、中子星或黑洞等致密天体的并合事件以及大爆炸不久形成的早期宇宙。

*18. 2009年3月美国宇航局发射了首颗探测系外行星的开普勒空间望远镜,它对准的天区是下列哪一项? （　　）

    A. 天鹅座和天琴座

    B. 天蝎座和人马座

    C. 飞鱼座和剑鱼座

    D. 仙女座和英仙座

解析：开普勒空间望远镜于2009年3月发射升空,是美国宇航局发射的首颗探测系外行星的探测器。在至少3年半的任务期内,开普勒望远镜将对天鹅座和天琴座以及部分天龙座中大约10万个恒星系统展开观测,以寻找类地行星和生命存在的迹象。它装备着口径1.4米的望远镜和透镜直径为0.95米的高灵敏度光度计,将以凌星法检测系外行星。开普勒望远镜定位在日地系的拉格朗日L2点,伴随地球在地球绕太阳的轨道上运行,不会被地球遮蔽而能持续观测。开普勒望远镜已经于2012年11月份完成其主要科学使命,并紧接着开始了其原定5年的计划延长期,2018年11月退役。开普勒望远镜观测了530 506颗恒星,发现了5 011个系外行星的候选者和3 255颗系外行星。

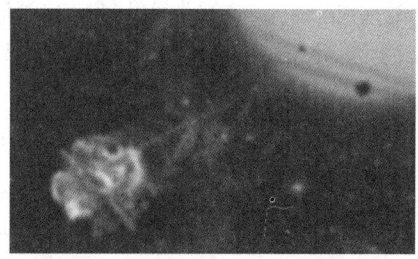

图8.19　开普勒空间望远镜艺术想象图（来源：NASA）

答案：A。

*19. 以下探测系外行星的望远镜按发射升空从先到后排序正确的是哪一项？（　　）

    A. CoRoT,Kepler,TESS

    B. Kepler,CoRoT,TESS

    C. Kepler,TESS,CoRoT

    D. TESS,CoRoT,Kepler

解析：法国空间局在2006年12月发射了第一艘搜寻系外行星的对流旋转和行星横越任务空间探测器(CoRoT)。开普勒(kepler)空间望远镜于2009年3月发射升空。凌星系外行星巡天卫星(TESS)于2018年4月发射升空,是在开普勒空间望远镜退役之后美国宇航局发射的又一个系外行星探测器。

答案：A。

20. 发射卫星以空间探测方法探测系外行星,迄今为止所用的方法是 （　　）

    A. 微引力透镜法

    B. 视向速度法

C. 凌星法

D. 直接成像法

解析：如果恒星与行星相互绕转的轨道面恰好侧向对着我们，我们就能观测到行星周期性地从恒星面前经过，这被称为"行星凌恒星"。在此期间，不发射可见光的行星遮挡掉极小部分恒星光而使得恒星的亮度减弱。因此，用极灵敏的光度测量方法以测量恒星亮度变化的"测光法"可以发现行星。这是搜寻环绕恒星的行星最有效的一种方法，可以直接推算行星的直径和质量，从而为行星的物理模型提供基本约束。系外行星空间探测的专用卫星除上述 CoRot 空间探测器、Kepler 空间望远镜、TESS 卫星以外，还有 2019 年 12 月欧洲航天局在法属圭亚那的库鲁航天中心发射的系外行星特征量测定卫星（CHEOPS）。它们都使用凌星法探测系外行星。

答案：C。

知识扩展

系外行星的探测

太阳系外行星（extrasolar planet），通常称为系外行星（exoplanet），泛指在太阳系以外的行星。长期以来，人们猜测，在其他恒星的周围也可能环绕着行星系统。

瑞士的梅约和奎洛斯的团队用专门研制的超稳多普勒光谱仪在一年半中观测了 142 颗恒星。1995 年 10 月宣布，发现在"飞马座 51 号"恒星（51 Peg）周围有 1 颗巨行星绕转。这是第一颗用"视向速度法"发现的系外行星，于是搜寻太阳系外行星的热潮从此开始了。梅约和奎洛斯因此而获得了 2020 年诺贝尔物理学奖。

行星主要靠反射或散射恒星的辐射才有亮度。行星的亮度通常只是它绕转的主恒星的数十亿分之一，很难直接观测到恒星周围的行星。因此，探测行星只能用一些间接的技术手段，它们包括：天体测量法、视向速度法、凌星法、微引力透镜法、脉冲星计时法和直接成像法等。当前最常用的是凌星法。

1999 年 9 月 9 日和 16 日，地面望远镜和哈勃空间望远镜用凌星法两次观测到离地球 153 光年的类太阳恒星 HD 209458 周围的行星 HD 209458b。由观测资料推算，这颗行星的轨道周期为 3.523 日，直径是木星的 1.27 倍，质量为木星的 0.73 倍，它的轨道半径为 0.05 天文单位，轨道面对视线倾角约 3°。这类"木星级"的行星，离其主恒星那么近，被烘烤得"滚烫"，被称为"热木星"。这与太阳系的情况完全不同。热木星的发现为发展恒星和行星系统的形成和演化理论，提供了全新的观测证据。

截至 2021 年 8 月 1 日，已经有 3 552 个行星系内的 4 801 颗系外行星被发现，其中 789 个行星系内有不止 1 颗行星（多行星系统）。开普勒空间望远镜发现的有 3 255 颗（占总数的 67.8%），TESS 发现的为 1 385 颗（占总数的 28.8%）。在采用的方法中，凌星法 3 390 例（占总数的 70.6%），视向速度法 880 例（占总数的 18.3%），微引力透镜法 112 例（占总数的 2.3%），直接成像法 53 例（占总数的 1.1%），脉冲星计时法 7 例（占总数的 0.1%），天体测量法 2 例（占总数的 0.0%），其他方法 50 例（占总数的 1.0%）。*

---

* 不同方法例数的总和大于已发现系外行星的总数，是因为有的系外行星是用不止一种方法发现的。

第9章 空间探测及其进展(下)

外太空的空间探测

外太空是指从月球轨道起向外到太阳系边缘的宇宙空间。人们发射宇宙飞船前往外太空,除了到达月球以外,宇宙飞船的速度必须达到或超过第二宇宙速度。

1. 在人类探月的历程中出现了多个"第一",例如第一次载人登月,第一次从月面取样返回,第一次在月球背面着陆。这些依次是 （　　）

　　A. 美国的"阿波罗12号",苏联的"月球15号",中国的"嫦娥4号"
　　B. 美国的"阿波罗11号",苏联的"月球15号",中国的"嫦娥5号"
　　C. 美国的"阿波罗11号",苏联的"月球16号",中国的"嫦娥4号"
　　D. 美国的"阿波罗12号",苏联的"月球16号",中国的"嫦娥5号"

解析: 1969年7月16日,美国的"阿波罗11号"飞船发射升空,搭载3名宇航员踏上人类首次登月的征途。7月20日,两位宇航员驾驶登月舱离开环绕月球运转的母船,降落在月面静海基地。宇航员阿姆斯特朗第一个走下登月舱踏上月面,他与随之登月的宇航员奥尔德林一起在月球上开展科学考察,安置仪器,采集月岩。他们于7月22日踏上返回地球的旅途,于7月25日清晨平安降落在太平洋的海面。人类首次登月宣告圆满结束。

1970年9月21日,苏联的"月球16号"在月球的丰富海区域着陆,成功地自动挖取月球土壤样品101克,于9月24日返回地球。这是人类史上首次由探测器自动着陆月球并取样返回。

2018年12月8日,中国的"嫦娥4号"发射升空。2019年1月3日,这艘探月飞船在月球背面南极附近的艾特肯盆地的冯·卡门陨击坑软着陆。这是人类第一次到月球背面着陆。2018年5月21日,我国发射了一颗命名为"鹊桥"的卫星,到达距月心约6.5万千米的地月系拉格朗日L2点,作为"嫦娥4号"的中继通信卫星。这些都是中国人的创举。

答案: C。

2. 美国的一个探测器在月球南极发现了水冰,紧接着发射了另一个探测器加以证实,这两个探测器是 （　　）

　　A. "阿波罗16号"和"阿波罗17号"
　　B. "徘徊者8号"和"徘徊者9号"
　　C. "月球轨道环形器4号"和"月球轨道环行器5号"
　　D. "克里门汀号"和"月球勘探者号"

解析: 1994年1月,美国发射"克里门汀号"环月球轨道探测器,环绕月球飞行。1997年12月,"克里门汀号"发射到南极周围永久黑暗区域的无线电波的反射波反映那里有水冰存在。美国宇航局于 1998 年 1 月发射的"月球勘探者号"探测器证实了这一发现。2009 年 10 月 9 日,美国宇航局通过"月球坑观测与感知卫星"的半人马座火箭撞击月球南极附近的凯布斯环形山,这次撞击扬起至少 95 升水,由此确证月球有水。月球表面水的发现无疑对今后建设永久的月面基地具有很重要的意义。

答案:D。

知识扩展

迈向外太空的第一站

月球是太阳系空间探测的第一个目标。自 20 世纪 50 年代末起,苏、美两国开始了对月球的探测。苏联对月球的探测是由月球号飞船系列实现的。从 1959 年 1 月到 1976 年 8 月共发射 24 个飞船。其中 1959 年 1 月 2 日,"月球 1 号"探测器成功飞掠月球是人类探月史上的首次。1959 年 10 月发射的"月球 3 号",对月球背面 70% 的表面拍照,发回传真照片,第一次揭开了月球背面的秘密。飞船系列中的"月球 10 号"(1966 年)是第一颗环绕月球的人造卫星,"月球 16 号"(1970 年)是第一颗取样返回的探月飞船,它与"月球 20 号"(1972 年)和"月球 24 号"(1976 年)从月球上的不同地方带回了 310 千克岩石,"月球 17 号"(1971 年)和"月球 21 号"(1973 年)分别携带了一部"月行者 1 号"和"月行者 2 号"月球车在几十千米的范围内拍摄了很详细的照片传回地球。

美国对月球的探测以载人登月为目的,从 1961 年 8 月开始分别由"徘徊者""勘探者""月球轨道环行器"和"阿波罗"4 个飞船系列实现各阶段的任务,对月球表面拍摄了大量的高清照片。之后,"阿波罗"系列在 1965 年 2 月至 1972 年 12 月共发射 17 艘飞船。前 6 艘不载人,主要试验飞行技术;阿波罗 7~10 号实施载人试验,每次都搭载 3 名宇航员。其中,1968 年 11 月,"阿波罗 8 号"搭载 3 名宇航员进入绕月球的轨道,绕月飞行 10 圈后返回,这是人类首次进入绕月轨道。这些飞行为日后成功登月提供了宝贵经验。

图 9.1 "月球 16 号"[①]

1969 年 7 月 16 日,美国的"阿波罗 11 号"飞船搭载 3 名宇航员踏上人类首次登月的征途。7 月 20 日,两位宇航员驾驶登月舱离开环绕月球运转的母船,降落在月面静海基地。此后,"阿波罗 12 号"以及 14 号至 17 号也都取得了登月成功。"阿波罗计划"3 年时间对月球探测所取得的成就,远远超过了多少世纪以来的地面观测。

1990 年 1 月,日本发射飞天号探测器,环绕月球飞行。1999 年夏,日本发射月球-A 探测器,环月飞行后在月球着陆,并钻探月球。日本于 2007 年 9 月 14 日发射了"月亮女神 1 号"(辉夜姬)探测器以及名为"翁"和"妪"的两个小

图 9.2 "阿波罗号"飞船登月舱在月面上
(来源:NASA)

---

① [美]艾瑞克·麦森.探索太空的历程[M].任建民,译.北京:京华出版社,2003.

的子卫星。它所载的激光高度计已获得整个月球地形的数据。

2004年9月27日,欧洲空间局发射了"斯马特1号"(SMART-1)月球探测器,环月飞行。

2008年10月22日,印度发射了其首颗探月卫星——"月船1号"。它获得了高清晰的三维月球表面地形图。

我国的探月历程

我国以嫦娥工程开展探月的历程,虽起步晚,但起点很高。嫦娥工程分3个阶段实施,第一阶段为绕——环月探测,第二阶段为落——月面软着陆探测与巡视勘察,第三阶段为回——月面巡视勘察与采样返回。

2007年10月24日,我国成功发射"嫦娥1号"探月飞船。由"嫦娥1号"拍摄的"全月球影像图",涵盖了整个月面。这张图是当时世界上最完整、最精确的一张全月球影像图。

2010年10月1日,"嫦娥2号"踏上奔月之旅。它最重要的任务目标包括在100千米的环月轨道,获取分辨率7米的月球表面三维影像数据和月球极区表面数据。

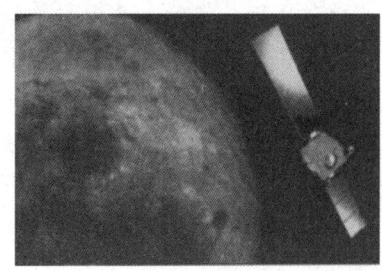

图9.3 "嫦娥1号"环绕月球运行

2013年12月2日凌晨,"嫦娥3号"携"玉兔"卫星车升入空中。于12月14日成功着陆月球的虹湾以东区域。这是中国探测器首次成功登上地外天体。"嫦娥3号"的着陆器上安装有月基望远镜,它将进行巡天观测,着陆器上还有仪器检测月球的土壤和矿物质等。

"嫦娥4号"通过鹊桥中继星传回了世界上第一张近距离拍摄的月背影像图。随即月球车"玉兔2号"也登陆月球,开始了巡视勘察。

(a) "嫦娥4号"登陆器　　　(b) 巡视器"玉兔2号"

图9.4 "嫦娥4号"及其巡视器

2020年11月24日,"嫦娥5号"发射升空。12月1日,"嫦娥5号"探测器成功着陆在月球正面的预选着陆区,并传回着陆影像图。经过约19小时的月面工作,"嫦娥5号"完成月球表面自动采样,并按预定形式将样品封装在贮存装置中。12月17日凌晨,在闯过月面着陆、自动采样、月面起飞、月轨交会对接、再入返回等多个难关后,"嫦娥5号"返回器携带月球样品降落于内蒙古四子王旗,成功返回地面。

这次任务的成功实施,是我国航天事业发展中里程碑式的新跨越,标志着我国具备了地月往返能力,完美地实现了"绕、落、回"三步走的规划,为我国未来月球与行星探测奠定了坚实基础。

3. 1990年10月,美国"发现号"航天飞机将"尤利西斯号"太阳探测器送上太空,先让它飞近某颗行星,利用引力助推方式使它改变方向并加速飞向太阳。这颗行星是（　　）

　　A. 木星

　　B. 火星

　　C. 金星

　　D. 水星

解析: "尤利西斯号"升空后,循一条非常扁长的轨道飞行,其远日点约5.2天文单位(近木星轨道),近日点约1.2天文单位(近地球轨道),轨道周期约6年。它先用约16个月的时间飞向木星。1992年2月,它利用木星强大引力改变飞行方向,使得其轨道面对于黄道面的倾角成为80.2°,并增加速度,向太阳南极飞去。这就是引力助推,或称引力弹弓效应。在这样的轨道倾角下就能探测包括太阳两极在内的任何纬度,即整个日面。若直接向太阳方向发射,为改变轨道倾角要大幅改变探测器的日心速度,需要很大的能量,当前无法实现。

答案: A。

知识扩展

飞向太阳的探测

美国从1958年10月至1973年4月发射"先驱者号"系列飞船11艘,美国与联邦德国合作于1974年12月和1976年1月先后发射"太阳神1号"和"太阳神2号"飞船,都作为"人造行星"环绕太阳,对行星空间做了探测。这些探测器的轨道面接近黄道面,只能探测太阳低纬度的狭窄区域。

"尤利西斯号"探测器是由美国宇航局与欧洲空间局联合研制的(图9.5)。它绕太阳飞行时,能够全方位地观测太阳,使对太阳的探测活动进入新阶段。"尤利西斯号"的任务是探测太阳两极及其巨大的磁场、宇宙射线、宇宙尘埃、γ射线、X射线、太阳风等。1994年8月,"尤利西斯号"探测器首次飞抵太阳南极区域并绕太阳运转,探测了太阳磁极,拍摄到太阳磁场的结构图,发现了太阳极区的冕洞。它在1994/1995年,2000/2001年和2007/2008年三次飞临太阳探测,大大丰富了人们关于太阳的知识。

图9.5 "尤利西斯号"探测器
(来源:NASA)

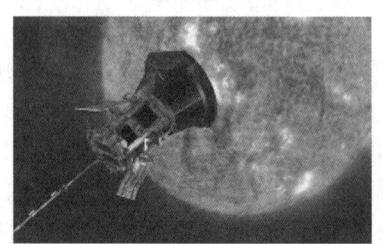

图9.6 帕克太阳探测器
(来源:NASA)

2018年8月，美国发射了帕克太阳探测器(图9.6)，2021年4月成功穿过太阳大气的最外层(日冕)，成为首个"接触"太阳的航天器，并将在未来7年的时间里进行21次近距离接近太阳的飞行。

---

4. 意大利科学家兼工程师贝皮·科伦布计算并设计了水手10号的轨道，为了纪念他的功绩，欧洲空间局发射的一个探测器以他的名字命名，这个探测器探测的行星是 （ ）

  A. 水星

  B. 金星

  C. 火星

  D. 木星

解析： 2018年10月20日，欧洲空间局发射了由欧洲和日本共同研制的"贝皮·科伦布号"水星探测器(图9.7)。该探测器在2015年12月到达水星，开展了为期一年的水星探测活动。这是迄今为止对水星最广泛和详尽的探测，包括获得体现水星表面特征的第一幅整体三维图像。

图9.7 "贝皮·科伦布号"水星探测器

(来源：ESO)

解答： A。

5. 我们现在看到的金星整个表面影像是以下列哪种方式获得的？ （ ）

  A. 地面的大光力望远镜拍照

  B. 金星探测器飞临金星上空拍照

  C. 金星探测器着陆金星表面拍照

  D. 接收金星表面的雷达反射波成像

解析： 由于金星表面有浓密的大气和云层覆盖，宇宙飞船无法用普通的光学照相机拍照，而只能利用雷达成像方法。从飞船上向金星表面发射无线电波，无线电波能够穿透大气和云层到达金星表面，然后反射回来，被飞船上的天线接收。将这些反射波放大后发送到地球，由地面的射电望远镜接收并经计算机处理后，便能获得金星表面的影像。美国的"麦哲伦号"金星探测器首先获得这一成果。不过，由于无线电波成像的分辨率较低，这些影像不如光学像清晰。

答案： D。

知识扩展

内行星的空间探测

内行星包括水星和金星。水星运行很快，在地面难以观测的水星，在空间也不易探测。原因是它与太阳靠得太近，巨大的太阳引力使得探测器不易进入环绕水星的轨道，且在强烈阳光照射下，水星周围具有很高温度，探测设备工作不稳定。迄今为止，只有3艘飞船对水星进行了探测。

除上述"贝皮·科伦布号"外，首先是美国于1973年11月发射"水手10号"，这也是第一个对水星和金星都做了探测的双行星探测器。它的轨道设计极为巧妙，它于1974年2月在距金星表面5 800千米处飞过，并对其进行了探测，同时受金星引力而加速，进入一条正好与水星轨道在远日点相切的绕日运行轨道。在这条轨道上飞船的绕日周期为176天，正好是水星公转周期88天的两倍。"水手10号"在3次飞越水星表面时拍取了水星表面45%区域的2 700幅图片并探测到其他资料。

2004年8月3日，"信使号"水星探测器发射升空。它先在环太阳的行星轨道上运行，先后于2008年1月、10月和2009年9月3次飞临水星。在这3次飞临水星的过程中，已把水星表面探测面积增加到98%。最后于2011年3月进入环绕水星的轨道，成为第一个环绕水星飞行的探测器。

金星被浓密的大气和云雾包裹，表面温度高达480 ℃。从1961年1月以来，探测过金星的探测器不下40个。这些探测器实施了逼近飞行、硬着陆、软着陆、绕转飞行4种方式。

自1961年至1983年，苏联共发射了"金星号"飞船系列16艘。然后于1984年又发射了"维加"系列2艘。1961年2月12日，苏联发射第一个金星探测器"金星1号"，于5月20日飞越金星，但没有获得探测成果。1965年11月发射的"金星2号"获得了探测成果。1967年6月发射的"金星4号"首次进入金星大气，测量了大气参数，在金星上硬着陆。首个在金星上实现软着陆的是"金星7号"，它于1970年8月17日发射，同年12月15日，它的登陆舱降落在金星表面，并发回了信息。1975年软着陆的"金星9号"和"金星10号"的登陆舱发回了首批金星表面的照片。

美国探测金星的有"水手号"系列3艘、"先驱者—金星号"2艘和"麦哲伦号"。美国于1962年8月27日发射"水手2号"探测器，12月14日从距金星3 500千米处飞过，测量了大气温度，是第一个成功探测金星的探测器。然后于1967年6月和1973年11月发射了"水手5号"和"水手10号"，后者在探测金星后借力飞往水星。美国于1978年5月和8月先后发射"先驱者—金星1号"和"先驱者—金星2号"探测器。前者于1978年12月进入环绕金星运行的轨道；后者也于12月抵达金星上空，分出4个着陆舱分别落在金星赤道和北极附近以及阴、阳两面。

1989年5月发射的"麦哲伦号"于次年8月进入环金星轨道。这个探测器带有雷达和高度计，它向金星表面发射雷达脉冲，透过厚厚云层，利用反射信号绘制金星表面地形图，范围涵盖北极到南纬70°，分辨率达120米。整个拍摄和测量过程历时4年。

图9.8 "金星快车号"探测器
（来源：ESO）

2005年11月9日，欧洲空间局的"金星快车号"发射升空（图9.8）。2006年4月进入环金星椭圆形轨道，飞船探测了金星大气、等离子体环境和金星表面，获得了许多崭新的资料。

*6. 2021年5月15日,我国探测火星的探测器"天问一号"成功着陆火星,搭载的火星车也在火星表面开展探索。执行此次任务的火星车名字是什么? （　　）

A. 天问

B. 祝融

C. 萤火

D. 神舟

解析:2021年5月22日,"祝融号"火星车安全驶离着陆平台,到达火星表面,开始巡视探测。现在"天问一号"已经发回"祝融号"探测的相关照片和数据。

答案:B。

*7. 2021年2月5日,国家航天局发布了"天问一号"火星探测器传回的首幅火星图像。这图像是下图中的 （　　）

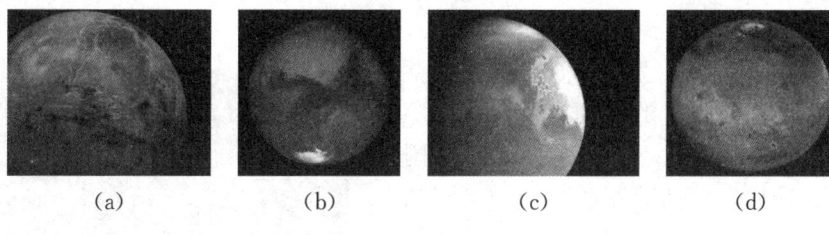

图 9.9

A. 图(a)

B. 图(b)

C. 图(c)

D. 图(d)

解析:我国的"天问一号"火星探测器于2020年7月23日在海南文昌发射场发射升空,携带着"祝融号"火星车,去执行兼有环绕、着陆和巡视任务的火星探测计划(图9.10)。"天问一号"火星探测器于2021年2月24日成功实施近火制动,进入火星停泊轨道,在火星上空绕行并拍摄火星照片。5月15日成功着陆于火星乌托邦平原南部预选着陆区,我国首次火星探测任务着陆火星取得圆满成功。

(a) "天问一号"火星探测器　　(b) "祝融号"火星车

图 9.10 "天问一号"火星探测器和"祝融号"火星车

答案:C。

知识扩展

火星的空间探测

火星的空间探测可分为三个阶段。从 1962 年苏联向火星发射第一艘飞船起，到 1976 年美国"海盗号"升空之前是初期阶段。中期阶段主要是从"海盗号"在火星表面登陆到 20 世纪末，其间火星探测的脚步基本停滞不前。第三阶段是从 1996 年 12 月"火星探路者"升空起直到现在。

1962 年 11 月至 1973 年 8 月，苏联发射了"火星号"飞船系列探测火星，这一系列共有 7 艘飞船，其中"火星 3 号"率先于 1971 年 12 月初成功实现登陆舱在火星表面软着陆。总的来说，"火星号"飞船系列所获得的天文成果不多。后来一直到 1996 年，苏联（1991 年后为俄罗斯）又曾数次发射火星探测器，但均未成功。至此苏联（俄罗斯）的探测火星活动暂告停歇。

美国于 1964 年 11 月发射"水手 4 号"行星探测器，开始了探测火星的活动。"水手 4 号"于 1965 年 7 月飞越火星，发回火星照片。美国于 1969 年 2 月和 3 月相继发射"水手 6 号"和"水手 7 号"，均飞掠火星。1971 年 5 月发射"水手 9 号"，于 11 月进入环绕火星的轨道（图 9.11）。它对火星全球和两个火卫进行了高分辨率的照相。

图 9.11 美国的"水手 9 号"探测器
（来源：NASA）

1975 年 8 月和 9 月，美国相继发射"海盗 1 号"和"海盗 2 号"。1976 年 7 月 20 日，"海盗 1 号"登陆在克赖斯平原；45 天后"海盗 2 号"又在乌托邦平原着陆，主要目的是进行生物探测实验。之后，全世界对火星的探测沉寂了近 20 年。

1996 年 2 月，美国发射"火星探路者号"探测器，携带一个登陆器。后者在着陆后释放一个名为"索杰纳"的漫游车。1996 年 11 月，美国发射"火星全球勘探者号"探测器，次年 9 月进入环绕火星的轨道，首次拍摄了覆盖火星全球的高清晰度照片，并观测火星大气。

1998 年 7 月，日本发射第一个自行研制的火星探测器"行星-B"。

进入 21 世纪以后，重要的火星探测活动有：2001 年 4 月美国宇航局发射了名为"奥德赛"的火星探测器，它发现了火星表面与尘埃、岩石混合的水冰，在火星表面形成了一层厚达 90 厘米的覆盖层。占据了从火星寒冷的南极冠到大约南纬 60°的广大地区。

2003 年 6 月，欧洲宇航局的第一个火星探测器"火星快车号"成功升空。同时，它携带的"猎兔犬-2"着陆器在火星降落。

2004 年，美国发射的"勇气号"和"机遇号"登陆火星，发现火星如今虽然干燥贫瘠，但远古时期很可能遍布河流与海洋。

2007 年 8 月，美国"凤凰号"火星着陆探测器发射升空，于 2008 年 5 月成功降落在火星北极地区。

2016年3月14日,欧洲空间局发射了火星生命探测器(图9.12),释放一个名叫"斯基亚帕雷利号"的着陆器(图9.13)在火星表面巡游,它将帮助天文学家更好地认识火星表面及其变化,特别是火星表面水的变化情况。

图 9.12　火星生命探测器　　　　图 9.13　"斯基亚帕雷利号"着陆器
　　　　（来源：ESO）　　　　　　　　　　　（来源：ESO）

2018年5月5日,美国宇航局的"洞察号"火星探测器发射升空。它是首个研究火星内部的探测器。

2020年7月下旬是一个向火星发射宇宙飞船的窗口。7月20日,阿联酋史上首次太空探索的"希望号"火星探测器在日本种子岛宇宙中心发射升空,已于2021年2月抵达火星附近。

美国于2020年7月30日发射了"坚毅号"火星探测器,于2021年2月到达火星。

8. 20世纪70年代,美国宇航局发射了两艘行星际探测器——"旅行者1号"和"旅行者2号",开启了探测外太阳系的旅程。它们探测到的目标是　　　　　　　　　　(　　)
　　A."旅行者1号"探测了木星和土星,"旅行者2号"探测了天王星和海王星
　　B."旅行者1号"探测了木星和土星,"旅行者2号"探测了木星、土星、天王星和海王星
　　C."旅行者1号"和"旅行者2号"都探测了木星、土星、天王星和海王星
　　D."旅行者1号"探测了木星、土星、天王星和海王星,"旅行者2号"探测了木星和土星

解析: 美国于1977年9月发射的"旅行者1号"(图9.14),于1979年3月飞越木星附近,拍摄了数千张木星及其卫星的照片,收获了许多重要发现,包括首次探测到木星存在光环,还发现了木星的另外3颗卫星。"旅行者1号"于1980年11月飞掠土星,对土星及其家族进行了大范围的扫描探测,拍摄了1万多张清晰的照片,然后飞向宇宙深空。

图 9.14　"旅行者1号"探测器
（来源：NASA）

1977年8月"旅行者2号"发射,1979年7月从木星及其卫星中间穿过,拍摄照片。"旅行者2号"于1981年8月飞近土星,对土星和若干卫星做了近距离探测,拍摄了几万张照片。1986年1月,"旅行者2号"飞临天王星,前后对它进行了4个月的探测。"旅行者2号"在飞离天王星后,又于1989年8月飞近海王星,向地球发回海王星及其卫星的6 000多张照片。

这两个探测器还各带一张镀金声像片和一枚金刚石唱针,用于地外生命探索。

答案:B。

*9. 这是美国发射的"卡西尼号"探测器,图中它发射"惠更斯号"子探测器正在探测的天体是下列哪一项?（　　）

A. 土卫六
B. 木卫三
C. 海卫一
D. 天卫一

图9.15 "卡西尼号"探测器

解析:1997年10月15日美国发射了"卡西尼号"土星探测器,携带着欧洲空间局研制的"惠更斯号"子探测器,为了进一步探测土星和揭示土卫六的生命之谜。"卡西尼号"于2004年6月进入环绕土星的轨道飞行,对土星及其光环和卫星开展广泛的探测。2004年12月25日,它飞近土卫六,向其释放子探测器"惠更斯号","惠更斯号"在进入土卫六浓密的大气层后打开降落伞,于2005年1月14日在土卫六着陆,传回了它通过土卫六大气层时和着陆后拍摄的照片和测量结果。"卡西尼号"探测器在土卫二冰层缝隙喷出的海水中发现了大量的氢气,科学家们推测这很可能是由冰层下温暖的海水与岩石发生水热作用而产生的,这为微生物的诞生创造了基本条件。

答案:A。

知识扩展

类木行星的空间探测

20世纪70年代,木星、土星、天王星等类木行星恰好在太阳同一侧,几乎呈一线排列。这给类木行星的探测提供了十分有利的条件。于是美国利用这一罕见的机会,发射了两个系列(各两颗)的探测器,开始了对类木行星的探测。首站是木星。

美国于1972年3月发射"先驱者10号"飞船,次年12月飞近木星,行程10亿千米,向地球发回300幅木星和木卫的照片,并利用木星的引力场加速飞向土星,又利用土星的引力场加速,于1986年6月越过冥王星轨道,成为第一个飞出太阳系的航天器。1973年4月,"先驱者11号"发射,次年12月飞越木星,拍摄300张木星彩照,同时进行多种科学考察,然后改变轨道飞向土星。这两艘飞船上各携带着一块画有图案的镀金铝质标志牌,作为人类的"名片",希望能被太阳系外行星上的"外星人"截获,这是探索地外文明的一种尝试。

美国又于1989年10月18日发射了木星专用探测器"伽利略号"(图9.16),它于1995年12月7日进入绕木星飞行轨道。此前,它曾于7月13日

图9.16 "伽利略号"木星探测器
（来源:NASA）

释放一个子探测器,后者于12月8日冲入木星大气层,在毁损前的75分钟内对木星大气层

进行了探测。"伽利略号"的探测成果,首次全面完整地展示了木星及其卫星的各个方面,发现了许多前所未知的秘密,如发现在木卫二的冰层下可能存在液态水,这就提示有可能存在生命发展。"伽利略号"于2003年12月停止工作。

2011年8月5日,美国宇航局发射了新一代木星探测器"朱诺号"。它升空后并没有直接飞往木星,而是先在太空轨道上环绕太阳飞行了两圈。然后在2013年10月飞行到地球附近时,借助于地球的引力奋力向前飞越,速度从12.5万千米/时提升到14万千米/时,得到加速以后,飞向木星。2016年7月,"朱诺号"木星探测器进入木星云层顶部以上5 000千米的轨道环绕木星运行,对木星进行全方位的探测,在2018年2月结束探测任务。

首次对土星进行探测的是"先驱者11号",它飞经木星得到加速后,于1979年9月1日飞临土星上空,穿过土星环平面,在土星的引力作用下,9月2日再次穿过土星环平面,然后被土星的引力甩向土卫六,对它进行探测。最后带着人类的"名片"飞向宇宙深处,于1990年2月越过冥王星轨道,飞出太阳系。

以上探测大大丰富了人类对土星的认识,例如发现了土星环的复杂结构,新发现了土星的卫星,发现了土卫六上的液态甲烷湖,人们推测在那里可能有低级生命存在。

---

*10. 为人类探测到第一个保存完好的星子的空间探测器是哪一个?　　　　　(　　)

　　A. "钱德拉号"
　　B. "新视野号"
　　C. "普朗克号"
　　D. "旅行者号"

解析:美国宇航局于2006年1月19日发射了"新视野号"探测器,其主要任务是探测冥王星及其最大的卫星冥卫一(卡戎),进而深入到柯伊伯带探测位于那里的小天体。"新视野号"于北京时间2015年7月14日19时49分飞掠冥王星,接着于20时04分飞掠冥卫一。"新视野号"无法对冥王星的其余4颗小卫星做近距离观测,但是远距离的照片还是提供了相当多的信息,用来确定它们的尺度,改进它们的轨道并测定它们的自转速率。考察冥王星的任务结束后,"新视野号"继续向更远的深空飞行。

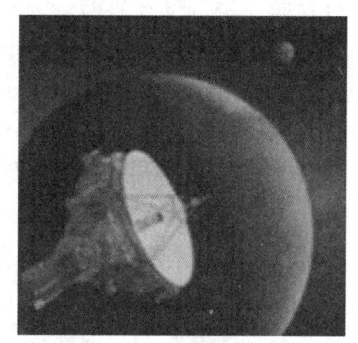

图9.17 "新视野号"探测器
飞抵冥王星
(来源:NASA)

2017年2月6日起,"新视野号"探测器在6天中对6颗遥远的柯伊伯带天体进行了拍摄。2019年1月1日,飞掠一个被称为486958 Arrokoth的柯伊伯带天体。这是由一对平均直径为16千米和13千米的星子结合形成的小天体,距离地球约45天文单位,这是迄今为止人类探测的最遥远和最原始的太阳系天体。

答案:B。

*11. 2020年12月6日,一个从地外返回的空间探测器把一个回收舱扔在了澳大利亚南部沙漠地带的一个火箭试验场,然后又扬长而去。回收舱中装的是从龙宫小行星上取回的物质样本。这个空间探测器是 ( )

A. "隼鸟2号"
B. "罗塞塔号"
C. "星尘号"
D. "深空1号"

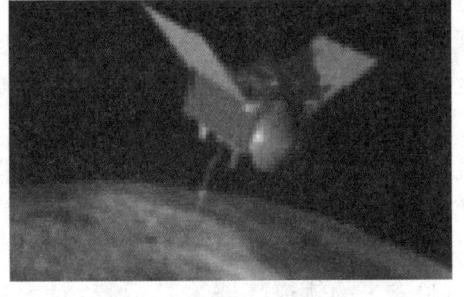

图9.18 "隼鸟2号"探测器
（来源:JAXA）

解析:日本"隼鸟2号"小行星探测器于2014年12月3日发射升空。它于2018年7月到达小行星龙宫(第162173号),在其北半球释放两个巡游器,对其进行探测。这是首次在小行星上着陆的巡游器。后来携带样本物质于2020年末返回地球。

答案:A。

知识扩展

捕捉太阳系的小精灵之一——探测小行星

小行星和彗星属于太阳系小天体,对它们的空间探测起步较晚。太阳系小天体(还有流星体和陨落到地面的陨星等)被称为太阳系的化石,保留了太阳系早期的许多信息,对它们的探测,对于了解太阳系的起源和演化具有重要意义。

首开探测小行星先河的是美国于1989年10月发射的"伽利略号"木星探测器。1993年8月它在飞往木星的航程中,顺道对"加斯帕"小行星和"艾达"小行星进行了探测,发现"艾达"也有卫星。

1996年2月,美国发射了一个叫近地小行星会合探测器(也叫"舒梅克号")的飞船,于1999年2月接近爱神星,成为绕爱神星的卫星,绕行10个月后着陆。

2003年5月,日本发射"隼鸟号"探测器飞往位于地球和火星之间的25143号小行星丝川。2005年11月,"隼鸟号"两度在丝川小行星上着陆。2007年4月,"隼鸟号"脱离丝川小行星轨道,开始回归地球之旅。2010年6月13日,"隼鸟号"携带采集到的样本返回地球。这是人类第一次从小行星取样返回。

2007年9月27日,美国宇航局为探索小行星带的谷神星和灶神星发射"曙光号"探测器。它是第一个探测小行星带的,也是第一个先后环绕两个天体的无人探测器。在2009年2月经过火星附近,借它的引力助推前往小行星带。"曙光号"于2011年7月16日抵达灶神星,进入环灶神星轨道,成为首个环绕小行星带天体的探测器。2012年9月5日,"曙光号"正式启程前往谷神星,2015年3月6日抵达谷神星轨道,继而被谷神星引力捕获,成为这颗矮行星的人造卫星,同时也成为第一个近距离造访矮行星的探测器。

2012年12月,我国的"嫦娥2号"对4179号近地小行星图塔蒂斯进行了飞越探测。

12. 首次在彗星上释放探测器并软着陆的飞船是欧洲空间局发射的,这艘飞船和所着陆的彗星是 ( )

　　A. "乔托号"和哈雷彗星
　　B. "深空 1 号"和威尔逊-哈林彗星
　　C. "罗塞塔号"和 67P 彗星
　　D. "星尘号"和"荒野 2 号"彗星

解析:2004 年 3 月 2 日欧洲空间局发射"罗塞塔号"探测器,在升空后先利用地球和火星的引力 4 次调整轨道,2011 年 6 月抵达木星轨道,后来成为环绕 67P 彗星的卫星,近距离地对它进行探测。2014 年 11 月 12 日,"罗塞塔号"投放名为"菲莱号"的小型探测器在 67P 彗星表面登陆,这是首个在彗星上软着陆的人造探测器。"菲莱号"在 67P 彗星表面尘埃中发现了氧分子、磷和 16 种有机化合物,包括甘氨酸(一种氨基酸),这些物质是构成生命的基础。"罗塞塔号"为地球生命起源于彗星的假说提供了新的证据。

　　(a) "罗塞塔号"飞船　　　　　(b) "菲莱号"探测器

图 9.19 "罗塞塔号"飞船和"菲莱号"探测器(来源:ESO)

答案:C。

知识扩展

捕捉太阳系的小精灵之二——探测彗星

对彗星的空间探测是 20 世纪 80 年代中期才开始的。

1983 年 12 月,美国让原来绕行地球的 ISEE 3 号卫星改变航向,飞向不久前发现的贾可比尼-津纳彗星。此卫星被更名为"国际彗星探险者"(ISE)飞船。1985 年 9 月,ISE 飞船按预定计划准确地与贾可比尼-津纳彗星相遇,接着又穿过了它的彗尾,对它的磁场、温度、彗尾的化学成分和电子密度等进行了探测。

1985 年年底至 1986 年年初,哈雷彗星回归(1986 年 3 月过近日点),许多国家发射航天器前往探测。苏联于 1984 年 12 月发射了"维加 1 号"和"维加 2 号"飞船,欧洲航天局于 1985 年 7 月发射了"乔托号"飞船,日本于 1985 年发射了"行星 A 号"飞船,美国则再次改变 ISE 飞船的轨道,前往探测哈雷彗星。在这次大规模的探测活动中,成功拍摄了彗核(即彗星本体)的照片,获得了彗核的形状、结构、自转、表面特征;了解了彗星的活动,如测量氢原子的喷射量,观测太阳风与彗发的相互影响等;全面地测量了彗星各部分的物理参数,获得了大量的宝贵资料。

美国"伽利略号"木星探测器曾在前往木星的途中,于1994年7月拍摄了舒梅克-列维9号彗星撞击木星的图像。1996年3月,美国哈勃空间望远镜探测了百武彗星。1997年3月至4月,海尔-波普彗星回归时,各国都从地面和太空进行了探测。

美国宇航局于1998年10月24日发射"深空1号"探测器(图9.20),目的在于探测小行星和彗星。2001年1月它飞往威尔逊-哈林彗星。2001年9月22日,"深空1号"探测器从距波雷利彗星仅仅2 200千米处飞过,对其拍照,这是迄今为止人类第二次近距离观测到这种彗星内核部分。

图9.20 "深空1号"探测器
(来源:NASA)

1999年2月美国发射"星尘号"彗星探测器,2004年1月飞抵"荒野2号"彗星附近,在距它100千米处,用一个网球拍形状的收集器采集了该彗星喷出的大量尘埃。2006年1月15日,"星尘号"飞船携带珍贵的宇宙物质平安归来。

空间站

空间站又称轨道站、轨道空间站和航天站,是航天员在太空轨道上生活和工作的基地。空间站技术是人造地球卫星技术的进一步发展。空间站采用模块式设计,可以分段送入轨道组装。然后由载人飞船或航天飞机为它接送航天员、运送补给品和运回产品。由于空间站能随时替换航天员,能适时得到补给品,因此具有其他航天器所没有的提供航天员长期生活和工作环境的能力,长期进行科学实验和产品生产的能力,设备检修和更换的能力,可以不断排除故障,提高使用寿命。它的功能可以根据任务要求而变更或扩大,这就从根本上解决了航天器功能单一的重大缺陷。因此,与前述人造卫星相比,它的探测范围更广、时间更长、效率更高。空间站是将实验室搬上太空,利用太空失重和高真空的独特环境,开展地面上无法进行的生命科学实验(进行植物育种、发明新的药物等)、材料科学实验(制造半导体、特种材料等)和天文观测、对地观测等。空间站的建设,将为科学研究带来更大的舞台。它没有推进的动力系统和着陆系统,依靠其他航天器与它对接运送人员和物资。

13. 世界上发射第一座空间站的国家和这座空间站的名称是 （　　）

　　A. 美国,"奋进号"
　　B. 苏联,"和平号"
　　C. 苏联,"礼炮1号"
　　D. 美国,"天空实验室"

解析:世界上第一座空间站是1971年4月19日苏联发射的"礼炮1号"空间站,这是礼炮空间站系列的第一座。它由轨道舱、服务舱和对接舱组成,呈不规则的圆柱形,总长约12.5米,最大直径4米,总质量18.5吨,运行轨道的近地点200千米,远地点222千米。同年6月,苏联的"联盟11号"飞船载了3名航天员与此空间站对接,开展科学考察活动,观测了太阳,在站上居留24天。同年10月,空间站坠毁。

答案: C。

图9.21 "礼炮1号"空间站结构图①

图9.22 "和平号"空间站②

14. 世界上第一个具有两个以上多接口,以供外来宇宙飞船停靠的空间站是 （　　）

A. 美国的"天空实验室"

B. 苏联的"礼炮6号"

C. 苏联的"礼炮7号"

D. 苏联的"和平号"

解析: 1986年2月20日,苏联发射"和平号"空间站。它长13.13米,最大直径4.2米,重21吨,由7个加压舱和几个无压单元构成,有6个对接口。在10余年时间里,它的6个对接口全部对接了专业舱。

答案: D。

知识扩展

苏联的空间站

苏联的礼炮空间站系列从1971年到1986年延续了15年,包括4个载人科学研究站和2个军事侦察站,两次发射失败。在发射"礼炮1号"后相继发射了"礼炮2号"至"礼炮7号"空间站,共有70余人次航天员分批在站上开展科学活动。

"礼炮1号"至"礼炮5号"是苏联第一代空间站,只有一个对接口,载人飞船占用后,无法让货运飞船前去运送补给品。因此,食品、氧气、燃料等有限,空间站的寿命不长。第二代空间站("礼炮6号"和"礼炮7号")增加了一个对接口。这样可以同时接待两艘飞船,组成三位一体的轨道联合体,延长了空间站的寿命,为航天员在站上长期飞行创造了良好条件。

礼炮系列开创造了多项空间飞行记录,如首开长时间在轨工作、宇航员群组在轨交接和空间行走。它的技术积累如从单接口改进至复杂的多接口、长时间在轨从事科研的能力等,为后来的诸如"和平号"空间站、国际空间站提供了宝贵的经验。

1986年2月20日,苏联发射"和平号"空间站,飞行高度为296～421千米。先后接待

---

① [美]艾瑞克·麦森.探索太空的历程[M].任建民,译.北京:京华出版社,2003.
② [美]艾瑞克·麦森.探索太空的历程[M].任建民,译.北京:京华出版社,2003.

76人次航天员或科学家到站上工作。它曾经创造了连续载人3 644天的纪录。苏联宇航员瓦列里·保利亚科夫于1994—1995年连续在轨生活和工作437日又18小时,创造了最长留空时间的太空飞行纪录。宇航员和科学家们在轨进行了天文观测、地球海洋、陆地和大气探测以及医学生物学研究。他们还进行了空间加工工艺的研究以及新材料和生物制品的生产。它已于2001年3月按计划坠落于南太平洋的预定海域。

16. 美国的首个空间站"天空实验室"在天文观测上取得的主要成就是（ ）
   A. 拍摄到X射线源天鹅X-1的光学对应体
   B. 发现了巨椭圆星系M87喷流的超光速现象
   C. 拍摄到仙女星系里的超新星爆发
   D. 在太阳活动进入第21周高峰期之前深入观测太阳

解析："天空实验室"于1979年7月坠毁,之前除了对地球进行观测外,就是在太阳活动到达第21周高峰期之前对太阳进行探测,共拍摄太阳活动照片18万多张,获取了关于太阳冕洞、大尺度环、活动区、耀斑、光斑等的特征和日冕磁场结构等的大量观测资料。

(a) 天空实验室　　　　　(b) 1973年8月21日的日珥照片

图9.23 "天空实验室"及其拍摄的太阳日珥照片(来源:NASA)

答案： D。

知识扩展

美国的空间站

1973年5月14日,美国发射了"天空实验室"的主体,同年发射了3艘载人的"阿波罗"飞船与它对接,组成实验性空间站"天空实验室"。它由轨道舱、过渡舱、多用途对接舱、太阳望远镜和"阿波罗"飞船5部分组成。全长36米,最大直径6.7米,总重量91吨,能提供360立方米的工作场所,轨道高度为435千米。这是美国第一个试验性空间站。"天空实验室"在起飞后63秒,由于其微流星/阳光防护罩和一个太阳能电池翼被高速气流冲掉,致使舱内温度急剧上升,入轨前出现故障……1973年5月25日一艘"阿波罗"飞船载3名航天员与"天空实验室"对接。航天员用一顶遮阳帆挡住阳光,使实验室内温度下降,并展开另一个被卡住的太阳翼,使实验室得以正常工作。之后直到1974年2月,"天空实验室"共接待了3批共9名航天员,他们在站上分别生活和工作了28天、59天和84天,用多种仪器进行了天文、地理、遥感和生物等研究,拍摄了18万多张太阳活动照片和4万多张地面照片。1974年,第三批宇航员离开太空返回地面后,"天空实验室"便被封闭停用。1979年7月11日,"天空实验室"进入大气层后烧毁,碎块掉落在印度洋和澳大利亚西部。

17. 国际空间站是迄今为止最大型的空间站,它的组成包括 （   ）

A. 3个节点舱和3个实验舱

B. 4个节点舱和4个实验舱

C. 4个节点舱和3个实验舱

D. 3个节点舱和4个实验舱

解析:节点舱4个:(1)"团结号"节点舱于1998年12月由"奋进号"航天飞机送入轨道,用于存贮货物和调节电力供应,是国际空间站上用于连接6个舱体的主要节点舱。(2)"和谐号"节点舱于2007年10月由"发现号"航天飞机送到空间站。它的作用是把各个实验舱连接在一起。(3) 2010年2月,美国的"宁静号"节点舱由"奋进号"航天飞机运送到空间站,它容纳氧气生成器、水循环系统、废物清理—卫生维护系统等许多生命支持和环境控制系统,并为航天员提供额外的活动空间。(4) 2021年11月,俄罗斯发射"普里查尔号"节点舱(又称"乌兹勒沃伊号"锚泊节点舱),与"科学号"实验舱连接。

实验舱4个:(1)美国的"命运号"实验舱于2001年2月与"团结号"节点舱顺利对接。这是进行微重力科学研究的场所,包括材料加工、生命科学、生物医学实验、流体试验和地球科学等的研究。(2)欧洲航天局的"哥伦布号"实验舱装备有多种实验设备,能开展细胞生物学、外空生物学、流体和材料科学、人类生理学、天文学和基础物理学等多方面的实验和观测。它于2008年2月由"阿特兰蒂斯号"航天飞机送到空间站。(3)"希望号"实验舱是日本首个载人航天设施,是国际空间站最大的构件,最多可容纳4人。它由舱内保管室(内有实验设备、维修工具、实验材料以及备用配件等)、舱内实验室、舱外实验平台、舱外集装架、机械臂和通信系统6大部分组成。它的各部分先后于2008年3月、5月和2009年7月分别由"奋进号""发现号"和"奋进号"航天飞机运送。最后一次同时运送宇航员多人,使得同时在轨人员达到13人,创造了一项记录。(4) 2021年7月,俄罗斯发射"科学号"多目标升级实验舱,与"曙光号"成功对接。

答案:B。

知识扩展

国际空间站

1994年起,以美国国家航空航天局与俄罗斯联邦航天局为主,并有欧洲航天局、日本宇宙航空研究开发机构和加拿大国家航天局参加,分阶段建造国际空间站。其飞行高度在418～422千米之间,总质量约444.6吨。全站组装直到2021年仍在继续。除了上述4个节点舱和4个实验舱以外,还有以下一些组件。

国际空间站的第一个组件为"曙光号"功能舱,于1998年11月由俄罗斯发射升空。它是国际空间站的基础,由"礼炮号"计划的技术发展而来,能提供电源、推进、导航、通信、姿控、温控、充压的小气候环境等多种功能。

"星辰号"服务舱是航天员生活和工作的主要场所,由俄罗斯出资建造,于2000年7月发射,这样彼此对接的3个舱段和辅助设备组成了空间联合体,使国际空间站具备了航天员居住和工作的基本条件。

美国于2001年7月把"寻求号"气闸舱发射升空。其作用是为航天员提供出舱活动前穿戴航天服的场所,能同时兼容美国和俄罗斯航天员穿戴航天服。

俄罗斯于2009年11月把"探索号"气闸舱发射升空,为俄罗斯航天员穿戴航天服所用。

欧空局制造的"圆顶号"观测舱于2010年2月发射升空,与"宁静号"节点舱对接。它有7个窗口,用于观测地球,进行实验。

俄罗斯的"黎明号"服务舱于2010年5月由"阿特兰蒂斯号"航天飞机运送到国际空间站。它用来存放和停泊航天器。

2011年3月升空的"莱昂纳多·达芬奇"永久性多功能舱是由意大利制造的多用途后勤舱。

在国际空间站上,科学家们开展对太阳、日地空间和地球的观测以及天体生物学、天文学、气象学、物理学和其他领域的研究。从第一批航天员群组于2000年11月来到国际空间站,截至2021年8月,已有19个国家的244名航天员、科学家和太空旅游者到访国际空间站。

图 9.24　国际空间站(2021 年 9 月)
(来源:NASA)

18. 我国实现载人航天工程"三步走"发展战略,前两步已经完成。这两步的标志性事件是: (　　)
　　A. "神舟1号"完成首次无人飞行任务以及"神舟8号"与"天宫1号"交会对接
　　B. "神舟5号"完成首次载人飞行任务以及"神舟8号"与"天宫1号"交会对接
　　C. "神舟5号"完成首次载人飞行任务以及"神舟9号"与"天宫1号"交会对接
　　D. "神舟1号"完成首次无人飞行任务以及"神舟9号"与"天宫1号"交会对接

解析:1992年,中国政府制定了载人航天工程"三步走"发展战略:第一步,发射载人飞船,建成初步配套的试验性载人飞船,开展空间应用实验。第二步,突破载人飞船和空间飞行器的交会对接技术,发射一个可供航天员短期入驻的空间实验室。第三步,建造载人空间站,掌握近地轨道空间组装、近地轨道航天员长时间驻留等技术。

2003年10月15日,我国发射"神舟5号",承载航天员杨利伟实现中国首次载人航天飞行。"神舟5号"在轨运行14小时,10月16日安全着陆在内蒙古地区。

"神舟9号"是中国第4艘载人飞船,承载景海鹏(指令长)、刘旺和中国首位女航天员刘洋,执行首次载人交会对接任务。"神舟9号"2012年6月16日升空,6月18日,"神舟9

号"与"天宫1号"实现自动交会对接,3名宇航员进入"天宫1号"工作和生活,开展空间科学实验。

答案:C。

19. 我国空间站核心舱发射升空和开启有人长期驻留时代的时间分别为 （　　）

A. 2021年3月和2021年11月

B. 2021年5月和2021年11月

C. 2021年4月和2021年10月

D. 2021年3月和2021年9月

解析:2021年4月29日,空间站核心舱发射升空。2021年10月16日,"神舟13号"飞船搭载航天员翟志刚、王亚平、叶光富发射升空,与空间站组合体完成自主快速交会对接,航天员进驻天和核心舱,中国空间站开启有人长期驻留时代。

答案:C。

20. 我国将发射一台空间望远镜与"天宫"空间站共轨飞行,它的分辨率与哈勃空间望远镜相当,它的口径为 （　　）

A. 2米

B. 1.6米

C. 2.4米

D. 3.2米

解析:我国将发射一个光学舱,与"天宫"空间站共轨飞行,其内架设一台口径2米的巡天望远镜,分辨率与哈勃空间望远镜相当,视场是哈勃空间望远镜的300多倍。在轨10年,可以对约17 500平方度（40%以上）的天区进行观测。

答案:A。

知识扩展

中国的空间站

中国空间站的名称为"天宫"空间站,空间站轨道高度为400～450千米,倾角42°～43°,设计寿命10年,长期驻留3人。中国空间站由核心舱（"天和号"）、实验舱Ⅰ（"问天号"）、实验舱Ⅱ（"梦天号"）、载人飞船（"神舟号"）和货运飞船（"天舟号"）5个模块组成。各飞行器既是独立的飞行器,具备独立的飞行能力,又可以与核心舱组合成多种形态的空间组合体,在核心舱统一调度下协同工作,完成空间站承担的各项任务。

核心舱全长约18.1米,最大直径约4.2米,发射质量20～22吨。核心舱模块分为节点舱、生活控制舱和资源舱。主要任务包括为航天员提供居住环境,支持航天员的长期在轨驻留,支持飞船和扩展模块对接停靠并开展少量的空间应用实验,是空间站的管理和控制中心。核心舱有5个对接口,可以对接2个实验舱、2艘载人飞船和1艘货运飞船。设气闸舱用于太空人出舱,配置机械臂用于辅助对接、补给、出舱和科学实验。

图 9.25 "神舟"载人飞船

实验舱Ⅰ、Ⅱ全长均约 14.4 米,最大直径均约 4.2 米,发射质量均约 20～22 吨。实验舱具备独立飞行功能,与核心舱对接后形成组合体,可开展长期在轨驻留的空间应用和新技术试验,并对核心舱平台功能予以备份和增强。空间站运营期间,最多的时候,将对接 2 艘载人飞船和 1 艘货运飞船。整个系统加起来将达 90 多吨。

2021 年 6 月 17 日,"神舟 12 号"飞船搭载航天员聂海胜、刘伯明、汤洪波发射升空,与"天和"核心舱完成自主快速交会对接,航天员先后进入"天和"核心舱。7 月 4 日,航天员进行中国空间站首次出舱活动。9 月 16 日,"神舟 12 号"载人飞船撤离空间站组合体,9 月 17 日安全降落在东风着陆场预定区域。

图 9.26 "天宫"空间站

第10章 天文实测与数据处理

人类对天体的认识来自宇宙空间中传递信息的信使,目前这样的信使包括了电磁波、宇宙线、中微子和引力波。我们如何搜集、分析、记录并且充分理解这些信息呢?搜集电磁波的望远镜捕捉到光子以后,还需要经过辐射分析器小心精细地分类,经过辐射探测器快速准确地记录,才能把信息保存下来。宇宙线、中微子和引力波望远镜更是打破了人们对望远镜的常规认识,使用完全不同的原理获得遥远天体的信息。它们捕捉的所有信息都被转换成数据,也就是一串串 0 和 1 组成的字符。使用计算机对数据进行提取、处理、统计以及数值分析已经成为我们理解天文现象必不可少的一环。

1. 电磁波可以分成不同的波段,下列哪一组电磁波段都属于电离辐射? ( )
    A. 红外、微波、极紫外
    B. 微波、软 X 射线、极紫外
    C. 极紫外、硬 X 射线、γ 射线
    D. 红外、软 X 射线、γ 射线

解析: 电离辐射指的是光子或其他亚原子粒子能量足够高以至于可以剥离电子,从而使原子或者分子发生电离的辐射。电离辐射包括高能电磁波和核辐射,其中电磁波段有极紫外、软 X 射线、硬 X 射线和 γ 射线。

    答案: C。

2. 国际空间站上的阿尔法磁谱仪没有探测到下列哪种粒子? ( )
    A. 反质子
    B. 反氦核
    C. 正电子
    D. 电子

解析: 阿尔法磁谱仪探测到最多的粒子是质子和氦核,也有少部分的电子、正电子和反质子,但是到目前为止,只有几个疑似反氦核的事件,并且由于没有排除探测器的影响,因此还不是非常确定是否探测到了反氦核。

    答案: B。

3. 下列哪种物理现象无法提供遥远天体的信息? ( )
    A. 声波
    B. 电磁波
    C. 中微子
    D. 引力波

解析: 天体的信息可以由电磁波、宇宙线、中微子和引力波辐射提供。声波无法在真空中传播,因此无法提供天体的信息。

    答案: A。

知识扩展

天体的辐射

为了探测天体的物理性质，我们需要接收天体的辐射信息。天体的辐射包括电磁波、宇宙线、中微子和引力波辐射。由于眼睛这个特殊器官的存在，人类对于天体电磁波信息的收集从远古时代就开始了。而宇宙线、中微子和引力波辐射在天体探测中的应用，则有赖于科学技术的进一步发展。1912年，奥地利物理学家赫斯通过高空气球观测发现了宇宙线的存在。随着电子、质子和中子分别在1897年、1918年和1932年被英国科学家汤姆森、卢瑟福和查德威克发现，人们推开了微观粒子世界的大门，从而认识到宇宙线是高能的质子、氦核、电子以及其他高能粒子。中微子作为一种特殊的宇宙线也被广泛用于探测辐射源的物理性质。在2015年美国激光干涉引力波天文台(LIGO)第一次探测到两个黑洞并合产生的引力波以后，人类进入了全面使用上述四种手段的多信使天文学时代。

电磁波既是人们最早用来探测天体的信使，也是目前为止提供最多信息的信使。电磁波的信息包括了它的强度、波长、相位和偏振。人们通过电磁波对天体进行观测正是利用了这四方面的信息。最早的肉眼观测以及早期的望远镜只能提供宽波段范围内的强度信息，这时我们可以辨别天体的明暗和粗略的颜色差别。通过滤光片或者光谱仪分辨出不同波长处的光强以后，我们就得到了光谱。天体的光谱提供了更加丰富的信息，比如温度、速度、密度和化学组成等。通过提取电磁波的相位和偏振信息，我们进一步发展出综合孔径、激光干涉、自适应光学和偏振测量等技术方法，探测从宇宙微波背景辐射到引力波、从活动星系核到黑洞、从恒星磁场到系外行星等一系列天文现象的物理性质。

宇宙线特别提供了天体高能过程的物理信息。它的单个粒子的能量可以超过10^{20} eV，远远超过了人类建造的粒子加速器能够达到的最高能量，比如欧洲核子研究中心(CERN)运行的大型强子对撞机(LHC)能够产生的最高单粒子能量约为10^{12} eV 到 10^{13} eV。宇宙线这么高的能量为我们理解高能天体物理和粒子物理本身都提供了绝佳的机会。宇宙线可以由多种天体及其物理过程产生，比如超新星爆发、活动星系核、类星体和 γ 射线暴等。宇宙线根据发源地可以分为太阳高能粒子、银河系宇宙线和河外宇宙线。如果来自发源地的宇宙线没有产生任何衰变，被称为初级宇宙线，它的成分主要为完全电离的原子核，包括约89%的质子、9%的氦核、1%的其他重原子核以及1%的电子、正电子和反质子等。初级宇宙线和地球大气中的原子、分子碰撞以后发生衰变，从而产生一系列较轻的粒子，即次级宇宙线，这一过程也被称为广延大气簇射。次级宇宙线的成分包括光子、轻子和强子，其中轻子有电子、正电子、μ 子和中微子，强子有质子、中子、氦核、π 介子等。

中微子作为一种特殊的宇宙线成分，只通过弱力及引力和其他物质产生相互作用。而弱力是一个短程力，由于中微子极小的质量导致引力也非常弱，这让中微子可以长驱直入，在宇宙中自由穿行。中微子的天体起源包括太阳、超新星、超新星遗迹以及宇宙大爆炸等。太阳核心的核反应贡献了地球上能探测到的大部分中微子，并且这其中的大部分（超过90%）是由质子—质子链贡献的：

$$p+p \rightarrow d+e^{+}+\nu_e$$

即两个质子发生核反应，产生氘核、正电子和电子中微子。超新星爆发时，核心的电子

简并压无法抗衡核塌缩的引力,这时质子和电子结合形成中子和电子中微子,这就是质子的电子俘获过程:

$$e^- + p \rightarrow \nu_e + n$$

这个过程中释放的中微子比电磁波更早到达地球,比如1987A超新星的中微子到达地球的时间比它的电磁波早了几个小时。人们可以利用这个性质建立超新星的早期预警系统。另外宇宙大爆炸的早期也产生了大量中微子,并且在今天留下了类似于宇宙微波背景辐射的宇宙中微子背景辐射。

引力波最早由爱因斯坦在1916年的广义相对论中给出理论预言,而它的直接实验证实却等到2015年才完成,也就是激光干涉引力波天文台(LIGO)观测到的双黑洞并合产生的引力波GW150914。广义相对论告诉我们,时空并不是平直和均匀的,它的曲率由质量和能量分布决定。时空中的质量和能量越多,时空的弯曲程度越大。某些情况下,加速的物体可以让时空的节律变化以光速传播,从而产生类似于电磁波的引力波,而它穿过观测者时可以扭曲当地的时空,只是这个扭曲的程度和引力波辐射源的距离成反比。目前探测到的引力波源都在遥远的河外星系,它们传到地球时信号往往小于10^{-20},正是这个原因延迟了引力波的直接探测时间。引力波的产生需要大质量天体的剧烈加速运动,可能来自并合的双黑洞、并合的双中子星、超新星、快速自转的中子星以及宇宙早期的暴胀等。因此引力波的探测给我们描绘了宇宙中最剧烈的天文景象,让我们窥探到了其他手段无法探知的物理现象。

4. 下列哪一项指标可以提升辐射探测器的性能? ( )

    A. 更低的灵敏度

    B. 更低的时间分辨率和空间分辨率

    C. 更低的暗噪声

    D. 更低的动态范围

解析: 更低的暗噪声提高了探测器测量暗弱信号的能力,在相同的信号水平下,暗噪声越低,信噪比越高。灵敏度的降低会抑制测量精度的提升,时间和空间分辨率的降低不利于分辨快速变化以及空间尺度小的源,动态范围小不利于同时探测更弱和更强的辐射。

答案: C。

5. 电磁波的偏振信息可以提供天体中多种物理信息,比如它可以用来测量磁场或者温度、密度的不均匀性。偏振信息需要偏振分析器调制后才能被记录和理解,以下光学分析器中哪种器件无法分析偏振信息? ( )

    A. 液晶玻片

    B. 滤光片

    C. 尼科尔棱镜

    D. 石英玻片

解析: 液晶玻片和石英玻片都可以调制电磁波互相垂直的两个电场振动之间的相位差,改变电磁波的偏振状态,从而利于人们辨别电磁波的偏振是哪种类型,比如是圆偏振还是线偏振。尼科尔棱镜是利用光的全反射和晶体的双折射现象制成的一种偏振器,一般使用方解石晶体和加拿大树胶制作,可以用作起偏器或者检偏器。滤光片是选择不同波长的电磁波的器件,能够得到光在不同波长的分布信息,不能直接得到光的偏振信息。

答案: B。

6. 为了得到高分辨率的光谱信息,我们需要使用光谱仪进行分光。光谱仪使用不同的物理原理分辨出电磁波在不同波长处的信息,下列哪种物理原理不是光谱仪使用的方法? ( )

    A. 反射定律

    B. 色散原理

    C. 干涉原理

    D. 光电效应

解析: 光的反射角不依赖于波长,因此依据反射定律无法区分光谱信息。光在棱镜中的折射率依赖于波长,因此色散可以分开不同波长的光,棱镜光谱仪即根据色散原理制成的。利用光的干涉可以得到光谱信息,如果把入射光分成一系列子光源,再让它们以适当的相位差产生干涉,那么不同波长的干涉光出现在不同位置,光栅光谱仪便是利用这个原理。光电效应也可以用来区分光子的能量,因为光子的能量依赖于波长,波长越短光子能量越高,就可以产生更高能的光电子,从而测量出光谱。

答案: A。

7. 电荷耦合器件(CCD)可以感光的原因是光电效应产生了信号电荷,那么,通常对紫外、可见光到红外波段敏感的CCD是使用哪种材料实现感光的? ( )

    A. 绝缘体

    B. 金属

    C. 半导体

    D. 上述材料都可以

解析: 不同材料激发出自由电子需要的能量不同。在绝缘体中电子需要极高能量才能进入自由状态,金属中即使没有光子注入也存在大量自由电子,半导体介于绝缘体和金属之间,紫外、可见光和红外光子都可以激发自由电子。CCD可以存储并且读取这些自由电子,实现对光强的记录。

答案: C。

8. 下列哪一种探测器无法直接探测到高能正电子组成的宇宙线? ( )

    A. 核径迹探测器

    B. 云室

    C. 气泡室

    D. 光敏二极管

解析: 高能正电子产生的电离作用可以在核径迹探测器、云室以及气泡室留下痕迹,光敏二极管只对光子敏感。

答案: D。

> 知识扩展

天体辐射的探测

天体可以辐射出电磁波、宇宙线、中微子和引力波等多种信使信息。对于不同的信使，甚至是同一信使的不同波段，我们需要使用不同的探测手段。所有的探测手段都充分利用了不同的信使和其他物质作用时产生的种种物理效应，比如光子的光电效应、宇宙线的电离、中微子的中性流和带电流作用以及引力波对时空的直接扰动。特别是不同波段的电磁波和物质之间具有不同的相互作用。无线电波可以激发天线中电子的振荡，微波和远红外线激发分子转动能级，近红外线则能够激发分子振动能级，可见光使分子中的电子激发，而上述波段都可以激发等离子体振荡。再到更高能波段，紫外线可以激发分子和原子的价电子，甚至敲掉它们的外层电子，形成光电效应；X射线激发或者电离原子内层电子，和轻核原子中的电子发生康普顿散射；γ射线则可以电离重核元素的内层电子，也可以和所有原子中的电子发生康普顿散射，甚至激发原子核，包括使原子核分解；宇宙线中还存在高能γ射线，它们可以直接产生粒子和反粒子对，在和物质作用时产生一系列高能粒子，比如宇宙线产生的广延大气簇射。

电磁波的信息主要由望远镜收集，第5章已经介绍了光学、红外和射电望远镜，第8章则介绍了紫外、X射线和γ射线望远镜。这些望远镜的主体光学部分主要用来搜集光子，而为了分析、记录这些信息，我们还需要辐射分析器和辐射探测器。辐射分析器包括光谱仪、滤光器和偏振片等。其中滤光片包括技术玻璃磨制的宽波段（带宽100纳米左右）滤光片、镀多层干涉膜的中波段（带宽10纳米左右）滤光片以及干涉偏振（带宽0.1纳米左右）滤光器。辐射探测器有量子探测器和热学探测器，它用到的物理效应有光电效应、光电导效应、光伏效应、温差电效应和热释电效应等。典型的量子探测器包括人眼、照相底片、光电倍增管、光敏二极管、电荷耦合器件（CCD）和互补金属氧化物半导体（CMOS）等，热学探测器则有热电偶、热点探测器和热辐射计等。

辐射探测器的性能有一系列的评价指标。灵敏度或响应度指的是单位强度输入时引起的探测器的输出。有些探测器的响应是线性的，比如CCD；有些是非线性的，比如人眼和照相底片。这时需要根据实验测量出响应度曲线，得到定标曲线。光谱响应度是不同波长处的响应度。量子效率描述了探测器记录的光电子数和入射的光子数之比。时间分辨率和空间分辨率反映探测器响应的快慢和空间分辨的能力，时间分辨率和探测器的响应时间、读取速度等有关，空间分辨率和探测器的尺寸有关。暗噪声指的是无输入时探测器的输出，它决定了探测器的最小可探测功率。动态范围是饱和输出与暗噪声之比，它代表了探测器的最大可探测范围。

宇宙线的探测有直接探测和间接探测两种方式。20世纪50年代后期，卫星携带的粒子探测器可以直接观测相对低能的初级宇宙线。一种典型的粒子探测器是核径迹探测器，当宇宙线穿过绝缘固体时，它会在经过的路径上形成辐射损伤，经过适当的处理后便形成可以观测的径迹。最常用的处理方法是化学蚀刻，也可以使用电化学蚀刻、染色、沉淀缀饰和变色等处理方式。经过处理后，不同材料中不同核粒子径迹有不同的特征参数，可以使用它们分辨出核粒子的电荷、质量和能量等。间接探测使用地面装置测量广延大气簇射产生的次级宇宙线以及相关的电磁辐射,使用的仪器设备包括切伦科夫望远镜、闪烁探测器、云室和气泡室等。比如对于切伦科夫望远镜来说,它可以通过带电粒子在介质中的切伦科夫辐射来测量宇宙线。中微子也可以通过切伦科夫探测器以及闪烁探测器来测量。中子在和原子核作用后,可以产生电子、μ子或者τ子,它们的切伦科夫辐射可以被探测到并且呈现不同的图样,通过这个信息我们可以得到入射中微子的方向、能量甚至是"味"信息。

引力波主要通过精密测量时空的变化来探测,这个变化可以用引力波经过时空间的相对位移 $h=\Delta L/L$ 表示。一般的引力波经过地球时 $h\approx 10^{-21}$,这相当于在日地距离上测量比头发丝还要细小数十万倍的长度变化。目前最准确的引力波探测器使用了激光干涉的技术,使用这个技术建设的探测器包括美国的激光干涉引力波天文台(LIGO)、欧洲的室女座引力波天文台(VIRGO)以及日本的神冈引力波探测器(KAGRA)等。LIGO 的臂长达到了 4 千米,而 VIRGO 和 KAGRA 的臂长都是 3 千米。为了探测 $h\approx 10^{-21}$ 的引力波,它们探测的距离要精确到 10^{-18} 米数量级。

9. 已知目前人类每年消耗的能量约为 6.3×10^{20} 焦耳,那么太阳每秒钟释放的能量可以提供现在的人类使用多少年? ( )

  A. 6 年

  B. 60 年

  C. 6 000 年

  D. 600 000 年

解析:太阳的光度为 3.8×10^{26} 瓦,因此每秒钟可以释放 3.8×10^{26} 焦耳的能量,这些能量够现在的人类使用 6.0×10^{5} 年。这和苏联天文学家卡尔达舍夫 1964 年提出的文明等级划分有关,他根据一个文明掌握的能量多少划分出三种文明等级:其中Ⅰ型文明可以利用整个行星能够产生和接收的能量,Ⅱ型文明可以利用整个恒星的能量,Ⅲ型文明可以利用整个星系的能量。地球接收的太阳辐射功率约为 1.7×10^{17} 瓦,而全世界人类目前消耗的功率约为 2.0×10^{13} 瓦。即使排除大气、地表、云层和水面的反射,地球接收的太阳能功率还是超过了人类使用的功率,因此人类还没有达到Ⅰ型文明的程度。在未来数百年人类跨越了Ⅰ型文明阶段以后,为了进一步向Ⅱ型文明进发,从而利用整个太阳的辐射功率,一种可能的途径是建设戴森球。

答案:D。

知识扩展

天体光度测量

  天体的光度测量就是定量度量天体的辐射场,特别是辐射场的总能量以及它随时间、空间、方向和频率(或者波长)的分布。因此我们要区分如下几个概念:天体光度、辐射流、辐射强度、照度以及它们对应的单色量。

  天体的光度指的是天体辐射的总功率,常用符号 L 表示,单位是瓦特(W)。比如太阳的光度是 3.8×10^{26} 瓦,而太阳光度 $L_\odot$ 也经常被用来度量其他天体的光度。辐射流是单位时间通过某面的辐射能量,也被称为辐射流量或者辐射通量,常用符号 Φ 表示,单位也是瓦特（W）。天体的辐射在不同方向可能是不同的，为了准确度量天体在其法线方向单位面积、单位立体角的辐射功率，我们定义辐射强度为：

$$I=\frac{\mathrm{d}\Phi}{\mathrm{d}A\cos\theta\mathrm{d}\Omega}$$

其中 $\mathrm{d}A$ 是天体的面元，θ 是面元法线方向和辐射方向的夹角，$\mathrm{d}\Omega$ 是立体角元。辐射强度的单位是瓦特每平方米每单位立体角（$W \cdot m^{-2} \cdot sr^{-1}$）。

照度是辐射接受体单位面积接收到的辐射流，一般以 E 表示：

$$E=\frac{\mathrm{d}\Phi}{\mathrm{d}A}$$

如果一个天体的光度为 L，假设它的辐射在传播到观测者的过程中无吸收，那么在离天体距离为 r 处的照度即为：

$$E=\frac{L}{4\pi r^2}$$

上述定义的各个物理量都是各个波长或者说频率累加的总量，而这些物理量都可以按照波长或频率有一个分布，因此我们可以定义相应的单色量，包括单色辐射流 Φ_λ 或 Φ_ν、单色辐射强度 I_λ 或 I_ν 以及单色照度 E_λ 或 E_ν。总量和单色量之间的关系如下：

$$\Phi = \int_0^\infty \Phi_\lambda \mathrm{d}\lambda = \int_0^\infty \Phi_\nu \mathrm{d}\nu$$

$$I = \int_0^\infty I_\lambda \mathrm{d}\lambda = \int_0^\infty I_\nu \mathrm{d}\nu$$

$$E = \int_0^\infty E_\lambda \mathrm{d}\lambda = \int_0^\infty E_\nu \mathrm{d}\nu$$

---

*10. 经过长期的进化过程后，人眼对太阳光最敏感的部分是　　　　　　　　　　（　　）
  A. 太阳光谱的峰值
  B. 太阳光谱的可见光波段
  C. 太阳光谱的全波段
  D. 太阳光谱的红光波段

解析： 太阳在电磁波的全频段都发出辐射，它的光谱接近一个 5 700 开的黑体谱。根据维恩位移定律，光谱的峰值波长约为 510 纳米。人眼类似一种滤光片，并不是对所有波段都敏感，其响应曲线的峰值波长在 510 纳米左右，带宽为 200 纳米左右。可以推测，正是由于太阳在此波段辐射最强，人眼经过长期的进化以后也对此波段最敏感。

答案： A。

11. 下列关于恒星的亮度、颜色与温度的关系，说法正确的是　　　　　　　　　（　　）
  A. 恒星越亮，颜色越蓝
  B. 恒星越亮，温度越高
  C. 恒星温度越低，颜色越红
  D. 恒星温度越低，颜色越蓝

解析： 恒星的亮度既和温度有关，又和恒星大小有关，温度越高、半径越大，则恒星越亮。而颜色只和温度有关，温度越高颜色越蓝，温度越低颜色越红。

答案:C。

知识扩展

热辐射

天体的辐射强度随着波长或者频率的分布构成了天体的光谱,它提供了关于天体温度、密度、化学组成、磁场以及其他的一些信息。天体的光谱包含连续谱和叠加其上的谱线,它们由不同的物理机制产生。产生连续谱的一种最常见的机制便是热辐射,它是由物质内部微观粒子的热运动产生的辐射。描述热辐射包括四个重要的定律,即基尔霍夫定律、普朗克定律、斯特凡-玻尔兹曼定律和维恩位移定律。

热辐射过程既包括发射过程,又包括吸收过程。经过距离 $\mathrm{d}s$,发射引起的单色辐射强度变化为:

$$\mathrm{d}I_\nu(s) = \varepsilon_\nu(s)\mathrm{d}s$$

其中 ε_ν 是发射系数。吸收过程引起的单色辐射强度减少为:

$$\mathrm{d}I_\nu(s) = -\alpha_\nu(s)I_\nu(s)\mathrm{d}s$$

其中 α_ν 是吸收系数。德国物理学家基尔霍夫 1860 年提出,在热力学平衡的条件下,发射系数和吸收系数的比值仅仅依赖于温度和频率(波长),并且等于黑体的单色辐射强度:

$$\frac{\varepsilon_\nu}{\alpha_\nu} = B_\nu(T)$$

德国著名物理学家普朗克 1900 年给出了黑体辐射的频率分布公式:

$$B_\nu(T) = \frac{2h\nu^3}{c^2}\frac{1}{\mathrm{e}^{\frac{h\nu}{kT}}-1}$$

将上式对所有频率以及可见半球积分可以得到黑体在单位面积上的总辐射能量:

$$\frac{\Phi}{A} = \pi B = \int_0^\infty \mathrm{d}\nu \int_0^{2\pi}\mathrm{d}\phi\int_0^{\pi/2}\mathrm{d}\theta B_\nu(T)\cos\theta\sin\theta = \frac{2\pi^5}{15}\frac{k^4}{c^2 h^3}T^4 = \sigma T^4$$

其中 $\sigma = 5.67 \times 10^{-8}\ \mathrm{W \cdot m^{-2} \cdot K^{-4}}$ 是斯特凡-玻尔兹曼常数。这个定律首先是由斯洛文尼亚物理学家斯特凡于 1879 年通过归纳实验数据得出的,奥地利物理学家玻尔兹曼在 1884 年独立通过热力学理论推导出相同的结果。通过普朗克公式对波长求导可以得到黑体谱中最大辐射对应的波长:

$$\lambda_{\max} = \frac{2.898 \times 10^{-3}}{T}$$

其中波长以 m 为单位,温度以 K 为单位。这就是维恩位移定律,它告诉我们黑体的温度越高,峰值辐射波长越短。而恒星的可见光辐射大多可以使用黑体近似,因此我们可以知道越蓝的恒星,它的温度越高,越红的恒星,它的温度越低。

---

*12. 天文爱好者观测一颗视星等为 5 等的恒星,已知它离地球的距离为 326 光年,这颗恒星的绝对星等应该是 ( )

A. 5 等

B. 0 等
C. −5 等
D. 10 等

解析：根据绝对星等的定义，它是一颗星星距离地球 32.6 光年时的星等大小。如果把 326 光年处的恒星放到 32.6 光年处，它的亮度(照度)会变为原来的 100 倍，星等会减小 5 等，$M=5-5\lg\left(\frac{326}{32.6}\right)=0$。

答案：B。

知识扩展

星 等

天空中的星星看起来有亮有暗，那么怎样来定量描述它们的亮暗程度呢？早在公元前 2 世纪，希腊天文学家喜帕恰斯就注意到这个问题，他在编制星表时把肉眼看到的恒星从亮到暗分成了 6 个等级，最亮的是 1 等星，最暗的是 6 等星。1856 年，英国天文学家普森通过定量的测量发现星等相差 5 等时，亮度(即照度)相差了约 100 倍。而人眼对亮度的感知是非线性的，更接近于和亮度的对数成正比，于是普森定义每 1 个星等之间亮度差为 $100^{1/5}=2.512$。假设两颗恒星的照度分别为 E_1 和 E_2，那么它们的星等之差为：

$$m_1-m_2=-2.5\lg\left(\frac{E_1}{E_2}\right)$$

在确定标准定标星的星等之后，其他星星的星等也就确定了。

上述定义的星等即为视星等，它同时和恒星的光度 L 以及和地球之间的距离 r 有关，因为照度 $E=L/(4\pi r^2)$。根据视星等的定义，数字越小星星的照度越大，比如太阳的视星等约为 −27 等，除了太阳以外看起来最亮的恒星是 −1.46 等的天狼星，大角星和织女星的视星等是 0 等，哈勃望远镜可以看到最弱为 32 等的星星。

视星等和恒星的真实亮度不是一一对应的关系，如果一颗光度较小的恒星距离地球更近，它看起来也会更亮，星等也会更小。为了排除距离的影响，我们使用绝对星等描述恒星光度的大小。绝对星等是假设把一颗星星放在距离地球 10 秒差距(32.6 光年)处的星等大小。用 m 表示视星等，M 表示绝对星等，r 是以光年为单位的距离，那么绝对星等可以表示为：

$$M=m-2.5\lg\left(\frac{r}{32.6}\right)^2$$

---

13. 氢是宇宙中最多的元素，氢原子的谱线在多种天体中都存在，请问氢的 Hα 谱线是哪两个主量子数能级之间的电子跃迁产生的？ （　　）

A. $n=1$ 和 $n=2$
B. $n=2$ 和 $n=3$
C. $n=3$ 和 $n=4$
D. $n=4$ 和 $n=5$

解析：氢是宇宙中最多的元素，氢原子又是最简单的原子。它由一个质子和一个电子构成,其中电子分布在主量子数 $n=1,2,3,4,5,6\cdots$ 的不同能级上,当电子从较高能级向低能级跃迁时便发射出光子,而光子的能量等于跃迁能级的能量差。其中从 $n\geqslant 3$ 跃迁到 $n=2$ 的一系列谱线被称为巴尔末线系,其中,能量最低的谱线就是 Hα 谱线,波长是 656.3 纳米,位于可见光波段。

答案:B。

14. 氢 21 厘米谱线在射电天文中有着重要应用,它可以用来探测银河系自转和物质分布,也可以探测早期宇宙的再复合和再电离,甚至被用作向外星生命发送信号的时间和长度单位。这条谱线的产生机制是什么? ( )

　　A. 氢原子中电子在不同主能级的跃迁
　　B. 氢原子的束缚—自由跃迁
　　C. 氢原子的精细结构跃迁
　　D. 氢原子的超精细结构跃迁

解析:氢 21 厘米谱线是由氢原子的超精细结构跃迁产生的,也就是电子从和质子自旋相同的状态跃迁到相反的状态时辐射出的谱线,这两种状态的能级差约为 $5.87\ \mu\text{eV}$,根据 $E=h\nu$(其中 h 是普朗克常数),可以计算出频率为 1 420 兆赫兹,真空中波长约为 21 厘米。

答案:D。

知识扩展

天体的光谱

　　天体的光谱包括连续谱和谱线。一个处在全局热动平衡的物体只能辐射出黑体谱。而对于一个真正的天体,它的真实物理状态偏离全局的热动平衡,因此它的光谱也不再是一个黑体谱。这时天体的辐射谱由前面的辐射转移过程给出,依赖于天体的温度、密度、速度、磁场和元素丰度等各种物理因素。反过来,人们根据实际观测的光谱可以推测出天体的这些物理信息,让我们知道一颗遥远的恒星到底有多热、密度有多高、大气的运动、磁场的强弱以及元素的组成。让辐射转移过程复杂的原因是发射和吸收过程依赖于各种各样的物理机制,在不同的频率表现出不同的特性。我们必须深入理解电磁波和原子、离子、电子、分子等物质具体相互作用的过程,才能理解辐射转移以及光谱的形成机制。

　　影响连续谱分布的主要因素是各种连续吸收过程,包括原子和离子的光致电离、电子的自由—自由跃迁、分子的吸收和散射、自由电子的汤姆逊散射和氢原子的瑞利散射以及尘埃的吸收和散射。光致电离指的是当光子的能量大于一个原子或者离子的结合能时,电子脱离原子形成自由电子的过程。它可以吸收所有频率大于某一频率的光子,因此可以贡献一个连续吸收波段。由氢原子光致电离引起的典型现象有恒星光谱中 364.6 纳米处的巴尔末跳跃。电子在自由状态下既可以跃迁吸收任何能量的光子(自由—自由跃迁),也可以散射光子(汤姆逊散射),改变电磁波的传播方向,汤姆逊散射界面不依赖于光子频率,可以在所有波段产生连续吸收。而瑞利散射是由中性原子或者分子引起的,它的散射强度反比于波长的四次方,这也是为什么我们看到的天空是蓝色,而夕阳呈现红色。分子的连续吸收主要由分子的离解和电离产生,同时分子中电子能量、振动能量和转动能量叠加可以产生分子谱带,它们单独跃迁时吸收的光子分别位于紫外到可见光、红外和远红外波段。尘埃散射的典型例子是米氏散射，它在尘埃直径和电磁波波长相当时发生，与频率的二次方成正比。

在天体的连续谱之上还叠加着谱线，它们是由原子、离子或者分子中束缚态之间的能级跃迁产生的。谱线首先提供了元素种类的信息；其次它的轮廓在一个很窄的波长范围之内，因此对速度非常敏感；除此之外，详细的分析还能获得温度、密度、磁场等等非常丰富的信息。这些信息全部包含在谱线的轮廓之中，一方面，我们需要通过观测得到这个轮廓，也就是辐射强度随着频率的分布；另一方面，我们需要理解哪些物理因素影响谱线轮廓的分布，以便从观测到的谱线轮廓中提取这些信息。一条谱线的轮廓不是无限窄的，这说明恒星大气中的线吸收系数随着频率有一个分布，影响这个分布的主要物理机制有辐射阻尼、多普勒效应和压力效应。在局部热动平衡的条件下，原子的激发和电离的分布可以分别使用玻尔兹曼公式和萨哈公式描述，而在非局部热动平衡时的激发和电离的分布只能通过统计平衡方程求得，这时它和辐射转移方程是非线性耦合的。

由于各种原因，观测者看到的电磁波频率和波长会发生变化，这就是谱线的蓝移或者红移，定义红移量为 $z=(\lambda-\lambda_0)/\lambda_0$，其中 z 为负值时即代表蓝移现象。天文现象中引起红蓝移的原因包括多普勒效应、引力红移和宇宙学红移。其中多普勒效应的产生是因为电磁波源和观测者之间有相对速度，假设相对远离的速度 v 远远小于光速，那么 $v=cz$，即相对速度等于光速乘以红移量，注意蓝移时速度为负值。如果相对速度接近光速，必须使用相对论多普勒效应的公式：

$$\frac{\lambda}{\lambda_0}=\frac{f_0}{f}=\sqrt{\frac{1+v/c}{1-v/c}}$$

引力红移是由光子脱离引力势阱时损失能量引起的，这时光子频率减小，波长增加。反过来，当光子传播到一个引力势阱时，可以获得能量，产生引力蓝移。使用最简单的近似，引力红移正比于光子传播路径上引力势之差除以光速的平方：

$$z=\frac{\lambda-\lambda_0}{\lambda_0}=\frac{g\Delta h}{c^2}$$

这里假设了均匀重力，因此使用了常数的重力加速度 g。在地球上引力红移产生的效应非常小，光子向上每传播 1 米产生的引力红移约为 10^{-16}。因此引力红移只在致密天体中效应显著，比如白矮星、中子星和黑洞。宇宙学红移是由空间本身的膨胀引起的，使用哈勃常数 H_0 以及宇宙学红移速度 v 就可以根据 $r=v/H_0$ 计算出天体的距离。

---

15. 尼奎斯特-香农采样原理描述了如何使用离散数据完整记录一个信号。这个原理指出如果一个时间序列的信号最高频率小于 f，完全复原这个信号需要的采样频率是

( )

A. $0.5f$

B. $1f$

C. $2f$

D. $4f$

解析： 尼奎斯特和香农都证明了只有采样频率大于信号频率的两倍时，信号才能被完整地记录而不会失真。这个信号不只是指时间演化的，也可以是在空间上的分布。时间信号的典型例子是音频信号普遍使用 44.1 千赫兹作为采样频率，这是因为人耳最高只能接收到

20 千赫兹的信号,再加上尼奎斯特-香农采样原理的限制,44.1 千赫兹成了一个可以被使用的标准。空间信号的例子是电荷耦合器件 CCD 的像元空间分辨率一般是望远镜衍射极限分辨率的两倍,这也可以保证满足尼奎斯特—香农采样原理。

答案:C。

16. 一枚不完美的硬币出现正面的概率是 0.4,抛掷 5 次以后出现 3 次正面的概率是多少?

解析:二项分布的概率分布函数为

$$P(k,n,p)=\frac{n!}{k!(n-k)!}p^k(1-p)^{n-k}$$

根据题意,$k=3$、$n=5$、$p=0.4$,

$$P(3,5,0.4)=\frac{5!}{3!\times 2!}\times 0.4^3\times 0.6^2=0.2304$$

即抛掷 5 次出现 3 次正面的概率为 0.2304。

17. 一天文卫星观测到一天体的 10 组红移值,如下表所示。试计算这个天体相对于地球的退行速度的平均值和标准差,并计算这个天体相对于地球距离的平均值和标准差。取哈勃常数 $H_0=(70\pm 3)\mathrm{km\cdot s^{-1}\cdot Mpc^{-1}}$,光速 $c=3\times 10^5\mathrm{\ km\cdot s^{-1}}$。

序号	红移 z
1	0.02
2	0.01
3	0.03
4	0.01
5	0.02
6	0.02
7	0.03
8	0.03
9	0.02
10	0.03

解析:根据平均值和标准差的定义可得:
$$z=0.022\pm 0.008$$

使用非相对论的速度和红移关系式:
$$v=cz$$

取 $c=3\times 10^5\mathrm{\ km\cdot s^{-1}}$,得:
$$v=(6.6\pm 2.4)\times 10^3\mathrm{\ km\cdot s^{-1}}$$

除法的误差传递公式为:
$$\sigma_r^2=\frac{\sigma_v^2}{H_0^2}+\frac{\sigma_{H_0}^2 v_{ave}^2}{H_0^4}$$

根据上式及 $r=\dfrac{v}{H_0}$ 得:

$$r = (94 \pm 35) \text{ Mpc}$$

> 知识扩展

概率、统计与误差

实际的观测样本数总是有限的,无法做到完全准确没有任何误差。如何描述观测数据的可信度?如何确定观测样本的大小?如何比较不同的观测结果?定量回答这些问题需要概率、统计与误差的知识。概率描述了一个事件发生的可能性。我们可以给定一个 0 到 1 之间的数描述事件发生的概率。比如最常见的抛硬币,正面和反面出现的概率分别是 0.5。事件可以是分立的有限集合,比如硬币向上或者向下,也可以是连续分布的无限集合,比如测量一个物体的长度可能出现的数值。定义事件 x 的概率分布为 $P(x)$,那么它满足如下三个公理:第一是非负性,即 $P(x) \geqslant 0$;第二是幺正性,即概率分布在全部事件上的积分等于 1,即 $\int_{-\infty}^{\infty} P(x) \mathrm{d}x = 1$;第三是可加性,某个区间内连续分布的事件出现的总概率等于概率分布 $P(x)$ 在这个区间的积分,即 $p(a < x < b) = \int_a^b P(x) \mathrm{d}x$。概率分布最重要的两个参数是它的平均值 μ 和标准差 σ:

$$\mu = \int x P(x) \mathrm{d}x$$
$$\sigma^2 = \int (x - \mu)^2 P(x) \mathrm{d}x$$

注意 σ^2 被称为方差,开根号后即为标准差。

天文观测中常用的分布包括二项分布、泊松分布和高斯分布。这里以二项分布和高斯分布为例。二项分布的概率分布函数为:

$$P(k, n, p) = \frac{n!}{k!(n-k)!} p^k (1-p)^{n-k}$$

它表示的是在 n 次独立的是非实验(只有两种结果,但是可以是不同的概率,其中成功的概率是 p)中,出现 k 次成功的概率。高斯分布的概率分布函数为:

$$P(x) = \frac{1}{\sigma \sqrt{2\pi}} \mathrm{e}^{-\frac{(x-\mu)^2}{2\sigma^2}}$$

测量误差符合高斯分布。如图 10.1 所示,测量结果和平均值相差小于一个标准偏差的可能性为 68.2%,小于两个标准偏差的可能性为 95.4%,小于三个标准偏差的可能性为 99.7%。

统计是用来组织、分析及呈现观测数据的数学手段。当有一系列观测数据组成一个样本时,我们需要数学统计量提取出样本的信息,给出误差和置信区间。最常用的统计量包括平均值、中值和样本标准差。其中平均值定义为:

$$\mu = \sum_{i=1}^{n} \frac{x_i}{n}$$

中值又称为中位数,把样本数据按照大小顺序排列,处在中间的那个样本值即为中值。注意当样本数量为奇数时,中值即为第 $(n+1)/2$ 个样本的值;如果样本数为偶数,中值即为第 $n/2$ 和 $(n+2)/2$ 个样本值的平均值。中值不容易受到样本极值的影响,和平均值之间没

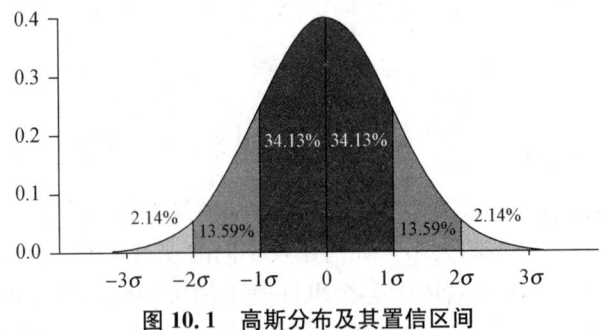

图 10.1 高斯分布及其置信区间

有必然的联系，和样本的具体分布有关。样本的标准差定义为：

$$S = \sqrt{\sum_{i=1}^{n} \frac{(x_i - \mu)^2}{n-1}}$$

标准差反映了样本值之间的离散程度，标准差越小，样本值越集中在平均值附近。一般可以使用标准差表示样本误差的大小。

最常见的误差有过失误差、系统误差和随机误差。过失误差可以通过细致的检查验证来避免或者改正，系统误差需要改进观测技术或者模型来避免。只有随机误差由于固有的物理本质，无法完全消除。随机误差的产生和探测器的噪声密切相关，比如热噪声、光子噪声产生的误差。但是随机误差的分布满足正态分布规律，因此可以通过大量重复测量辅以概率统计的手段，得到多组数据的平均值、误差范围和置信区间。

18. 下表给出一组数据点，分别使用分段常数、线性和样条插值给出 $x = [0.4, 1.4, 2.4]$ 处的 y 值。

x	y
0	0.000 0
1	0.875 0
2	1.000 0
3	0.625 0
4	0.000 0
5	$-0.625\,0$
6	$-1.000\,0$
7	$-0.875\,0$
8	0.000 0

解析： 根据分段常数、线性和样条插值的定义编写如下 IDL 程序，输出三种插值方式在三个点的插值结果。

```
pro interpolation
    x=[0.0,1.0,2.0,3.0,4.0,5.0,6.0,7.0,8.0]
    y=[0.0,0.875,1.0,0.625,0.0,-0.625,-1.0,-0.875,0.0]
    t=[0.4,1.4,2.4]
```

```
d=fltarr(9,3)
i1=intarr(3)
for i=0,2 do begin
   d[*,i]=abs(x-t[i])
   i1[i]=where(d[*,i] eq min(d[*,i]))
endfor
result1=y[i1]
print,'piecewise constant interpolation result:',result1
i2=intarr(3)
for i=0,2 do begin
   i2[i]=max(where(x le t[i]))
endfor
result2=y[i2] + (y[i2+1]-y[i2])*(t-x[i2])/(x[i2+1]-x[i2])
print,'linear interpolation result:',result2
result3=spline(x,y,t)
print,'spline interpolation result:',result3
end
```

得到的插值结果如下表所示。

x 值	分段常数	线性插值	样条插值
$x=0.4$	0.000 0	0.350 0	0.440 0
$x=1.4$	0.875 0	0.925 0	1.003 1
$x=2.4$	0.625 0	0.773 5	0.773 8

这些插值结果也在图 10.2 中给了说明，点代表已知样本点的函数值，线是插值函数的值，方块代表在 $x=[0.4,1.4,2.4]$ 处的函数值。三幅图分别代表分段常数、线性和样条插值的结果。

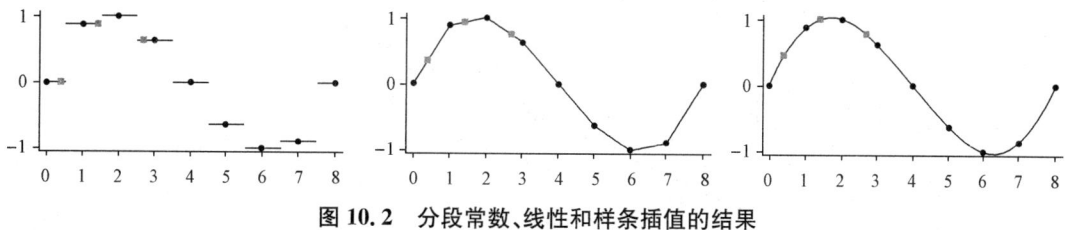

图 10.2 分段常数、线性和样条插值的结果

19. 下表给出一组数据点,使用线性函数拟合 y 的表达式。

x	y
0	2.969 0
1	5.899 4
2	8.581 6
3	11.269 2
4	14.547 7
5	17.912 7
6	20.010 9
7	23.598 5
8	26.404 2
9	29.629 1

解析: 根据题意编写 IDL 程序对数据进行线性拟合。

pro fitting
 x=[0.0,1.0,2.0,3.0,4.0,5.0,6.0,7.0,8.0,9.0]
 y=[2.9690,5.8994,8.5816,11.2692,14.5477,17.9127,20.0109,23.5985,$
26.4042,29.6291]
 result=poly_fit(x,y,1)
print,'a,b:',result[0],result[1]
end

输出结果为 $a=2.7691, b=2.9585$,所以线性拟合的结果是 $y=2.7691+2.9585x$。拟合的结果如图所示,点是已知的数据点,线是拟合的结果。

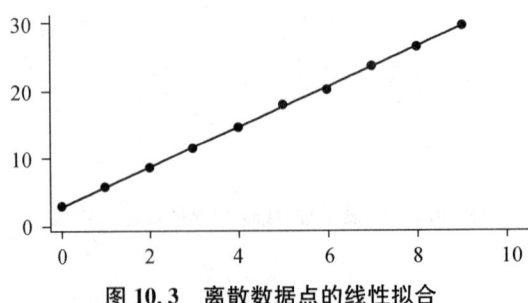

图 10.3 离散数据点的线性拟合

> 知识扩展

插值与拟合

天文观测的数据在空间和时间上都是离散的。很多时候我们希望得到观测没有覆盖到的空间和时间点的数据,或者从离散的观测数据得到解析的连续函数,这时候就需要对数据进行插值或者拟合。

插值是一种估计未知量的数值分析方法,它从一系列已知的离散数据点中重构出未知数据点。这些离散数据点往往给出了一种函数关系,比如空间上温度的分布,或者时间上星光流量的变化。自变量可以是一维的,也可以是高维的,但是只在离散点上给出函数值。为了得到其他任意空间位置或者时间上的值,需要假设一个填满自变量范围的函数分布,把已知点的函数值插值到其他点,插值后并不改变已知数据点的位置。插值方法包括分段常数插值、线性插值、多项式插值和样条插值等。分段常数插值又叫作最近点插值,给定一组离散数据 x_i 和 y_i,需要求 x 处的函数值,只要找到距离 x 最近的 x_{i0},取那里的 y_{i0} 就得出了 x 处的分段常数插值。线性插值需要用到两组已知数据点的值,即 (x_i, x_{i+1}),(y_i, y_{i+1}),如果 x 位于 x_i 和 x_{i+1} 之间,那么:

$$y = (y_{i+1} - y_i) \frac{x - x_i}{x_{i+1} - x_i}$$

线性插值的优点是简单,缺点是不够精确,在已知点处函数值的导数不连续。为了克服这个缺点可以使用多项式插值和样条插值。多项式插值使用高次多项式完全拟合所有已知数据点,它的精度很高,但是计算量较大。样条插值使用低次多项式表示两个相邻的已知数据点之间的函数,并且要求这些分段的样条函数在已知数据点处平滑过渡,比如可以使用分段的三次样条函数,这样它们首尾相接可以表示整个自变量区域,并且二次导数是连续的。

曲线拟合是回归分析的一种方式,它通过一个模型曲线拟合一组离散点的数据,拟合后的曲线并不一定完全在已知数据点上,而是代表了一种最可能的函数模型。最常用的回归方式是线性回归,就是使用一条直线拟合数据:

$$y = a + bx$$

最终结果要求已知数据和拟合曲线差值的平方和最小,这个方法也被称作最小二乘法。线性拟合不只是适用于线性函数本身,它还可以用到很多其他函数类型,比如指数函数和幂函数,这时只需要在函数两边取对数就可以了。比如对于指数函数:

$$y = ae^x$$

取对数后得到:

$$\ln y = x + \ln a$$

在实际数据处理中往往把函数值 y 画在对数坐标轴上,自变量 x 画在正常坐标轴上。如果它们本来的关系是指数函数,在上面的坐标之下会呈现线性函数分布。类似地,对于幂函数:

$$y = ax^b$$

取对数后得到:

$$\ln y = b\ln x + \ln a$$

如果横纵坐标轴均取为对数坐标轴,符合幂率分布的物理量便会呈现线性函数分布。这在高能现象中非常普遍,比如天体辐射的 X 射线和 γ 射线谱都符合幂率分布。

---

20. 地球大气对天文观测有重要的影响,下列哪种效应影响望远镜的分辨率?　　(　　)

　　A. 大气消光

　　B. 大气折射

　　C. 大气辐射

　　D. 大气湍动

解析: 大气的湍动会影响地面望远镜的视宁度,使星像模糊、闪烁及扭曲,从而形成一个比望远镜衍射极限给出的艾里斑更大的斑。视宁度一般由这个视宁度斑的半极大全宽给出,以角秒为单位。因为视宁度的影响,地面上望远镜的分辨率一般被限制在 0.5 到 1 个角秒的量级。自适应光学技术可以一定程度克服视宁度的影响。

答案: D。

*21. 在下列的 4 个城市中各立一个高度相同的立杆作为圭表来测量杆影的长度,在冬至日正午时,哪一个城市中杆影的长度最接近于立杆的高度?　　(　　)

　　A. 江苏南京

　　B. 广东汕头

　　C. 海南三沙

　　D. 辽宁沈阳

解析: 冬至日太阳直射点的纬度是 S23°26′,只有纬度和这个相差最接近 45° 的城市,正午时立杆影子的长度最接近于立杆的高度。已知南京、汕头、三沙和沈阳的纬度分别是 N32°03′、N23°22′、N16°50′ 和 N41°48′,所以汕头和冬至日太阳直射点纬度的差距最接近 45°,这个城市正午的立杆影长也最接近于立杆的高度。

答案: B。

22. 日食发生时有多种不同的观测方法,下列哪一种观测方法不正确?　　(　　)

　　A. 用墨镜或太阳镜

　　B. 用日食眼镜

　　C. 小孔成像

　　D. 望远镜投影观测

解析: 太阳光线强度非常大,即使在发生日全食的时候,如果月亮没有完全遮挡日面,也不能用眼睛直视,否则有可能造成永久损伤。墨镜或者太阳镜的减光效果很弱,因此不能用来观测日全食。

答案: A。